5G 时代
经济增长新引擎

孙松林 —————— 著

中信出版集团 | 北京

图书在版编目（CIP）数据

5G 时代：经济增长新引擎 / 孙松林著 . -- 北京：
中信出版社，2019.12（2021.4 重印）
ISBN 978-7-5217-1133-2

I. ① 5… II. ①孙… III. ①移动通信—通信技术—
产业发展—研究—中国 IV. ① F426.63

中国版本图书馆 CIP 数据核字（2019）第 213350 号

5G 时代：经济增长新引擎

著　　者：孙松林
出版发行：中信出版集团股份有限公司
　　　　　（北京市朝阳区惠新东街甲 4 号富盛大厦 2 座　邮编　100029）
承　印　者：北京盛通印刷股份有限公司

开　　本：787mm×1092mm　1/16　　印　张：20　　字　数：223 千字
版　　次：2019 年 12 月第 1 版　　　　印　次：2021 年 4 月第 9 次印刷
书　　号：ISBN 978-7-5217-1133-2
定　　价：69.00 元

版权所有·侵权必究
如有印刷、装订问题，本公司负责调换。
服务热线：400-600-8099
投稿邮箱：author@citicpub.com

目 录

推荐序一
5G 赋能之道 // 刘韵洁　VII

推荐序二
4G 改变生活，5G 改变社会 // 戴浩　IX

自序
5G 开启经济发展新篇章　XI

第一部分
5G 时代应运而生

移动通信从 1G 到 4G，一代代走来，人们已经耳熟能详，所以 5G 的出现并不让人感到出乎意料。然而，出于种种原因，5G 引发了前所未有的关注。那么，5G 究竟是不是伪需求？5G 与 4G 相比有哪些不同，又会给我们带来什么影响？

5G 不平凡的诞生　003
从语言文字到万物互联　011
世界各国 5G 布局，战略制高点争夺战　026
中国 5G 发展引领全球　035

第二部分
5G 产业链的自我重构

移动通信产业已经走过 30 年,从业者坚信应当用新技术服务社会;但封闭的产业生态无法承载 5G 的雄心,5G 要真正发挥威力,首先要革自己的命,重新打造产业链,走上自己造就的新经济战场。

中国通信业艰辛成长的 30 年　045

移动通信产业链全景　053

亦敌亦友的 Wi-Fi　069

5G 打造新一代移动互联网　086

5G 产业链重构造就新经济战场　106

第三部分
5G 技术赋能未来生活

5G 的愿景是"信息随心至，万物触手及"，不但延续了之前高速率传输的特点，而且将实现万物互联。为此，5G 准备了 eMBB、mMTC 和 uRLLC 三个场景；应用了近几年最新的技术成果，如大规模天线阵列、极化码等；开辟了新战场，如毫米波波段等；引入了新理念，如切片技术、边缘计算等。

技术创新打造 5G 新物种　123

5G 标准化进程　133

5G 技术的八大法宝　143

5G 高性能的诠释　176

第四部分
5G 是新技术的催化剂

5G 与区块链、云计算、大数据、人工智能等技术的深度融合,将连接人与万物,成为各行各业数字经济发展的关键基础设施,5G 或将在不久的将来成为数字经济发展的重要驱动力。

5G 助力数字经济发展　183

5G 与区块链的协同效应　192

5G 加速云网融合　197

5G 让人工智能无处不在　203

5G 为大数据而生　209

目 录

第五部分
5G 成为经济增长新引擎

5G 在各行各业深度融合应用，将创造数字经济的新价值体系，催生出更多需求，孕育新产品和新服务，创建新业态和新模式。根据中国信息通信研究院测算，预计 5G 在 2020—2025 年将拉动中国数字经济增长 15.2 万亿元。5G 的商用将成为中国经济增长的新引擎。

5G+ 大视频　217

5G+ 物联网　235

5G+ 车联网　250

5G+ 工业互联网　261

技术名词简表　267

技术名词解释　274

致　谢　300

推荐序一

5G 赋能之道

中国工程院院士　刘韵洁

通信网络技术一直深刻地影响着经济发展和社会进步。2019年，世界各国陆续加大了对 5G 的研发和应用力度。2019 年 6 月 6 日工信部发放了 5G 商用牌照，中国正式开启 5G 商用之路，各行各业都在积极探索 5G 赋能之道，数字经济迎来了发展的新篇章。

技术进步是经济发展的基本条件，也是思维升级的必然结果。作为重要的信息基础设施，5G 为未来网络的发展提供了有力支撑，它与云计算、人工智能、大数据、区块链等技术的相互赋能，将加速物联网、工业互联网的发展，成为经济发展的新动力。

以 5G 为代表的数字技术在构建数字经济新格局的同时，也将深深地影响社会发展。在 3G/4G 时代，移动互联网不但引爆了消费领域的经济，而且将互联网思维深入人心，在提高社会生产力的同时，调整了生产关系，对社会产生了深远影响。5G 将继续加速深化这一过程，进一步改变社会。

5G 的三大场景：增强移动宽带、海量机器类通信、超高可靠低时延通信，将移动通信带入了场景定制的新网络时代。单一网络已经无法满足丰富的业务应用，多场景的提出不但可以满足各种业务需求，而且为下一代标准的制定提供了良好的基础。未来的世界是网络的世界。

  本书作者孙松林教授基于对通信行业二十多年的研究与思考，从信息通信发展历史的时间维度、5G系统演进的技术维度、应用创新的商业维度等，多角度全方位地阐述了当下5G产业的全景，相信对读者深入了解信息通信产业，尤其是5G技术的方方面面，会有较大的帮助。

推荐序二

4G 改变生活，5G 改变社会

中国工程院院士　戴浩

中国移动通信行业在经历了"1G 空白，2G 跟随，3G 突破，4G 发展"的历程后，迎来了 5G 时代。以中国信息通信研究院（CAICT）、中国通信标准化协会（CCSA）、TD 联盟等组织为首的智库，以中国电信、中国移动、中国联通、华为、中兴、信科等中国企业为主力的中国力量，在工信部的领导下，共同努力，使得中国在世界 5G 舞台上发挥着举足轻重的作用。

目前，中国数字经济已经初具规模，在国际上有着越来越重要的影响力。同时，云计算、大数据、人工智能等技术已经在很多领域得到了很好的应用，而 5G 的应用无疑将加速这些技术更快地进入社会的各个角落，为数字经济带来新动力。

5G 带来了三大应用场景，最早商用的增强移动宽带，将助燃之前已经火爆的以视频、移动支付等为代表的消费互联网领域，进一步催生移动互联网的新业务；海量机器类通信将为物联网的大规模建设提供有力的支撑；超高可靠低延时通信将大大助力工业互联网、车联网中的新应用。"4G 改变生活，5G 改变社会"，我们期待着继 4G 在消费互联网大放异彩之后，5G 可以赋能金融、能源、农业等各行各业，真正成为数字经济发展的新引擎。

《5G 时代：经济增长新引擎》一书从通信发展史、5G 特色和技术特点入手，重点论述了 5G 对数字经济的加速作用。作者孙松林教授结合自己二十余年在通信领域的经验积累和产业认知，系统阐述了具有划时代意义的 5G 通信体系，并从技术影响产业这个维度进行了深入思考。书中还有作者对移动通信技术和产业发展的深入见解，相信会给读者带来很多启发。

全书深入浅出，勾勒了通信产业全景，回顾了中国通信行业的发展历程，讲解了 5G 最重要的核心技术，分析了 5G 时代的产业特色。对于 ICT 行业人士来说，本书是一本开阔视野的拓展书籍；对于其他行业人士来说，本书是一本难得的行业入门材料。同时，书中有作者在技术和产业上的大量思考，相信对读者肯定会有很多的启发。

自　序

5G 开启经济发展新篇章

2019 年是 5G 商用元年，大众对科技新技术投入了越来越多的关注，5G 也在这个过程中慢慢成长为一颗新星。5G 究竟是什么？移动通信技术走到 5G 时代，中国的通信业在世界舞台上占据着什么样的地位？ 5G 又会给我们的生活带来什么样的变化呢？

契合着时代的节拍，移动通信技术按照约 10 年一代的速度不断更迭前进，每一代的出现不但在技术上进行跨越式的颠覆，而且在产业上形成巨大的推动力，进而全面加速社会经济的发展。

虽然人类一直在追求交流之美，但移动通信技术从未如今天这般对我们的社会和生活产生如此巨大而深远的影响，以至世界各国争相以国家战略的高度来研发和部署最新通信技术。

5G 产业链加速布局

我们作为普通用户，往往通过信息终端和运营商营业厅对通信行业产生初步的认知，但这只是冰山一角。通信产业内部具备丰富的生态，有着从核心网至用户终端、自预研至产品实现的完整产业环境，并仍在不断地扩张和重组；移动通信技术有其固有的发展规律，并在香农定律的框架下不断推陈出新。通信产业链，从专利标准、芯片器件、设备网络到业务应用，是一个与时俱进、快速演变的物种，由其衍生出来的业界形态所构成的小社会，也像人类社会一样不断前进。从最初群雄纷争的第一代模拟移动通信到现今如火如荼的第五代智能数字移动通信，短短几十年间，移动通信产业逐渐从无序到有序，从弱小到强大，性能指数级提升，应用海量爆发。移动通信产业展现出的巨大能量，令人叹为观止。

移动通信产业链中的各个环节，在不同时代会出现合并、分裂等演化进程。2G语音时代的"短信段子手"，实质是内容提供商，而在内容提供商与电信运营商之间还存在着服务提供商，各方共同构成了业务内容链条分支。此链条分支在3G/4G的移动互联网时代被数据业务合并为业务内容平台，极大地扩张了移动通信的产业版图。移动通信产业链的变化，直接冲击了传统媒体产业，催生了短视频等移动网络媒体的大规模发展。这种对原有产业形成挑战甚至冲击的态势，在5G时代将随着多样化应用场景的实施而更加明显。

移动互联网是基于3G/4G移动通信技术发展出来的新兴产业，同时又反作用于移动通信产业，影响着当前正在发展中的5G移动通信产业形态。这种相互促进的作用力不断推动着5G移动通信产业的物种进化，但其发展趋势却凸显了与移动互联网类似的垄断趋势——在产业版图扩张的同时，各环节越来越聚焦于若干巨头公司。巨头公司对中小企业呈吞并之势，并出现了巨头间较大体量的竞争。

在专利与标准的群雄逐鹿间，技术与产品的飞速更迭下，面对着产业融合与分化的各种机遇与未知，我们迎来了 5G 时代。我们期待着 5G 新业务的爆发可以造就新时代的独角兽，也期待着 5G 完成重构产业链的历史使命。

技术融合是实现 5G 价值的关键

通信技术及其衍生的业务，有的从出现之初就注定了其悲剧式的结局，即在完成开疆拓土的任务后，就悲壮谢幕，如小灵通之于网通电信；有的不知在哪里就会给我们一个大大的惊喜，如 4G 时代催生的移动支付和短视频业务。

5G 技术标准的制定具有划时代的意义，因为它与软件定义网络、网络资源虚拟化、区块链等数字技术相互赋能，引入了人工智能、边缘计算等新技术，真正实现了通信技术与信息技术的深度融合。在此之前，信息技术只是局部地渗入到通信系统中，而 5G 首次以信息化理念对移动通信系统本身进行了深入改造。无论实践结果如何，5G 都将在移动通信发展史上留下里程碑式的浓重一笔。

此外，5G 创新性地提出了增强移动宽带、海量机器类通信、超高可靠低时延通信三大业务应用场景。将之前信息基础设施中的"信息高速公路"升级为"海陆空"式的立体交通网，拓宽了物理世界与数字世界的通道，成为数字经济的催化剂。这三大场景不但有对 4G 技术基础的延续传承，也有对热门技术的创新应用，更有对后续技术的大胆尝试。通过这样的融合和创新，5G 显现出了强大的技术实力，为产业赋能提供了更加广阔的空间。

通信与信息技术的深度融合令 5G 得以深入影响当前技术的应用规律，更丰富的业务场景令 5G 全面地催化各产业变革。我们有理由相信，5G 时代的到来将彻底改变我们的社会，改变每个人的生活方式。

5G 改变新时代的经济社会

今天的工业、农业、能源等产业，在经过网络信息化、人工智能、大数据等技术的洗礼后已焕然一新，但在很多方面仍差强人意。5G 的到来恰似一缕春风，将加速智能化新技术在各产业中的渗透，为数字经济的发展带来新格局。虽然我们难以准确预言第一个由 5G 爆发的产业，但可以预见由 5G 带来的不可阻挡的多产业蓬勃发展趋势。

科学技术是第一生产力，社会主义的根本任务是解放和发展生产力。马克思主义政治经济学把生产力的发展归结为三个方面："发挥着作用的劳动的社会性质""社会内部的分工""脑力劳动特别是自然科学的发展"。[①] 而在如今的数字经济中，5G 则是实现资源高效分配的有力工具，在生产力发展的三个方面均将发挥积极作用，并将成为经济增长的新引擎。

---

① 马克思. 资本论（第三卷）[M]. 北京：人民出版社，2004：96.

增长不等于发展，5G 的到来不仅可以带来直接或者间接的经济增长，更重要的是可以提高各产业的运行质量和总体效益，优化产业结构，在为供给侧提供发展动力的同时，为需求侧提供更多的市场选择。5G 在提高生产力、加速产业进步的同时，将构建数字经济生态中新型的生产关系。

本书以 5G 的发展与沿革为切入点，在深入浅出地阐述核心技术的同时，讨论了 5G 对社会、经济发展的诸多影响。重点分析了信息通信产业的发展规律和趋势，提出了很多新颖的观点，希望这些论述可以作为进一步探讨的基础。

第一部分

5G 时代应运而生

从 1G 到 4G，移动通信一代代走来，人们早已耳熟能详，所以 5G 的出现并不让人觉得意外，而且可以预知下一代是 6G。5G 的到来，因为中美贸易摩擦、因为华为，显得格外令人瞩目。通过各种信息渠道，我们能够获知大量 5G 相关的资讯，因此对 5G 并不感到陌生。但是，人们或许会困惑，在媒体中反复出现的 5G，究竟与 4G 有哪些不同，又有哪些不同凡响之处？对于移动通信系统而言，每一代技术的出现必然有其革命性的进步，不仅在技术上有跨越式的颠覆，在产业上也存在着巨大的影响力。

5G 不平凡的诞生

2017年《政府工作报告》中首次提道：加快新材料、人工智能、集成电路、生物制药、第五代移动通信等技术研发和转化。随后，2018年《政府工作报告》进一步指出，推动集成电路、第五代移动通信、飞机发动机、新能源汽车、新材料等产业发展。2019年6月6日，工信部颁发了4张5G商用牌照，引发了全社会前所未有的关注。

为什么5G如此重要？它会给我们的日常生活带来什么样的影响？

移动互联网在4G时代的巨大成功，让人们的生活状态被彻底改变了。人们享受着移动通信带来的便利服务，享受着生活质量的提升。今天，在中国，很多人成为"低头一族"——刷短视频、玩在线游戏、用微信聊天、购物、打车……只需一部手机就可以搞定吃穿住用行的一切需求。我们无法想象，通信技术还能如何让我们的生活更美好。对于这个问题，可以用一句话解释："贫穷限制了我们的想象力。"

1999年9月3日14点至6日14点，中国首届网络生存大赛在北京、上海、广州同时进行，大赛的目标是要依靠互联网解决现实世界中的生存问题。除了1名参赛者退赛外，其余11名参赛者艰难完赛。那时的人们在为互联网的伟大而欢呼时，估计无法想象今天用一部手机就可以创造美好生活。

其实，在大赛一年后的 2000 年，国际电信联盟（International Telecommunication Union，ITU）就发布了 IMT-2000（International Mobile Telecommunications，国际移动电信）标准，即我们所说的 3G。在 3G 时代，人们只是用手机刷微博、收邮件等，大量的信息沟通还是通过电话短信完成，因为那时的网络带宽太窄，能够支持的数据传送速率有限，人们不敢奢望更高的诉求。

移动互联网时代由 3G 开启，但其真正迎来大发展是在 4G 出现后。4G 的官方名称是"IMT-Advanced"，4G 技术的标准确定和后续的商用，使用户惊讶于 100Mbps（兆位每秒）的峰值接入速率已超越当时的普遍需求。而技术专家也已预见到 4G 将引发一场颠覆性的革命，但他们的确尚未想好 4G 之后的技术如何能有更加革命性的进步，所以将 4G 命名为"IMT-Advanced"。

在 4G 刚刚商用的时候，因为相应的应用和服务没有被开发出来，人们感觉百兆带宽太奢侈了，高速率带来的大流量也让大家心疼资费。然而短短几年后，移动支付和短视频应用带来的巨大流量需求不由得令人感慨世事难料！

香农定律规定了特定信道下通信容量的极限，只要不突破香农定律，人类可以达到的通信边界是非常明确的！然而，梦想是人类前进的最大动力！虽然 4G 在很多技术细节上已非常接近香农定律的极限，但通信学术界和产业界专家依然坚定前行，深入探索，总结并优化各种最新技术，最终，大家震惊地发现，原来我们的技术还可以继续向前迈一大步！

2015年9月，国际电信联盟一锤定音，正式确定5G的官方名称是"IMT-2020"，其中"2020"是预期在2020年可以实现商用。5G在技术性能指标上全面超越了4G，提出了三大应用场景，打开了移动通信的新篇章！

图1-1为全球移动通信标准的演进简图。3GPP（3rd Generation Partnership Project，第三代合作伙伴计划）、3GPP2（3rd Generation Partnership Project 2，第三代合作伙伴计划2）和IEEE（Institute of Electrical and Electronics Engineers，电气和电子工程师协会）等都是制定移动通信标准的重要力量，他们基于不同的技术理念和利益，将移动通信标准变成了精彩的竞技场，各方彼此竞争，又相互合作，演绎了精彩的移动通信标准演进史。

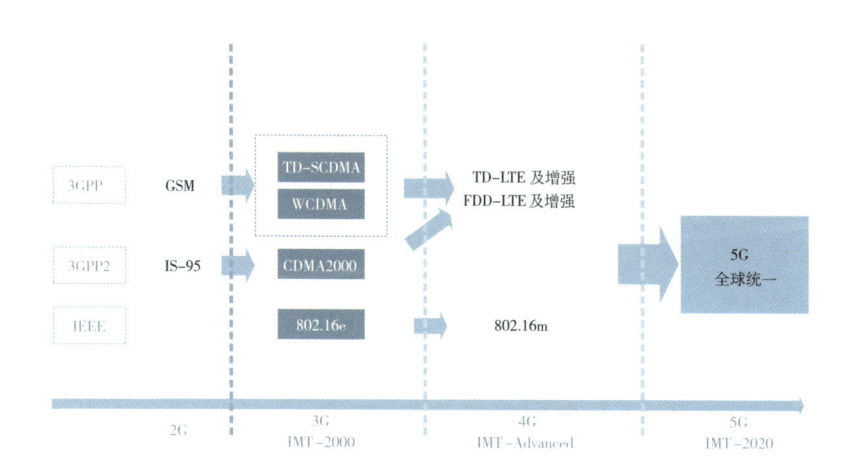

图1-1 全球移动通信标准的演进

在2G时代，3GPP一枝独秀，其力挺的GSM（Global System for Mobile Communications，全球移动通信系统）标准不但将移

动通信带入了数字通信时代，而且成功地给出了标准制定流程，实现了国际化进程。2G 时代，美国高通公司首度登场，提出了 IS–95（Interim Standard 95，暂时标准 95）标准。

到了 3G 时代，CDMA（Code Division Multiple Access，码分多址）技术大放异彩，移动通信系统主流的三个标准无一例外地使用了 CDMA 技术。这不但体现了技术潮流的不可阻挡，同时也是高通公司成功进行商业运作的结果。此时，IEEE 基于当时最先进的 OFDM（Orthogonal Frequency Division Multiple，正交频分复用多址）技术，提出了无线城域网标准 IEEE 802.16e。虽然该标准最终成为追加的 3G 标准，但未能实现大规模商用。

4G 时代，业界曾期望将通信标准统一为一种制式，即 LTE（Long Term Evolution，长期演进）系列标准，但最终还是分成了 TD–LTE（Time Division Long Term Evolution，分时长期演进）和 FDD–LTE（Frequency Division Duplexing–Long Term Evolution，频分双工长期演进）两大阵营。双方各有优劣：时分方式相对节省带宽，频分方式有助于降低时延。在 4G 之前，频谱还相对比较宽裕的时候，实现起来相对较为简单的频分方式更受青睐。

到了 5G 时代，时分和频分两种制式终于统一。因为只有一种制式，所以申请写入标准的提案没有其他选择，全部投向了这里，目标过于集中导致标准制定过程中经常发生激烈讨论甚至标准延迟的情况。5G 在技术选择上的考虑及其优劣，将在本书第三部分进行探讨。

移动通信发展的规律是"先铺路后致富"，在没有体验到网络资源优势的情况下，人们无法想象 5G 的丰富应用。

担起 4G 无法承受之重

物联网的发展使得通信终端的数量和密度远远超过了 4G 网络的承受能力，远程医疗、工业控制等领域需要的低时延也超过了 4G 的设计极限，所以 5G 的出现恰逢其时。

技术进步是 5G 推广的重要支撑力量，强大的市场需求则是技术最根本的拉动力量。根据爱立信公布的《2019 年 6 月移动市场报告》，4G 网络已经覆盖世界上大部分国家和地区。截至 2019 年第一季度，全球移动签约用户总数达到 79 亿，其中 LTE 用户 37 亿，占所有移动签约用户的 47%，而且 LTE 网络的建设势头仍在继续。截至 2018 年底，全球 LTE 人口覆盖率约为 75%，预计到 2024 年将达到 90% 左右；IoT（Internet of Things，物联网）设备连接总数在 2018 年有 108 亿，预计 2024 年将达到 222 亿，这完全超过了当前 LTE 系统的负载能力。

为了应对这一情况，一种比较简单的解决方法是增加 4G 基站数量，但是这样做会带来很多新问题：在 4G 的设计目标里，并没有考虑能耗和二氧化碳排放量等问题。而且，因为 4G 的技术选型、调制方式设置和单载波频带宽等问题，4G 网络已经达到它设计之初的理论上限，网络接入设备数量也已经非常接近上限。

虽然 3GPP 提出的 LTE 系统考虑到了物联网设备，并设计了专门针对物联网的通信协议，但是物联网本身的关键性能指标并没有在 4G 的设计目标中占据一席之地。

另外，远程医疗、工业控制等领域对于网络时延的要求越来越苛刻。4G 标准可以达到的 10 毫秒极限，已经越来越显得不合时宜，尤其对于远程医疗这种精细操作来说，每一刻的时延都可能会造成一次严重的医疗事故。

在 4G 无法承受的压力越来越大之时，5G 来了！

为解决大量 IoT 设备的联网问题，5G 专门设计了 mMTC（Massive Machine Type of Communication，海量机器类通信）场景，可以在 1 平方千米内同时接入 100 万个设备。1 平方千米相当于 140 个足球场的面积，也就是说，在 1 个足球场内可以放置 7000 多个同时接入 5G 网络的设备。对于可预见的应用来说这个网络接入设备数量足够了。这个问题看似解决了，但在 5G 时代面向物的通信将随着海量接入问题的解决扑面而来。因此，5G 设计了 uRLLC（Ultra Reliable & Low Latency Communication，超高可靠低时延通信）场景，用以满足面向远程医疗、工业设备、车辆等物体的通信需求。在这种场景下，传输的控制面时延只有 1 毫秒，超越了人的触觉极限；同时，可以支持每小时 500 千米的高速移动环境下通信。

人们对 5G 充满渴望，5G 第一阶段 eMBB（Enhanced Mobile Broadband，增强移动宽带）场景标准的诞生也不负众望，首先从大视频领域开始助推数字经济。

点燃了数字经济的导火索

数字经济是不可逆转的发展趋势，包括云计算、大数据、人工智能、物联网在内的诸多技术极大地推动了数字经济的发展，而 5G 最终点燃了数字经济的导火索。5G，为各项技术提供了强力支撑，令数字经济进入快车道，直接引爆数字经济的大发展，同时也会对诸多产业进行重构，形成新的经济形态。

ICT（Information and Communication Technology，信息和通信技术）向纵深发展，带来了第四次工业革命，将人类社会带入数字经济时代。数字经济的发展主要包括数字产业化和产业数字化两个方面。

数字产业化

5G 将大大促进 ICT 技术产业本身的创新演进升级。数字产业化包括 ICT 服务业（包含电信业、互联网行业、软件和信息技术服务业）和 ICT 制造业（电子信息制造业）。

因为市场的饱和以及新业务的匮乏，全球 ICT 制造业增速在 2018 年有减缓趋势，绝大部分国家的 ICT 服务业在数字产业化中的占比超过 ICT 制造业，产业在寻求突破的空间。新材料、新工艺促进了 OLED（Organic Light Emitting Display，有机发光显示器）显示屏的商用，大规模天线阵列等技术日益成熟，诸多制造业新兴技术都将直接受益于 5G 的商用。虽然绝大部分国家的 4G 投资还没有完全收回，但没有人愿意错过 5G 这个千载难逢的机遇，都争先恐后地部署 5G 商用网络。同时，5G 周边相关的互联网产业、软件信息技术服务业已经大量使用了云计算、大数据、人工智能等新技术，形成了庞大的 ICT 服务业产业规模。万事俱备，只欠东风，如何将这些新技术快速传递到产业末端，将其推动作用进一步放大，是数字经济时代面临的紧迫问题。5G 是最好的动力引擎！5G 的三大应用场景可以渗透到各个行业，让终端用户享受到技术红利！

产业数字化

产业数字化，是指传统的第一、第二、第三产业应用数字技术，进而使得生产数量和生产效率有所提升。5G 在数字世界的威力不仅仅体现在生活上，在产业界也将产生翻天覆地的革命性进展。在移动互联网时代，电子商务重构了传统销售模式，让代理商的作用逐渐减小，甚至消失。2019 年 11 月 11 日，第 11 个"双十一"购物狂欢节当天，全国网络零售交易额突破 4700 亿元，其中阿里巴巴天猫总成交额为 2684 亿元。阿里巴巴 CEO（首席执行官）张勇说："双十一不是为了数字而做，是作为改变社会的驱动器来做。"作为数字经济主力的电子商务已经成为消费升级和高质量发展的重要力量。5G 不但会使电子商务等产业如虎添翼，而且可通过高可靠、低时延的优势技术特性，向更多产业渗透，促进多方产业的升级。

从语言文字到万物互联

通信的本质是信息传输。人本身是生物信息体，语言、书籍、电报、电话等都是针对人来设计的，而5G是第一次全面针对物而不是人的通信标准，各项指标已经远远超越人的极限。以后的通信将分为面向人的通信与面向物的通信。互联网也将逐渐从针对人的消费互联网向针对物的产业互联网发展。

通信是什么

"鸿雁"是中国古代对书信传递的标志性描述，《汉书·苏武传》中记载了鸿雁传书的故事，中国通信界的最高学府北京邮电大学曾经有个非常著名的BBS（Bulletin Board System，论坛）也是用"鸿雁传情"命名的。在古代通信中，人是信息的产生者，也是最终的接收和使用者，所以所有的通信方式都是围绕人来设计的，但同时也受限于人的生理特性。

烽火台是古代军事通信的重要手段，虽然可以传输很远的距离，但因为只有有烟和无烟两种状态，所以传输的信息量非常少。电视剧《长安十二时辰》展示了长安城中每隔300步就有一个的瞭望楼，通过一套传递体系可以快速准确地通报情况。虽然传输距离很近，但信息量变大了！

从今天的角度来看，"烽火台通信"和"望楼通信"都是无线通信、可见光通信和数字通信。但这两套通信体系都是给人设计的，所以在距离、信息量传输上不能超出人的生理极限，如视距。但可以通过资源互换，达到性能的转换，如利用距离换取信息量——距离越远，人眼分辨率越低，传输的信息量就越小；反之，距离越近，人眼分辨率越高，传输的信息量就越大。

今天通信系统的设计，还是遵从资源互换这个朴素理念。现代通信系统中可以互换的资源还不多，包括时间、空间、频率、码字。如果能找到更多的通信资源，我们会有更好的信息交互体验。

在机械力、电力、光电加入通信中后，通信范围和效率大幅度上升，电报、电话的使用让我们突破了视距约束，而移动通信的出现更是让随时随地任何人之间的通信成为可能。

通信的数学模型和信息的量化描述是由香农完成的。沿着香农指明的方向，人们在现代通信之路上一路狂奔，却突然发现，人，成了信息系统的瓶颈！

今天，计算机、手机终端产生的数据量远远超出一个人产生的数据量，只靠面向人的通信方式已经无法把海量数据传输出去。我们无法想象用人类的语言去描述一个联网游戏中各个角色的位置和动作。同样，作为通信接收者的人，对海量数据也是应接不暇。

那么，今天我们使用的通信，到底是什么呢？

自从光电技术被引入通信中后，信息通道就不再是架构在人与人之间，而是架构在收发设备之间，人只是信息的产生者和消费者。我们使用手机上网或打电话，传递的是人可以认知的信息，但在传输过程中，大量的编码、调制将生成更多的信息，并消耗手机里的很多资源，而我们只关心自己可以感知到的信息。就好比当我们将中文信息告知翻译人员，翻译人员再告知外方人员时，我们关心的是信息本身，而不关心翻译人员消耗了多少脑细胞。归根结底，这还是面向人的通信，光电设备只是通道而已。面向人的通信有个重要特点：人是信息的最初发起者和最终消费者。

随着自动化、智能化的不断普及，包括传感器、控制器在内的各种机器开始被赋予越来越强大的功能。例如，我们会设置一个自动上报数据的温度传感器，显示在信息终端上。这个过程一旦设定好，即使没有人的参与，各种设备也会自动产生信息、传送信息、展示信息。这就是典型的面向物的通信。在这个过程中，物体被赋予了主动产生信息、主动通信、主动接收信息的功能，人不一定是信息的最初发起者和最终消费者了！

1993年7月5日《纽约客》刊登了一句著名的话："在互联网上，没有人知道你是一条狗。"1995年，IETF（Internet Engineering Task Force，互联网工程任务组）设计的IPv6（Internet Protocol Version 6，互联网协议第6版）则号称可以"为地球上的每一粒沙子都提供一个IP地址"。通信已经不再是面向人的专属，而是开始面向物了。

5G之前所有的通信系统都是以人为中心来设计的，偶尔会兼顾物，但5G给出的三个并列的应用场景中就有专门针对海量物体连接的mMTC，也有针对面向物的高可靠低时延的uRLLC。互联网也将依托5G从消费互联网渗透到产业互联网。

这为通信打开了一片新天地，为产业开辟了一个新战场，为社会提供了一个新机会！

通信科技的缘起

从麦克斯韦到赫兹，电磁波不再神秘；从马可尼到贝尔，人可以操纵电磁波来进行通信；奈奎斯特让数字通信成为可能，香农开创的信息论则让人类开启了信息社会。

现代信息和通信技术产业的鼻祖是英国人麦克斯韦（James Clerk Maxwell，1831—1879），虽然他是经典电动力学的创始人、统计物理学的奠基人之一，但就信息和通信技术而言，他最重要的工作成果是1855—1864年发表的三篇论文：《论法拉第力线》《论物理的力线》和《电磁场的动力学理论》。1865年，麦克斯韦预言了电磁波的存在，并用理论推导出电磁波的传播速度等于光速，指出光是电磁波的一种形式。这三篇划时代的论文后来被他整理到其科学著作《电磁理论》中。

1888年，德国物理学家赫兹（Heinrich Rudolf Hertz，1857—1894）用实验验证了电磁波的存在，将实验过程记录在《论动电效应的传播速度》一文中。这个实验不仅验证了麦克斯韦理论的正确性，而且开创了无线电学科的新时代，具有划时代的意义，以至频率的单位都是用他的名字赫兹（Hz）命名的。更重要的是，在赫兹那次著名的实验中，他发现了一个经典物理学无法解释的不和谐现象，从而撬动了经典物理学体系的根基，直接导致了后续量子学科的诞生。

当时，14岁的意大利少年伽利尔摩·马可尼（Guglielmo Marconi，1874—1937）还在家中接受良好的教育，而且有自己的实验室，并由一名大学物理教授做指导。1894年，赫兹去世，马可尼了解到赫兹所做的实验，于是马上动手发明了一套电磁收发装置；1895年，他在父亲的蓬切西奥（Pontecchio）庄园成功地将无线电信号发送了1.5英里（2.4千米）的距离；1896年，他在英国获得了这项发明的专利权，成为世界上第一台实用的无线电报系统的发明者，随即他成立了著名的马可尼无线电报与信号公司；1922年又创建了著名的英国广播公司（British Broadcasting Corporation，BBC）。马可尼公司目前已经是英国最大的通信和IT（信息技术）设备提供商之一。

ICT产业自诞生之初，就与专利有着深深的联系。有意思的是，虽然马可尼早在1896年就在英国申请到了无线电的发明专利，并完成了第一次横跨大西洋的无线电波传送、第一次SOS紧急信号的使用和第一次公共无线电广播，但美国最高法院还是在1943年宣布马可尼的无线电专利无效，认定尼古拉·特斯拉（Nikola Tesla，1856—1943）（没错，那个著名的汽车品牌就是以他的名字命名的）享有无线电专利。个中原因众说纷纭，其中一种说法是这样美国政府可以避免付给马可尼公司专利使用费。

虽然电报的发明使人们可以非常方便地随时发送文字信息，但语音、图像、视频这些更加丰富的信息还是无法通过电报传输。终于，1876年3月10日，亚历山大·格雷厄姆·贝尔（Alexander Graham Bell，1847—1922）通过有线电话第一次传出了清晰的声音，虽然是个求助的声音，但电话的发明对人类社会的影响力已经无法用语言描述。1877年7月9日，贝尔电话公司成立。

1879年，贝尔退出了贝尔电话公司，但这并不影响贝尔电话公司日后成为美国电信业巨头。1925年1月1日，AT&T（美国电话电报公司）收购了西方电子公司的研究部门，成立了一个叫作"贝尔电话实验室公司"的独立实体，后改称贝尔实验室。这是一个在ICT产业传奇的实验室，后面的很多故事都发生在这里。

因为提交专利申请比伊莱沙·格雷（Elisha Gray，1835—1901）早了两个小时，所以美国法院判定电话的发明权属于亚历山大·贝尔，虽然贝尔使用的是磁石电话，而格雷使用的是液体电话。1922，贝尔在加拿大逝世。美国国会2002年6月判定意大利人安东尼奥·梅乌奇（Antonio Meucci，1808—1889）为电话的发明者，并由美国众议院发布了269号决议声明，而加拿大众议院随即重申贝尔是电话的发明者。

无论"电话之父"的称号属于谁，电话的发明彻底改变了人类社会的信息交互方式，语音这种最直接的交流方式不再受地理和时间的限制。

电话的发明，还极大地推动了科技的发展。1927年，就职于AT&T公司的哈利·奈奎斯特（Harry Nyquist，1889—1976）发现了著名的奈奎斯特采样定律：如果对某一带宽的有限时间连续信号（模拟信号）进行采样，且在采样率达到一定数值时，根据这些采样值可以在接收端准确地恢复原信号。为不使原波形产生"半波损失"，采样率至少应为信号最高频率的两倍。这个定律在我们日常生活中的一个应用是关于声音的：人能发出的声音最高频率大概是4kHz（千赫），所以，模拟电话机的采样频率就是

4kHz 的两倍，即 8kHz；而能听到的最高频率大概是 20kHz，录制音乐的 CD 采样频率为 44.1kHz，是 20kHz 的两倍多一点。

奈奎斯特 1924 年进入贝尔实验室工作直到退休。他有一个缺憾：虽然他发现了这个定律，但没有从数学上加以证明。完美的数学证明是由他后来在贝尔实验室的同事、传奇人物香农完成的。

奈奎斯特采样定律对科技发展的巨大作用在于它告诉了我们用数字信号无失真恢复模拟信号的可能性。今天，我们进入了数字通信时代，这要感谢奈奎斯特。毕竟，当初用于电话的双绞线只能用来传输模拟语音信号，正是得益于奈奎斯特采样定律，电话才可以连接上调制解调器传输数字信号实现上网。

1948 年，是 ICT 产业值得纪念的一年。这一年，在贝尔实验室工作的香农在《贝尔系统技术杂志》(Bell System Technical Journal) 上连载发表了具有深远影响的论文《通信的数学理论》和《在噪声中的通信》。在这两篇论文中，香农阐明了通信的基本问题，给出了通信系统的模型，提出了信息量的数学表达式，并解决了信道容量、信源统计特性、信源编码、信道编码等一系列基本的科学和技术问题。这两篇论文成了信息论的奠基性著作。香农因此被称为"信息论之父"，他也是数字通信理论的奠基人。

70 多年后的今天，第五代移动通信开始在全球商用，依然遵从着香农定理。

野蛮生长的第一代移动通信

1976 年，美国摩托罗拉公司的工程师马丁·库珀首先将无线电应用于移动电话。同年，国际无线电大会批准了将 800/900 MHz 频段用于移动电话的频率分配方案。1978 年底，美国贝尔实验室研制成功全球第一个移动蜂窝电话系统——先进移动电话系统（Advanced Mobile Phone System，AMPS）。5 年后，这套系统在芝加哥正式投入商用并迅速在全美推广，获得了巨大成功。同一时期，欧洲各国也不甘示弱，纷纷建立起自己的第一代移动通信系统。瑞典等北欧四国在 1980 年研制成功 NMT–450 移动通信网并投入使用；联邦德国在 1984 年完成了 C 网络（C–Netz）；英国则于 1985 年开发出频段在 900MHz 的全接入通信系统（Total Access Communications System，TACS）。此外，日本的 JTAGS、法国的 Radiocom 2000 和意大利的 RTMI 也都是第一代移动通信系统（1G）的制式。

第一代移动通信系统虽然取得了巨大成功，但因为是基于频分复用技术（Frequency Division Multiple Access，FDMA）和模拟调制技术，所以容量受限、信号质量欠佳、安全性差，而且因为缺乏统一组织，第一代移动通信系统有制式纷杂、无法互联互通、无法全球漫游的缺陷。

渐入佳境的第二代移动通信

欧洲电信标准化协会通过 GSM，让移动通信标准的制定流程规范化、国际化。取得巨大成功的 GSM 标准，为之后的移动通信标准制定确定了基本规则。

1982 年，欧洲电信标准化协会的前身欧洲邮政电信管理会议（CEPT）成立了移动特别行动小组（Group Speciale Mobile），该小组得到了对有关泛欧数字移动通信系统的诸多建议进行改进的授权，开始组织新的移动电话标准的制定。1986 年，欧共体统一将 900MHz 预留为 GSM 频段；1987 年确定了 GSM900 的各种参数，同时，来自欧洲 13 个国家的 15 个成员单位签署备忘录，成立了全球移动通信系统协会（Global System for Mobile Communications Association，GSMA）。1988 年，欧共体委员会批准成立欧洲电信标准化协会，总部设在法国南部的尼斯。1989 年，移动特别行动小组的职能被移交给欧洲电信标准化协会，虽然沿用了 GSM 的缩写，但含义已经改为全球移动通信系统（Global System for Mobile Communications）。随着 1800MHz 被加入 GSM 系统中，标准化进程开始步入正轨。

在制定 GSM 标准的过程中，来自全球通信领域的各大公司和组织都提出了自己的建议，几乎涵盖了当时可以想到的所有技术方案。

有的公司基于第一代移动通信的 FDMA 技术进行改进，希望能平稳过渡到 2G；1989 年，成立了 4 年的美国高通公司推出了 CDMA 解决方案，并迅速提出了 IS-95 及其相关标准，这在当时从技术上看是最先进的，但产业成熟度比较低；而作为折中的 TDMA（Time division multiple access，时分多址）方案也被提了出来，虽然技术难度高，但对扩大用户规模有很大帮助；同时，在第一代移动通信系统中大放异彩的摩托罗拉公司启动了铱星计划，计划通过太空的 66 颗卫星实现移动通信，最大限度地实现网络覆盖。

大量不同的技术方案，使欧洲电信标准化协会试图领导的第二代移动通信系统遇到了巨大的阻力。

在多重压力下，新的规则诞生了！

如图 1-2 所示，标准制定者、政府和运营商之间形成了博弈关系：标准制定者负责全球性标准的制定，政府负责最关键的频谱准入谈判和制式选择，运营商负责商业运营和互联互通谈判。这种兼顾各方利益同时又相互制约的规则，使得产业链中的企业和政府都参与其中。

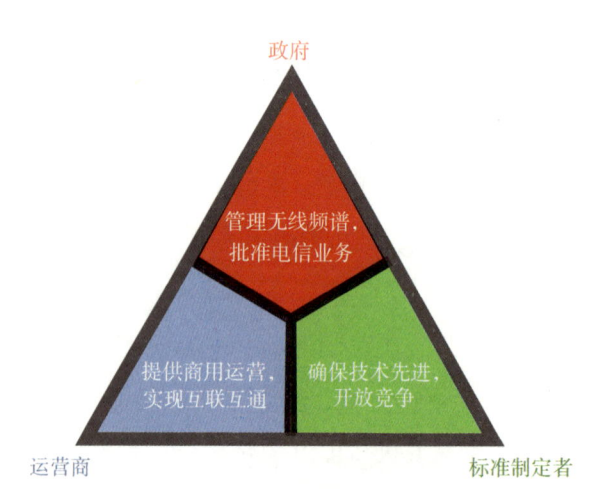

图 1-2 电信产业三方博弈规则

1991 年，第一个 GSM 呼叫在芬兰实现；1992 年，第一条 GSM 短信实现；1993 年，澳大利亚成为第一个使用 GSM 的非欧洲国家，GSM 国际化的脚步就此迈开，新的规则开始走向全球；1995 年，GSM 登陆北美，全球用户超过了 1000 万，全球移动通信系统协会举办了全球范围的世界移动大会，该大会一年一届，一直延续至今，是全球规模最大的移动通信界盛会。1996 年，中国开始部署 GSM 网络。2003 年 GSM 推出了 EDGE（Enhanced Data Rate for GSM Evolution，增强型数据速率 GSM 演进）技术，可以让用户以 40kbps 的速率上网，而在此之前数据的传输速率只有 9.6kbps。

在 GSM 高歌猛进的时候，高通公司提出的 IS-95 成为 2G 国际标准，也是最早实现商用的基于 CDMA 技术的移动通信标准。

2G 的重大意义在于制定了之后移动通信标准制定的规则。首先是由高校科研机构、设备商、运营商等进行"头脑风暴"，完成下一代移动通信的愿景规划和指标设计，给出各自的关键技术；然后由 3GPP、IEEE 等组织完成提案收集和整理，并形成统一意见；最后提交给国际电信联盟进行决议，形成国际标准，由各国政府去实施。这一过程（如图 1-3 所示）形成了标准制定执行的一个完整规则周期。从愿景指标、系统框架到国际标准，这一步步走来，往往需要 10 年左右的时间。所以，全球通信产业从 2G 以后，每 10 年左右会向前演进一代。

企业及研究院所进行研究			区域性机构收集汇总提案	ITU最终输出标准
运营商	设备商	研究院所	IEEE	
中国联通 中国移动	华为	北京邮电大学	3GPP	ITU
AT&T 中国电信	三星	南京邮电大学		
NTT DoCoMo	诺基亚	纽约大学	5G &BEYOND	
France Telecom	中兴	斯坦福大学	5GPPP	
Vodafone T-Mobile	爱立信			

图1-3 电信国际化标准的产生过程

随后的3G、4G、5G都是遵循这个规则来制定通信标准的。这种规则的设定，可以最大限度地保障移动通信的技术先进性、标准实施的可行性和产业的成熟度。

基于移动通信技术的现状，学术界和产业界都会对下一代技术进行愿景描述，进而细化为技术指标。这是一个多维画像的过程，需要确保学术界不能冒进，不能脱离目前产业能力的基础；同时，产业界也不能过于束缚手脚、贪恋市场、缺乏科学想象力。愿景的确定基本上确定了下一代移动通信技术的发展方向，如3G的数据通信、4G的高速数据通信和5G的万物互联。

群雄纷争的第三代移动通信

CDMA技术是第三代移动通信的关键技术。与2G主流使用的TDMA技术相比，CDMA技术具有抗干扰能力强、接入用户数量多等优点，非常适合大规模用户的网络。3GPP起初只是力推W-

CDMA（Wideband Code Division Multiple Access，宽带码分多址）标准，但已经觉醒而且意志坚定的中国力主推出 TD-SCDMA（Time Division-Synchronous Code Division Multiple Access，时分 - 同步码分多址）标准，以此抗衡由高通主导的 3GPP2 提出的 CDMA2000（Code Division Multiple Access 2000，3G 移动通信标准）标准。

在商用市场上，高通首先选择韩国作为突破口，倾全力将韩国打造成 CDMA 典范，再将累积的技术经验等应用到美国市场，进而再进入中国市场，最终慢慢向全世界扩张。高通通过独有的大量的 CDMA 专利，占据了产业链最高端，主导了整个 3G 时代。

IEEE 利用 OFDM 技术提出的 IEEE 802.16e 也与 3G 抗衡。

惊艳面世的第四代移动通信

OFDM 是第四代移动通信的关键技术，因为下载速率达到 100Mbps，人们惊呼可以彻底不要网线了。如此高速率的无线带宽，让人们开始对移动通信的无限可能展开了想象。借助 3G 时代移动互联网的普及，4G 将移动互联网在消费领域的作用发挥到了极致，同时将通信产业链延拓到诸多消费行业运营商，如移动支付、物流等。

虽然全球试图统一标准，但最终还是分为 TD-LTE 和 FDD-LTE 两大阵营，与其同时发布的 IEEE 802.16m 很快也销声匿迹了。

高通早在 2005 年 8 月 11 日就以 6 亿美元的代价并购无线设

备公司 Flarion，获得了 4G 核心技术 OFDM/OFDMA 的使用权，继续主导着 4G 时代。无论是 3GPP 的 LTE 还是 IEEE 的 802.16m 都需要向高通公司缴纳专利费。

在 4G 发展后期，产业界已经感受到物联网海量接入的压力，虽然先后制定了一些标准，一些国家和地区还发布了针对物联网设备的号段，但通信网络已经不堪重负。曾经有专家提出是否需要建立一张物联网专网，而不是与 4G 电信网混用。这个问题，在 5G 时代得到了解决。

有一种观点认为，移动通信系统现象级的成功主要源于极为快速的技术创新和迭代。从 1G 到 5G，移动通信系统已经完成了从模拟通信到数字通信、从纯电路交换到全 IP 交换、从 FDMA 到 OFDMA（Orthogonal Frequency Division Multiple Access，正交频分多址）的数次技术更新，每一次更新都带来了更快的速度、更低的时延和更多的特性，也带来了更好的用户体验（参见表 1-1 中 1G~5G 的技术和性能对比）。

5G 被一些专家诟病没有重大的技术革新，这有很多原因，最根本的原因是 5G 没有突破香农定律，另外一个标志性的技术原因是 5G 没有提出新的多址方式。

表 1-1 1G~5G 的技术和性能对比

	1G	2G	3G	4G	5G
起始/部署日期	1970s/1980s	1980s/1990s	1990s/2000s	2000s/2010s	2015/2020s
理论下载速度（峰值）	2kbit/s	384kbit/s	21Mbit/s	1Gbit/s	10Gbit/s
无线网络往返时延	N/A	0.600s	0.200s	0.010s	<1 ms
单用户体验速率	N/A	100kbit/s	1Mbit/s	10Mbit/s	100Mbit/s
标准	AMPS	TDMA/CDMS/GSM/EDGE/GPRS/1xRTT	WCDMA/CDMA2000/TD-SCDMA	LTE-FDD/LTE-TDD/WiMax	5G NR
支持服务	模拟（语音）	数字（语音、短信，全IP包交换）	高质量数字通信（音频、短信、网络数据）	高速数字通信（VoLTE、高速网络数据）	高速移动宽带（eMBB）、广域物联网（mMTC）、高可靠低时延物联网（uRLLC）
多址方式	FDMA	TDMA/CDMA	CDMA	OFDMA	filtered-OFDM/FBMC/PDMA/SCMA（未定）
信道编码	N/A	Turbo	Turbo	Turbo	LDPC/Polar

注：图中速率均不考虑载波聚合。

世界各国 5G 布局，战略制高点争夺战

韩国是世界上首个宣布 5G 商用的国家。政府、手机制造商、运营商一起发力，造就了高速的用户增长，创造了"5G 奇迹"；同时，AR/VR（Augmented Reality/ Virtual Reality，增强现实 / 虚拟现实）业务异军突起。

韩国成为 5G 商用急先锋

2019 年 4 月 3 日，韩国超前于美国 2 个小时宣布 5G 商用的国家。截至当天，SK Telecom（SK 电讯）、KT（韩国电信）和 LGU+（LG 旗下移动运营商）三大运营商已经建设好了 8 万个 5G 基站，计划 2019 年实现 85 个城市的 5G 网络覆盖，覆盖人数将达到全国人数的 85%。

在政府的鼓励和补贴下，手机生产商补贴近一半的手机价格，同时运营商利用流量、话费、在网时间等补贴用户。截至 2019 年 9 月 9 日，韩国 5G 用户达到 300 万，约为全球 5G 用户总数 80% 以上。从 4 月初发布商用牌照以来，平均每天发展 2 万户。在 2019 年 5 月的调查中，SKT 的 5G 用户占比为 40.8%，KT 的 5G 用户占比为 32.1%，LGU+ 的 5G 用户占比为 27.1%。

目前韩国三大运营商针对不同客户的需求设计了入门、中端、高端、白金四种不同等级的套餐。其中，入门级主要是为通过政府审查而设置的套餐，与 4G 的入门级套餐相比，5G 入门级套餐

在价格上大幅增长，但在流量上也增长较大，这是为了提升 ARPU（每用户平均收入）；中级套餐为主推套餐，与 4G 套餐相比只是小幅加价，但在速度和流量上都有较大的增长，主要为引导 4G 用户迁移、实现整体 ARPU 的提升；高端套餐和白金套餐主要针对追求 5G 体验的用户设定，套餐的定价较高，但是在速度方面提升显著，该套餐可以引导用户迁移，实现 ARPU 提升。

基于 5G 的大带宽、高速率特性，韩国运营商的业务主要聚焦于 AR/VR、游戏、超高清视频、无损音乐等大流量业务；还实行了新业务（VR 等）内容免费使用，以及赠送 VR 头盔等优惠以获取 5G 新用户。另外，运营商推出了以棒球职业联赛为载体的多视角视频、VR 视频、VR Social Room 业务，用户可以随意切换攻防转换视角和不同垒区视角，并且可以通过虚拟聊天室聊天，为喜欢的队伍助威。除了体育赛事外，VR 技术也被广泛应用于教育、旅游、偶像、文化等多个领域，通过 VR 技术为用户带来"零距离"互动体验。另外，运营商还提供了 AR 视频通话服务，该服务可以实现多人使用 3D 虚拟头像进行视频通话，在通话过程中还可以使用 AR 表情包和配音、字幕等功能。这些应用使韩国的 AR/VR 业务异军突起，截至 2019 年 6 月，AR/VR 业务在 5G 中的流量占比已经达到 20%，而在 4G 中仅为 5%。

2019 年 8 月，韩国三家移动运营商在三星智能手机上推出了升级版的短信服务。2019 年 9 月 10 日，SK 电讯推出基于 5G 网络的超高画质（Quad High Definition，QHD）视频通话业务 Callar2.0，发布 1 个月内累计通话次数超过 1000 万。这个业务旨在挑战韩国本土即时通信应用 Kakao Talk，该应用号称韩国的"微信"，在韩国的用户占有率达到了 95%。

韩国通过成为"首个 5G 商用国家"制造了一定的社会话题，进而鼓励了产业资本进入新兴产业。为了延伸产业链，实现经济拉升，培养本土企业在国际市场的竞争力，韩国政府启动 5G+ 战略推进体系，意在让 5G 进军产业互联网。

美国仍欲占领 5G 霸主地位

美国因为提前公布了商用时间，反被韩国打了时间差——韩国提前 2 小时宣布 5G 商用。因为有全球第一大经济体的底气，也因为有长期占据通信霸主地位的高通公司，所以美国不甘心在 5G 上落后。缺失本土电信设备商的美国、不断被挑战的高通公司、匮乏的网络覆盖，让我们感慨美国已处于移动通信的下行通道。

就 5G 频谱而言，除了美国以外，世界各国在 5G 商用初期基本都使用 6GHz 以下的频段，而美国由于国防部和政府部门占用了过多该频段，所以美国使用的是更高频率的毫米波频段。虽然毫米波的速率要更快，但是因为频段高，基站建设就更密集，而且更易受到干扰。美国国防部曾希望与民用电信用户进行频段共享。这个方案在技术上是可行的，但至少需要 3~5 年时间更换设备、建设基础设施。

美国运营商 AT&T 和 Verizon（威瑞森）率先进军 5G 市场，但最早使用的是固定无线接入（Fixed Wireless Access, FWA），虽然可以快速部署，但由于用户分享带宽，不利于后期大规模发展。

在 2019 年 4 月宣布 5G 商用后，美国主要电信运营商都开始了增强移动宽带 eMBB 的部署。美国运营商 5G 概况如表 1-2 所示。

表 1-2 美国主要运营商 5G 概况

运营商	频谱	供应商	5G 发布日期
AT&T	毫米波（主要为 39GHz）sub 6GHz	爱立信、诺基亚和三星	2018 年 12 月
Sprint	2.5GHz	爱立信、诺基亚和三星	2019 年 5 月
T-Mobile	600MHz，28GHz，39GHz	爱立信和诺基亚	2019 年下半年
Verizon	毫米波（主要为 28GHz），DSS 动态频谱共享	爱立信、诺基亚和三星	2018 年 10 月（固定无线接入）2019 年 4 月（手机服务）

注：目前 T-Mobile 和 Sprint 已合并，此处为两家合并之前的情况。

Verizon 是美国最大的移动通信运营商，计划在 2019 年底前完成 30 个城市的 5G 覆盖。其最早推出的 5G 套餐价格比 LTE 套餐高出 10 美元，但数周后就推出了促销优惠活动，可以免收 10 美元费用。在 5G 的长期战略上，Verizon 目前仍未有明确表示，尚未发布实现 5G 全国覆盖的时间表。Verizon 把 5G 的应用分为八大模块：节能、（人的）跟踪、移动大数据、物联网、实时服务、商业系统升级、高速网络应用、高可靠性网络应用。

AT&T 计划在 2019 年底前完成 21 个州部分地区的 5G 覆盖，2020 年年初实现全国覆盖，大概率将采用 sub 6GHz 频段。

2019 年 4 月，美国第三大电信运营商 T-Mobile 和第四大运营商 Sprint 联合宣布，将以 265 亿美元完成合并计划。2019 年 7 月份美国司法部正式宣布，针对 T-Mobile 收购 Sprint 交易，已与双方达成协议。这意味着这笔 265 亿美元的收购交易得到了美国司法部的同意。美国第三大和第四大移动运营商合并后的公司估值预计约 1600 亿美元。在合并前，T-Mobile 多次强调不会针对 5G 收取额外费用。这首先是因为美国 5G 网络覆盖范围还很小，无法提供良好的用户体验；其次，还没有设计出针对 5G 的增值应用服务，因此无法带来价格溢价。预计未来 2~3 年，5G 的分级定价还是将以速度为基础。

美国在 5G 的产业应用上进行了很多的探索，开始从零售业、餐馆、医疗行业入手。其中，AT&T 已与芝加哥某医院建立了合作关系，双方将利用 5G 边缘计算来进行远程医疗的尝试。此外，双方还将在改进医院运营、增强患者体验上不断积累经验。随着 5G 手机的不断成熟、更多 5G 频谱得到释放，以及 T-Mobile 和 Sprint 的合并，未来美国 5G 进程将进一步加速，预计 2020 年实现商用 5G 独立组合，2021 年 5G 用户数预计可达 3000 万（见图 1-4）。

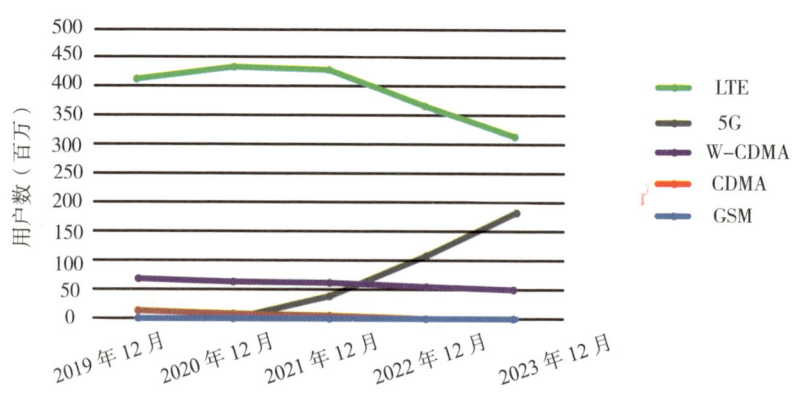

图 1-4 2019—2023 年美国移动用户数预测（按技术分类）

来源：OVUM

通过数据可以看出，美国 5G 商用范围非常有限。由于受到网络覆盖范围、手机等因素限制，5G 在美国实际上并没有取得市场上的领先优势，可以说宣传意义大于实际意义。

日本坚定前行

日本是世界上最早进行 5G 测试的国家，准备得非常充分。日本虽然在之前的 2G 时代特立独行，但 3G 时代就融入了移动通信的主流，4G 在日本更是大行其道。日本将 5G 融入全国整体信息规划中，结合本国特色，试图改变国家面貌。

早在 2015 年，日本政府就已经开始着手进行 5G 研究，并在 2017 年进行了 5G 用例测试。2019 年 4 月，NTT Docomo、KDDI 和软银公司这三大日本传统电信运营商及日本电商公司乐天公司从电信监管部门获得了 5G 频谱，计划在 2020 年开始大规模商用，预计在 2023 年将 5G 的商业利用范围扩大至日本全国，总投资额达 5 万亿日元。

日本政府从国家战略层面介入，制定了相关约束条件，确保 5G 的建设满足国家层面的要求。对 5G 建设的目标是 5G 不仅仅服务于人，还服务于一切物品，因此不以人口覆盖率为 5G 建设评价标准，建设初期偏远区域也需要有服务。

日本政府要求运营商两年内所有的道府县（相当于省）都要有 5G 覆盖，针对不同业务类型需要提供尽量多的基站。日本政府把日本国土以 10 千米为边长划分为四方形网格，形成了 4500 个左右的网格，要求运营商 5 年内覆盖超过 50% 的网格区域，并要求运营商在频谱申请书中明确各区域的建网时间计划以及该区域的设备厂商。

在业务上，日本总务省定义了 5G 九大重点应用领域，包括车联网、无线 VR、基于体育馆的高速广播、面向智能工厂/智能办公的高品质传感网、面向智慧城市安全的融合无线网络、面向智能农业的大连接、基于队列行驶的 V2V（Vehicle–to–Vehicle，车辆–车辆）通信、面向医疗安全的无线平台、基于高速列车的高速移动通信。

日本 2020 年东京奥运会以及残奥会是日本发展 5G 的重要助力。为配合 2020 年东京奥运会和残奥会，日本各运营商在东京都中心等部分地区率先启动 5G 商用，随后逐渐扩大区域。

欧洲上下求索

欧洲的移动通信技术研发实力较强，但由于市场规模太小、国家分割太多，不利于 5G 大规模商用。随着英国脱欧、难民移入，欧洲政治经济环境面临着巨大挑战。随着 5G 时代的到来，欧洲国家，尤其是西欧国家希望发挥自己的工业优势，借 5G 提振经济。毕竟，3GPP 和国际电信联盟总部都在欧洲。

2019 年 5 月 30 日，英国电信运营商 EE 公司正式在伦敦、卡迪夫、爱丁堡、贝尔法斯特、伯明翰以及曼彻斯特这 6 个人口密集城市开通 5G 服务，并计划于 2019 年底完成 16 个城市 1500 个

5G 基站的建设。该运营商正在孵化 AR/VR 游戏和直播类业务，预计 2020 年前将会上线。开通 5G 服务的用户将同时接入 4G 网络以保证连接的稳定性。为了吸引用户，该运营商在提速提量提价的同时，增加了音乐、视频数据免流量、高品质体育节目（BT Sport HDR）、漫游增强等选项。

英国的另外一家运营商沃达丰（Vodafone）将会在 2020 年建设 1000 个基站，并将采取限速不限量计费模式。

英国广播公司记者罗里·赛伦-琼斯在直播 5G 商用开通时，一度因连接问题被推迟。后来他解释说，这不是 5G 网络的问题，而是由于 5G 流量太大，超出了设备内 Sim 卡（用户身份识别卡）流量上限（其实就是流量用完了）。另外，因为 5G 的大带宽，现场的高清直播使得用户观察到了他的手在微微颤抖，因此询问他是否得了帕金森症。在接下来的社交媒体互动中，罗里·赛伦-琼斯承认他的确得了帕金森症。

芬兰也已经在部署 5G 网络，首先在 4 个城市上线，并逐步在全国范围内完成覆盖；在资费方面将会沿用 4G 时代速率计费模式，将网络升级转化为市场竞争力。

虽然摩纳哥成为世界上第一个全国覆盖 5G 的国家，但也无法阻挡欧洲在移动通信上的整体颓势。

欧洲经济得益于欧共体/欧盟，曾经形成一股合力，引领了科技的国际标准和商业市场的导向。但近几年，英国脱欧增加了内耗，同时，大量的难民移入，造成了诸多社会经济问题，使得本来就有诸多国家的欧洲进一步分裂。目前，德国的"工业 4.0"正在向"工业5.0"过渡,虽然有强大的科技研发能力和严谨的制度保障,但劳动人口成本的提升以及包括通信网络在内的基础设施乏力,都延缓了这一进程。

中国 5G 发展引领全球

中国的移动通信经历了 1G 空白、2G 跟随、3G 突破、4G 同步的历程，在 5G 时代，借助华为、中兴等本土公司强大的技术实力和制造能力以及全球最大的市场规模，中国将成为 5G 发展的领跑者。相关行业部门、运营商、设备商一起努力，在 5G 的标准制定、频谱规划、网络建设、终端生产上进行了战略布局，并进行了大规模的应用测试，寻找产业突破点。

5G 牌照发放

2019 年 6 月 6 日，中国发放了 4 张 5G 牌照，分别给了中国电信、中国移动、中国联通和中国广播电视网络有限公司。虽然比预期的发放时间早很多，但中国电信、中国移动、中国联通三家电信运营商很早就开始行动了，不但部署了很多 5G 测试基站，而且为开拓商用市场做了宣传。

中国电信于 2018 年 9 月 13 日正式启动 Hello 5G 行动计划，品牌口号是"赋能未来"，愿景是"5G 你好，拥抱新技术！"。中国电信获得了 3400MHz~3500MHz 共 100MHz 带宽。

中国移动于 2019 年 6 月 25 日举行了"中国移动 5G+"发布会，其愿景是"改变社会无限可能；开发、共享；提供成倍叠加的价值；积极改变社会"。中国移动获得了 2515MHz~2675MHz、4800MHz~4900MHz 共 160MHz 带宽，但其中 2575~2635MHz 频段为重耕频段，需要先行退网才能用于 5G。

中国联通于 2019 年 4 月 23 日公布了品牌宣传语："让未来生长"。中国联通获得了 3500MHz~3600MHz 共 100MHz 带宽。

中国广播电视网络有限公司获得 5G 牌照，而且得到了 700MHz 的优良频段。这既在大家的意料之中，因为国家很早就计划让广电参与建设 5G 网络；但也令人非常困惑，因为这家公司的注册资本不超过 100 亿元，不会有能力独立建设 5G 蜂窝移动通信网络，而且从来没有电信网络运营的经验，所以摆在中国广电面前的选择其实不多：

1. 与现有电信运营商或者铁塔公司合作，出租 5G 频谱。

2. 与某家电信运营商合并，组建新的电信运营公司。

3. 引入新的海量资本，独立建立 5G 网络。（这种可能性极小）

2019 年 9 月，波兰 4 家主要的移动通信运营商计划与拥有 700MHz 频段资源的运营商 Exatel 以合作方式进行 5G 网络部署。由 Exatel 贡献频段资源，4 家运营商建设网络，共同运营。这与我国目前电信运营商和广电网络的状况非常相似，这种模式为中国广电提供了一种可能性。

2019 年 9 月 27 日，中国广电在上海虹口启动了首批 5G 测试基站部署，基于独立组网方式开展网络建设，测试基站采用 4.9G 频段。这个频段后期的网络建设与运营要投入大量的资金和人员，对于中国广电来说是个巨大的挑战。

未来，中国广电是会合作还是合并，以及运营何种业务，我们将拭目以待。

5G 网络发展规划和进展

5G 组网方式主要有独立组网与非独立组网两种，组网方式直接决定着运营商建设 5G 网络的快慢以及未来网络建设的成本。中国三家运营商均是坚定地从现阶段的非独立组网向独立组网过渡，坚持 5G 最终独立组网。

中国移动集团表示将发布 5G 独立组网启航行动，此举意在促进独立组网标准变成真正商用化的能力，推动端到端产品尽快成熟。

中国电信提出了 4G/5G 协同和固移融合的 5G 无线网、核心网、承载网的近期和中远期发展策略。整体技术演进策略从中国电信网络实际出发，避免频繁的网络改造，降低组网复杂度，减少网络投资。

中国联通表示 5G 在发展初期，主要是面向消费互联网，注重用户的增长，但基于 5G 的产业互联网同样重要，未来网络云网融合、生态化、智能化是大趋势。

三大运营商公布的 2019 年上半年的业绩报告显示：2019 年，中国移动预计投资 240 亿元，建设超过 5 万个 5G 基站；中国电信预计投资 90 亿元，建设 4 万个 5G 基站；中国联通预计投资 80 亿元，建设 4 万个 5G 基站。

截至 2019 年 9 月底，三大运营商已开通 5G 基站 8.6 万个，90% 以上集中在北上广深四大一线城市。上海市通信管理局称，截至 2019 年 10 月中旬，上海全市共计开通 5G 基站 11859 个。截至2019年9月，广州、深圳已分别建成开通5G基站10626个、9504个。工信部公布的数据显示，截至2019年7月，在北京，铁塔公司已完成建设交付5G基站7863个。北京市经信局称，截至10月底，北京共建成5G基站13499个，开通5G基站11356个，预计到2019年底北京将建设5G基站超过1.4万个。

另外，中国铁塔除了自身已有的195万存量站址外，还储备形成了千万级的社会杆塔资源站址库，包括875万路灯杆、监控杆，超过350万电力杆塔，以及33万物业楼宇，为5G基站低成本快速布设奠定了基础。

5G商用正式启动

在获得5G商用牌照后，三家运营商均推出了5G体验计划。中国移动表示，客户不换卡不换号就可开通5G服务，后续将持续扩大服务范围；中国联通的5G套餐同样不需要换卡换号，每部终端均可以办理一次体验套餐，但只提供给在本月以及下个月月内的新购买5G手机的用户，体验包仅包含流量，没有语音和短信；中国电信先期曾做过一个改善体验的举措——取消达量限速套餐，改回为超量按GB数计价，以减少达量降速给用户的困扰，并进一步满足畅享套餐用户流量不降速的需求。

截至2019年10月5日23时，在5G体验计划的带动下，三大运营商5G预约用户数分别为：中国移动532万，中国电信176万，中国联通175万，总数接近900万，初步彰显了我国5G潜在市场之巨大。而这仅仅是个人用户市场，还有体量更加庞大的企业用户市场。国内运营商都已分别进入了2B领域，在各行业发展：中国移动提出了"5G+计划"；中国联通发布了"7+33+n"5G网络部署策略；中国电信则推出"云改+5G"。

2019年10月31日，在中国国际信息通信展览会上，三大运营商宣布正式启动5G商用，发布了5G商用套餐，并于11月1日正式上线。这标志着我国5G商用正式进入千家万户。

在这次公布的5G套餐中，三家运营商的5G套餐流量每月均在30GB~300GB，语音在500~3000分钟；在资费上，三家的最低价几乎相同，中国移动是128元，中国电信和联通是129元；在业务上，三家均重点推介超高清视频、云游戏、AR/VR等大流量业务，来吸引用户。但三家也各自推出了特色服务，以凸显竞争优势。

中国移动的5G套餐分个人版和家庭版，各有5档。其中，家庭版还包括宽带资源，可2人共享套餐语音流量，根据套餐档次不同，最多可4个成员互打免费。

中国电信的5G套餐分为7档，同步推出了5G会员权益体系，可以让5G会员优惠购买电信5G应用和权益产品，增强用户黏性。

中国联通的5G套餐也分为7档，对于之前参与5G套餐预约的用户，推出可直接享受连续6个月的套餐月费折扣优惠，网龄3年及以上可享7折优惠。此外，联通推出了独一无二的服务：5G套餐订购、补换卡、停/复机、过户、销户等业务均可实现异地办理、异地交费、异地查询等服务。这在技术上实现难度较大，但极大地方便了用户。

就资费和服务而言，中国三家运营商推出的5G套餐性价比较高，而且随着网络的进一步建设和用户规模的不断扩大，后期资费将进一步下降。

目前，虽然中国移动和中国联通借助5G大力推广视频彩铃业务，但全球5G商用的最大问题是没有5G专属的新业务应用，这导致5G与4G的差异度较小，短期内很难吸引到刚需用户。从以往通信市场的规律来看，只有当市场形成一定规模，新一代通信的产业形态成熟起来后，特色业务才会呈现出来。所以，我们还需要等待一段时间，期待着5G新业务的爆发。

同时，5G网络建设投资大、标准没有最终完善，电信运营商预计将围绕应用场景需求采取更加长期、灵活的部署方式，经济价值大的场景将优先落地。目前围绕着新媒体、智慧交通、智慧安防、智慧医疗、工业制造、港口矿山等几个方向中国已经进行了一些相关的实践。

5G带来新机遇

在移动互联网飞速发展的4G时代，中国的移动互联网在全球一骑绝尘，实现了很多先进技术，创造了很多商业奇迹，这要归功于强大的移动通信网络。

世界经济实力第一的美国拥有30万个4G基站，而中国却有

519万个4G基站,如果加上2G、3G基站,中国的移动通信基站总数是808万个。因此,在经济总量不如美国的情况下,中国得以在移动互联网时代创造消费互联网大发展的重要支撑力量,就来源于移动通信运营商的巨大成就。

但是2019年上半年,三家运营商的营收出现了集体下滑,中国移动的利润更是同比下降了14.6%,令业界惊呼运营商们走到了悬崖边(见表1-3)。出现这个现象,一是因为多年的"提速降费",压缩了运营商的大量利润空间;二是因为中国通信市场进入4G时代以后,就进入了存量市场,运营商只能在业务质量上下功夫,不能再单纯地依靠增加用户数量来增收了。

表1-3 2019年上半年三家运营商的营收与利润情况

	中国移动	中国电信	中国联通
营运收入	3894亿元 (同比下降0.6%)	1904.88亿元 (同比下降1.3%)	1449.5亿元 (同比下降2.78%)
利润	561亿元 (同比下降14.6%)	139.09亿元 (同比增长2.5%)	68.8亿元 (同比增长16.32%)

在这样的背景下,5G牌照的发放给运营商们带来了新的机遇和挑战。首先,新的网络架构会带来新的业务形态,增强市场竞争力,为提高营收和利润提供机遇,让中国这个世界上最大的移动通信网络发挥出最大的价值。其次,5G将会使通信产业链进一步拉长,从消费级个人用户扩展到产业级企业用户,产业形态更加丰富,经济体量进一步扩大。

虽然对于通信网络而言,中国有全世界最丰富的组网和运维经验，但5G是全新的复杂网络，在发展和商用过程中将会遇到什么新问题还未可知。另外，深入挖掘客户需求，打造出撒手锏业务，创建5G时代的新生态非一日之功，需要整个社会的共同努力。

"要想富，先修路"这句老话同样适用于今天的ICT行业。得益于拥有世界上最大的移动通信网络，中国在数字经济浪潮中才有了立足之本。5G时代的网络将会覆盖到社会各个行业，渗透到社会各个角落，深入到社会各个维度的立体信息网络，是数字经济时代制胜的必要前提。

但5G时代也面临严峻的挑战。多样化的能力、差异化的服务，使得5G在产业互联网领域有着巨大潜力。

今天，中国强大的经济实力、高效的执行效率，令世界各国刮目相看。我们相信随着核心专利占比的提升、核心技术的不断完善，中国的5G网络将成为世界最大的网络，也必将揭开中国数字经济的辉煌篇章。

第二部分

5G 产业链的自我重构

2015年9月国际电信联盟发布5G标准时，人们没有想到在4年后的今天，5G会成为人工智能之后的又一个热点，引发全民的讨论和追逐，引起大国之间的战略博弈，甚至因此加快了5G商用的步伐。移动通信产业已经走过30年，从业者坚信应当用最新的技术服务社会。但封闭的产业生态无法承载5G的雄心，5G要真正发挥威力，首先要革自己的命，重新打造产业链，走上自己造就的新经济战场。

中国通信业艰辛成长的 30 年

谈到通信，就不得不提及标准化工作。国际电信联盟（ITU）每 10 年左右会推出新一代的移动通信标准，这一标准是通信领域的绝对权威，对新一代技术的研发具有目标性的指导作用。多年来，我问过很多优秀的通信工程、信息工程和电子信息工程专业的学生"ITU"是什么意思，绝大部分学生表示不知道。这令我非常诧异，因为这三个专业是要进行通信类知识的学习的，但培养出来的科班生居然连国际电信联盟都不知道，这简直不可思议。

目前国际电信联盟给 5G 颁发了合法的"准生证"——IMT-2020，很多国家表现出与 5G 相见恨晚的态度，争先恐后地宣布 5G 商用，如火如荼地建设 5G 网络，一时间热闹非凡。

但问题渐渐浮现：建设 5G 网络的初期，大规模的投入对每个运营商来说并不轻松。以史为鉴，可以知兴替。下面我们可以通过了解中国通信的发展历程，剖析电信产业链结构，进而全面了解 5G。

信息交换载体有很多种，如语言、文字、电子信息终端等。最普遍和最常用的就是语言，包括手语。这是一种适于人类感知和传播的编码方式。人类学习语言和文字最主要的目的是沟通和传承知识。语言和文字这套编码体系是根据人类生物体和人类社会来设计的，各种词语代表了人和社会的属性，各种语法代表了不同的思维方式和表达方法。但人类语言和文字的信息量非常有限，而且信息传输速度受限于人类生物体极限，精准性也不够好。而电子信息终端则将人与人的沟通和知识的传输效率大幅度提高了。也就是说，在提高精准性的同时，将信息量和信息传输速度也都提升了。

人们采用电子终端进行通信的方式不仅限于电信网络和移动电话，同时还有互联网及个人计算机终端。电信网络和计算机网络这两个通信系统自诞生以来基本处于平行发展状态。在较早期，电信网络主攻通话和短信，数据通信为辅；而计算机网络以数据和文件资料通信为主，语音和短消息通信为辅。近年来，随着电信网络的数据通信能力逐渐加强，计算机网络中的语音通话应用逐渐完善，二者有逐渐融合的趋势。

2019年是互联网诞生第50年，信息技术经过近半个世纪的厚积薄发，与通信技术非常紧密地结合在一起，以至在可预见的未来，我们深深相信它们将深度融合，真正成为一个改变社会的新产业。吴军所著的《浪潮之巅》将ICT产业的发展完整地展示了出来。今天的世界，特别是中国，因为移动互联网的飞速发展，让我们看到了一个完全不同的社会和经济格局。

七国八制的中国通信业

我国通信业自20世纪80年代起步发展到现在，从无到有，从固定电话到 BP 机、功能机、智能机，从"大哥大"到 5G，从依赖进口到自主产权，历经了无数风风雨雨，这背后是一代代通信人的不懈努力。艰辛成长的中国通信业，也是中国经济崛起的见证者和推动者。

图 2-1 所示是中国电信运营商发展历程，中国通信产业的发展道路非常艰难。20 世纪 80 年代，在中国大地上安装一部固定电话，不仅要交昂贵的初装费，还要排队等待数周甚至数月的时间。

改革开放之初，我国通信产业基本靠进口。当时在交换机市场有个词叫"七国八制"，也就是说市场上总共有来自七个国家的八种制式或网络，分别是日本的 NEC（日本电气股份有限公司）和富士通、美国的朗讯、加拿大的北电、瑞典的爱立信、德国的西门子、比利时的 BTM 以及法国的阿尔卡特，其中日本的两家公司同时使用了两种不同的制式。不同的制式意味着庞杂的通信系统和困难的互联互通，巨大的成本消耗在维护上，而维护的成本又会进一步叠加到用户身上，这些因素都放缓了我国的通信网络建设。换句话说，落后就要挨打，就要付出高昂的代价。在这样的困难条件下，我国的通信从业者克服万难，完成了一系列从无到有的产业突破。

1987 年 11 月 18 日，具有当时国际水平的珠江三角洲移动电话网一期工程竣工，在广州开通使用。这标志着中国第一部模拟移动电话开通，拉开了中国移动通信历史的帷幕。1994 年，广东建成我国第一个数字移动电话网。

5G时代：经济增长新引擎

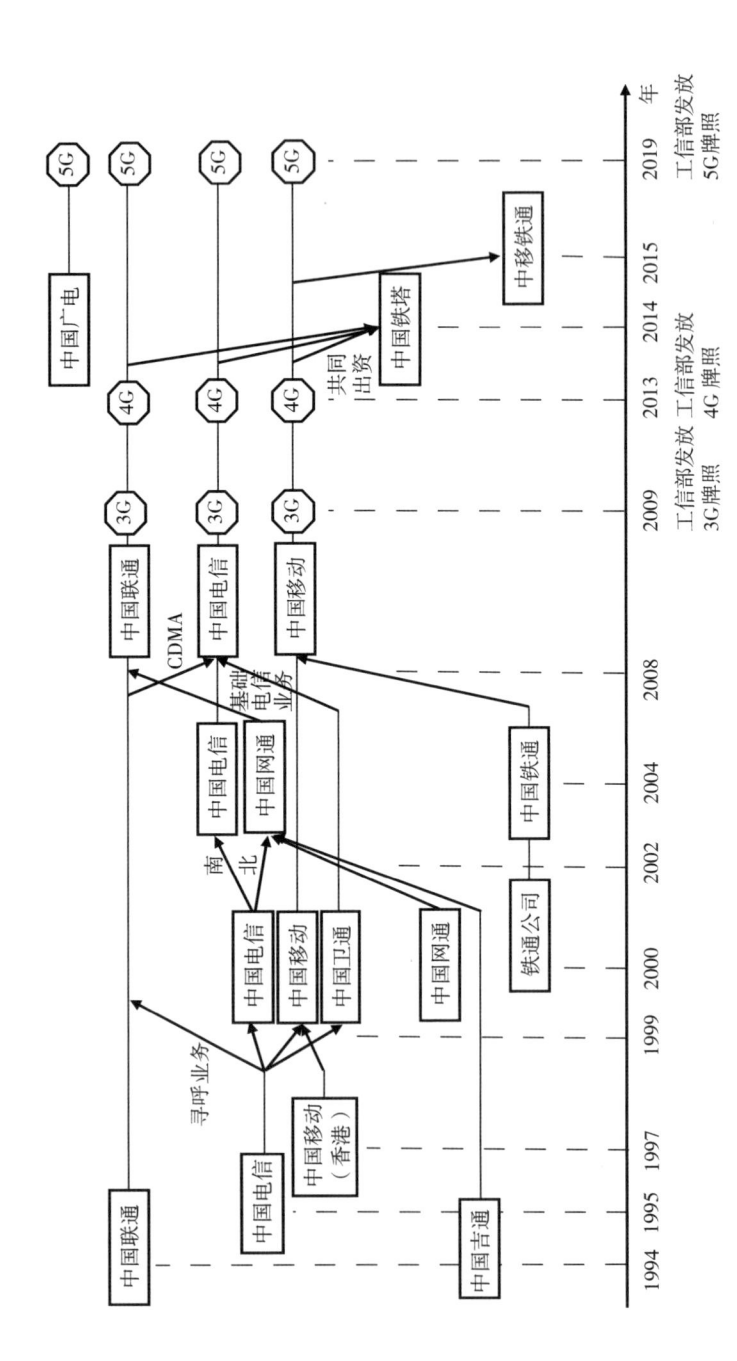

图 2-1 中国电信运营商发展历程

运营商格局的形成

20世纪80年代左右，中国只有邮电局一家可以进行通信基础设施建设，无法满足越来越急迫的通信市场化需求。直到1994年7月19日，包括原电子部、原电力部、原铁道部等16家单位联合成立了中国联通。因为联通没有很好的网络基础和市场积累，在网络建设、业务开展上经历了极其艰难的历程。

联通取得了电信全业务牌照，但开始时还是专注于移动通信网络的建设与运营，1995年7月19日开通了GSM（Global System for Mobile Communications，全球移动通信系统）网络，2002年开通了CDMA 2000 1X RTT网络，当时的联通同时运营着两种不同制式的网络，戏称"左右手互搏"。

与此同时，邮电部门经历着长达十年的分分合合。

1998年，邮电部门分拆为邮政和电信两部分。同样都是搞传输，但二者的传输介质和方法不同。1999年，电信将移动业务分拆出去，核心网和固定接入网属于电信局，移动接入网属于移动局，并在2000年正式组建了中国移动。2000年前后，随着中国移动通信的飞速发展，中国移动挣到了第一桶金，积攒下了全球基数最大的移动通信用户群体。

1999年2月，中国的通信业出现了重大转折，原中国电信拆分成中国电信、中国移动和中国卫星通信这三家企业，寻呼业务并入联通。2000年，中国移动正式挂牌。2001年11月，北方十省两市和小网通组建成了中国网通公司；以南方和西部班底为主，组建了中国电信。这样原来的中国电信被分拆为中国电信和中国网通两家固定网络运营商。但相关部门依然没有给电信和网通发放移动牌照，保持着固网是"北网通南电信"的竞争，移动网络是"大移动小联通"的竞争。

2003 年，电信和网通在全国建立起了小灵通网络，以期抢夺移动通信市场。虽然小灵通在技术上有很多优势，如辐射少、建网快，但也有很明显的弱势，如基站密度太大、无法异地使用等。

2003 年，3G 技术逐渐成熟，很多国家开始大规模部署。3G 技术主要有 WCDMA、CDMA2000 和 TD–SCDMA 三种制式。欧洲以 WCDMA 制式为主，美国则以 CDMA2000 为主，而中国则以 TD–SCDMA 制式为主。

2008 年北京奥运会后，中国的电信行业又经历了一次风云突变，形成了今天的格局。

中国联通的 GSM 网络连同中国网通，又合并了吉通，成立了今天的中国联通；而中国联通的 CDMA 网络则被给了中国电信；同时，铁通带着固网牌照加入了中国移动。这样，中国电信、中国移动和中国联通就成了三家具有全业务牌照的电信运营商。

2009 年 1 月 6 日，工信部正式发放了三张 3G 牌照：中国移动的 TD–SCDMA、中国电信的 CDMA2000、中国联通的 WCDMA。借助与苹果手机的捆绑销售，联通成了 3G 时代的最大赢家。高速的上网速度和全新的智能手机体验，让中国移动互联网市场蠢蠢欲动。

2013 年 12 月 4 日，工信部发放了 4G 牌照。中国移动迅速部署了 TD-LTE 网络，而电信和联通选择了更加成熟的 FDD-LTE 网络。

我们说 3G 时代是移动互联的开始，但是中国的 3G 时代过于短暂，培育移动互联网市场耗费了较长时间。随着 4G 商用牌照正式颁布，看到机遇的创业者们开始分享这顿大餐。2010 年前后，今日头条、美团、滴滴出行等移动互联网公司相继成立，展示了移动互联网的巨大影响力，特别是对人们生活的影响。

电信联通联合组建 5G 网络

因为 4G 的巨大成功，人们对 5G 寄予了厚望。应用场景开发是实现 5G 商用价值的关键环节，目前以超高清视频、自动化物流等应用需求为切入点，但长期来看还没有找到合适的行业。

5G 网络建设规模巨大，基站数量将是 4G 的 1.5~2 倍，后期维护、优化成本将更高。中国幅员辽阔，要实现全部覆盖，至少需要万亿级人民币投资。这对于电信、移动、联通三家运营商来说，都是不小的压力。

2019 年 9 月 9 日，中国电信股份有限公司与中国联合网络通信有限公司签署了《5G 网络共建共享框架合作协议书》。在 5G 网络建设上，频率资源和接入网共享，核心网各自建设。根据合作协议，电信与联通将在全国范围内合作共建一张 5G 接入网络，双方联合确保 5G 网络共建共享区域的网络规划、建设、维护及服务标准统一，保证同等服务水平。

双方确定了基本原则：谁建设、谁投资、谁维护、谁承担网络运营成本；明确了基本思路：划定区域，分区建设，各自负责在划定区域内的5G网络建设相关工作；划定了边界：双方各自与第三方的网络共建共享合作不能不当损害另一方的利益，双方用户归属不变，品牌和业务运营保持独立。

在网络建设区域上，双方将在15个城市分区承建5G网络，以双方4G基站（含室内分布）总规模为主要参考，在北京、天津、郑州、青岛、石家庄5个北方城市，联通与电信的建设区域比例为6∶4；在上海、重庆、广州、深圳、杭州、南京、苏州、长沙、武汉、成都10个南方城市，联通与电信建设区域的比例为4∶6。

联通将独立承建广东省的9个地市、浙江省的5个地市以及前述地区之外的北方8省（河北、河南、黑龙江、吉林、辽宁、内蒙古、山东、山西）；电信将独立承建广东省的10个地市、浙江省的5个地市以及前述地区之外的南方17省。

现在，中国的通信行业是全世界市场化竞争最充分的市场之一，也正是得益于此，中国充分享受了市场红利，发展成了目前全球最大的通信市场，同时无论是在技术水平还是市场规模上，也都成就了发展最好的移动互联网市场。

移动通信产业链全景

农夫山泉有一则广告：泉水从 60 米地下取出，经过砂滤、碳滤、膜过滤等 17 个环节才能装瓶运输，"不是每一滴水，都叫农夫山泉"。无线通信涉及的环节可比这复杂多了，套用这句广告语就是"不是每一种电磁波，都能用来传输信号"。

不论是 4G 还是 5G，信息传输的环节中涉及的利益相关方，就是大部分通信行业产业链了。用户对于移动通信的认知最主要的是买手机、选运营商和下载应用。这恰巧涉及移动通信产业链中处于下游的三个环节：终端厂商、通信运营商和业务运营商，但是完整的互联网链条还有芯片制造商、专利提供者和设备商。上述六部分整合起来才能构成移动通信完整的产业链，如图 2-2 所示。

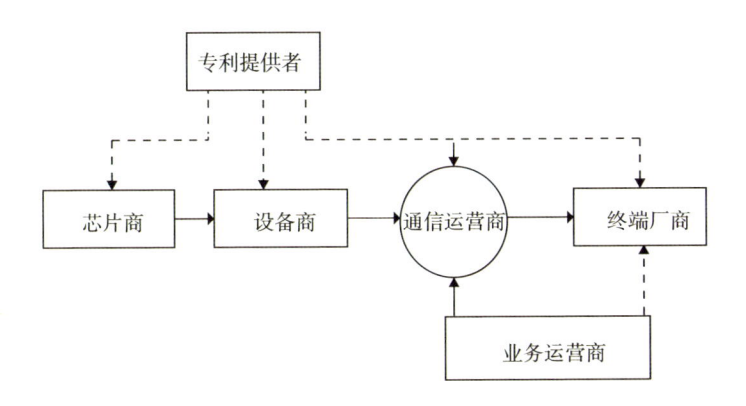

图 2-2　移动通信产业链示意图

在整个链条中，运营商虽然处于下游，但作用举足轻重。如果运营商发展不力，将严重影响整个产业链。

一家公司可以只处于产业链的某一个环节，也可以同时处于多个环节。如中国移动，处于专利提供者、通信运营商、业务运营商三个环节；而高通公司则占据了专利提供者和芯片商两个环节。华为公司是非常少见的除了通信运营商之外，占据了全产业链其他各个环节的公司。

就公司经济而言，只要占据盈利能力最强的环节就好。但如果占据的环节越多，规模越庞大，固然消耗很大，但灵活性和转型能力也会越强。例如，华为公司最早只做电信设备，占据了设备商环节；但现在华为拥有了5G最多比例的关键专利，这样就在后续的商用博弈中增强了自己的议价能力；同时，进军终端市场，使得华为可以让自己的产品在电信网络中形成设备到终端的闭环，达到最大程度的技术优化；此外，华为应用市场、华为钱包等业务可以更加全面快捷地获得用户需求。

在不同时期，通信产业链的主角也是不同的。在5G商用初期，运营商会大规模开展网络建设，这段时间通信设备商会成为主角，运营商则会成为消费主体；在5G商用中期，随着终端技术的成熟，用户会更多地购买手机和电信套餐，运营商和终端厂商会成为主角，而用户则会成为消费主体；在5G商用后期，互联网企业与5G相关的信息服务收入会显著增长。不能忽视的是，不论在哪个时期，元器件制造商始终会占据产业链上游。

芯片制造商

知乎上曾有个提问:"天罡芯片"是一种什么芯片?回答问题的人寥寥无几,远远不如华为发布新手机时反应那么热烈,也没有其他厂商发布 5G 终端芯片时的盛况。可见在聚光灯下的 5G 产业链始终只是贴近一小部分用户,更多企业服务产业链部分依然游离在非通信企业之外。根据世界电信产业界富有权威性的中立咨询顾问公司 OVUM 的咨询报告,5G RAN(接入网,主要是基站)侧的设备投资 2020 年可能达到 50 亿美元。

在基站生产过程中,设备商需要从产业链上游采购基站天线、射频芯片、光模块、光纤等,并加以设计组装,才能交付基站成品。这里的产业链上游指的就是各种各样的元器件制造商。

为了获得更快的数据传输速度,5G 中采用了新的毫米波频段和新的 sub 6G 主频段(比如联通和电信的 3.5GHz,移动的 4.9GHz),因此天线本身和位置需要重新设计调试。同时因为需要降低时延,核心网部分需要重新设计,而核心网主要的连接媒介是光纤,所以光模块同样有巨大需求。这两项都比较容易理解。

射频芯片是相对比较难理解的部分,也是国内自研能力很弱的部分。从更加广义的角度说,射频器件是为了实现信号传输、电磁波产生、调频、滤波、抑制、耦合等功能的电磁场精密零部件。这部分芯片基站和终端都需要使用,而且模块几乎相同,因为它们都需要遵守通信的基本流程。

通常，通信信号的处理流程是：天线接收→天线匹配及天线开关→滤波器→功率放大器→混频器→中频滤波→中频放大→I/Q路解调→进入基带模块。发射信号流程与之类似：基带信号→I/Q路调制→中频滤波→混频器→功率放大器→天线匹配及天线开关→天线发射。可以看到，流程中涉及的产品主要包括谐振器、低通滤波器、双工器、合路器、收发机、中频放大器等。

目前射频器件基本被国外厂商垄断（占90%以上），包括Skyworks、Qorvo、Broadcom（Avago）、Murata等公司。至于射频行业的产值，我们以4G时代的数据来尝试推测5G，4G时代全球射频器件市场规模大概在14亿美元左右。

5G的覆盖范围比4G会小一些，同时因为大规模采用毫米波基站和室分系统，基站器件需求会明显增大。此外，毫米波器件和massive MIMO设计的有源天线要比4G时代的器件贵得多，因此射频器件的市场规模可能会比4G大很多。元器件的另外两部分光芯片和光模块几乎同样被国外企业垄断，这些企业主要包括Avago、三菱、Finisar、Lumentum等。

最后就是光纤了。光纤是我国的传统优势行业，在4G时代，因为4G核心网的大规模铺设，我国光纤产量高速增长，2016年左右大约占据全球产量的54.89%，光纤生产企业包括大家耳熟能详的烽火通信、长飞光纤、中天科技等。预计5G时代同样会对光纤有巨大需求，但是在5G前期的非独立组网阶段，对核心网的改造并不多，光纤产业的大发展可能会在2020年5G的独立组网阶段。

专利，产业链中的明珠

通信一直是一个封闭的产业，标准化做得非常好，市场规模很大，所以众多公司都争相参与标准制定，申请专利，以期获得巨大的经济收益。专利作为经济武器，可以把控产业命脉。

高通依靠CDMA技术专利占据了移动通信产业链的顶端，依靠交叉专利平台成为3G、4G时代通信产业的霸主。在5G核心技术的研发上，华为、中兴、爱立信、诺基亚、三星等公司的占比不断增多，开始挑战高通的霸主地位。在终端制造商中，苹果公司向高通发起了挑战，虽然落败，但痛下决心收购了英特尔的基带芯片部门。在政府方面，中国发改委曾经发起对高通的反垄断调查，对收费条款进行了调整。

所以，5G时代，以华为、中兴为代表的众多公司会有翻盘机会，拥有最大市场的中国，也会利用市场这个武器进行反击。

ITU-R和ITU-T批准的标准（又称建议书）是通信领域的规范，也是产业发展的命脉所在。我们可以毫不夸张地说，从整个电信产业链来看，处于最顶端的是专利。各大公司都努力将自己的专利写到标准中；对设备和终端制造商而言，这些标准是他们生产标准产品的标尺，是进行规模化扩张的基础；对运营商而言，这是各个厂家设备进行互联互通的手册，也是建设通信网络的根本。

因为电信产业分工非常细致，不断迭代应用最新技术，所以标准化是其重要特征。在制定标准的过程中，专利是耗费研发资源最多、讨论时间最长、最难取舍的一个环节。很多专利涉及的技术要么是绕不开的关键技术，如 CDMA；要么是接近理论极限的技术（在通信技术上，就是接近了香农公式的极限），如 Turbo 码、极化码。如果希望提高通信系统的性能，就不得不在标准中使用这些专利，就要给专利所有者付费。

提到专利，就不得不提到 3G 时代出现的改变整个产业规则的企业：高通。它的武器就是专利和它自创的交叉专利平台。我们一般可以把"专利交叉许可"理解为专利互相利用，通过取长补短的方式使得专利实施起来更有优势。许可双方将各自的专利权、商标或专有技术使用权相互许可，供对方使用；双方的权利可以是独占的，也可以是非独占的。

高通与拥有标准必要专利的公司形成交叉专利平台，确定厂家需要哪些专利，其中包括高通自己的专利及其通过交叉许可纳入自己的专利组合中的第三方优质专利，然后组合销售出去。这就意味着与高通合作不仅可以使用高通的专利，还可以使用交叉专利组合中的第三方专利，从而免除了很多知识产权方面的投入和风险，大大降低了初次投入成本和转入门槛，因此全球绝大多数厂商都选择与高通合作。通常专利费是设备整机售价的 5%，俗称"高通税"。这将高通推上了移动通信领域专利霸主的地位。

高通的另一大收入来源是芯片销售，而且芯片销售和专利授权是捆绑在一起的。作为一家芯片企业，高通同样面临其他芯片厂商的竞争。高通的做法就是不向芯片厂商授权，转而向这些芯片厂商的客户收取专利费，只有这样才能维持其按整机收费的模式。如果向芯片厂商授权，就无法继续向其客户二次收费，也就无法维持其按照批发价收费的模式了。这种"芯片销售+专利授权"的捆绑式营销模式一方面压缩了竞争对手的生存空间,另一方面留给消费者很小的选择余地,同时凭借其技术领先地位和市场支配地位,使用户被迫接受所谓的"高通税",从而使芯片和专利授权成为高通最主要的收入来源。高通公司将电信行业打造成一个以标准为核心的产业,设备制造商、运营商及芯片厂商都要围绕通信专利运转产业链。

不过近些年,高通也因为专利问题陷入泥潭。2017年9月,高通在中国起诉苹果侵权,要求禁止苹果在中国销售多款iPhone机型,诉讼持续两年,其间高通股票大幅度跳水。2019年4月双方和解,苹果一次性支付45亿~47亿美元和解费,之后每部苹果手机支付8美元专利费。

2013年11月,中国发改委启动对高通的反垄断调查。2015年2月,对高通处以人民币60.88亿元罚款。

设备商的苦乐年华

中国通信市场的"七国八制"使国家痛下决心,加大了通信产业的研发力度,同时华为这样的民企也开始崛起。20世纪90年代的"巨大中华"一度是中国通信产业的骄傲,在2G时代大放异彩。但3G时代的到来,使得设备商格局发生了巨变。华为因为押宝WCDMA,一度陷入危机;而大唐主推的TD-SCDMA则风光无限;中兴因为联通使用的CDMA而获得了较大发展。华为在绝境下，不得不开拓海外市场，这也造就了其国际化风格。

爱立信一直是电信设备商老大，只是在2017年被华为赶超；诺基亚虽在手机终端市场失败，但在电信设备上依然占据很大份额。

通信设备制造商的演进如图2-3所示。美加英法企业的经济路线是由实业发展到金融产业，利用金融产业放大实业的价值，获得高位价格后进行收割。这条路线，在电信产业遭到了惨败，美国的摩托罗拉和朗讯、加拿大的北电网络、法国的阿尔卡特，这些设备商霸主一一落下神坛。而坚持走实业路线的中国华为和中兴、北欧的爱立信和诺基亚却一直长盛不衰。这是因为电信产业自有其规律：坚定地跟着国际标准走，并占据产业链制高点。

一般认为，通信设备主要由三个专业领域构成：核心网设备、网络覆盖设备和终端用户设备。通常，我们称生产前两者的厂商为通信设备商，他们的主要业务对象是各国的运营商，是企业服务的典型代表；生产用户终端设备的厂商是终端厂商，他们的主要业务对象是广大消费者。图2-4所示为2017年全球通信设备商的市场份额占比。

2019年3月5日，Dell'Oro Group发布报告表明，2018年排名前列的通信设备商分别是华为、诺基亚、爱立信、思科、中兴，其中华为占据了全球电信设备市场的29%左右，过去5年实现了连续不断的高速增长（见图2-5）。

电信设备商在5G时代会生产哪些设备呢？普遍的观点认为，因为5G中涉及C-RAN、网络切片、边缘计算等网络结构改变以降低时延，因此核心网络设备需要更新换代（见图2-6）。

第二部分 5G产业链的自我重构

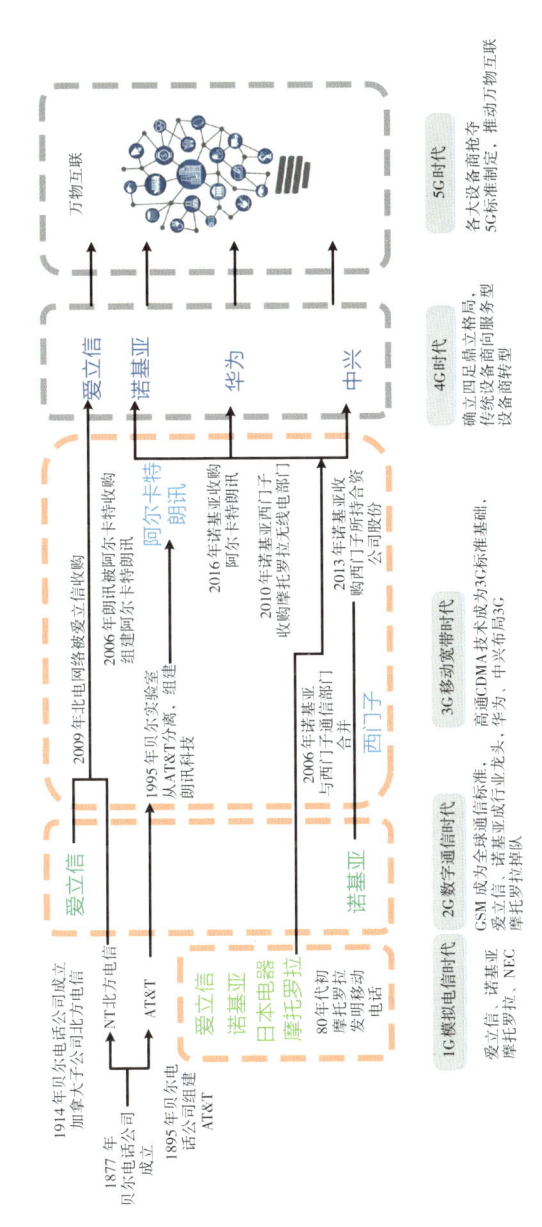

图 2-3 通信设备行业演进图

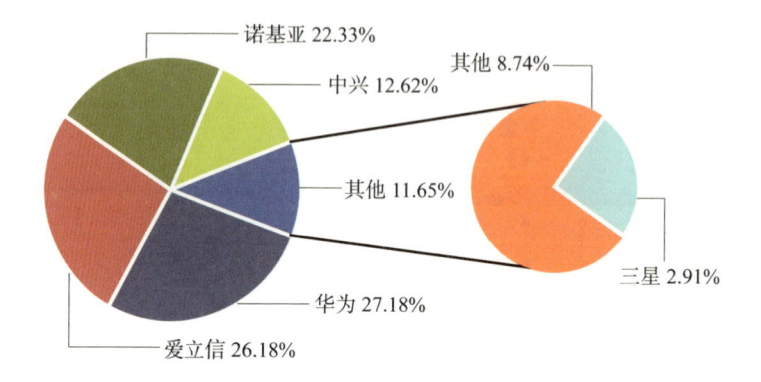

图 2-4　2017 年全球通信设备商市场份额占比分析

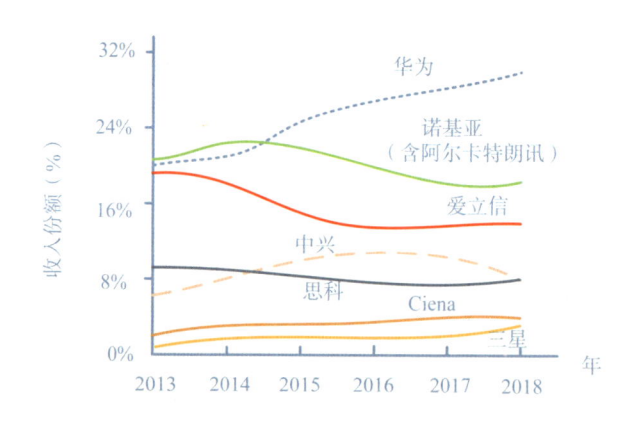

图 2-5　2018 年通信设备商市场份额

同时，宏基站、小基站和室内基站的联合覆盖是未来的接入网结构，因此网络覆盖设备需要更新换代（见图 2-7）。基带处理单元（Building Baseband Unit，BBU）中的非实时部分将独立为

图 2-6　4G/5G 网络示意图

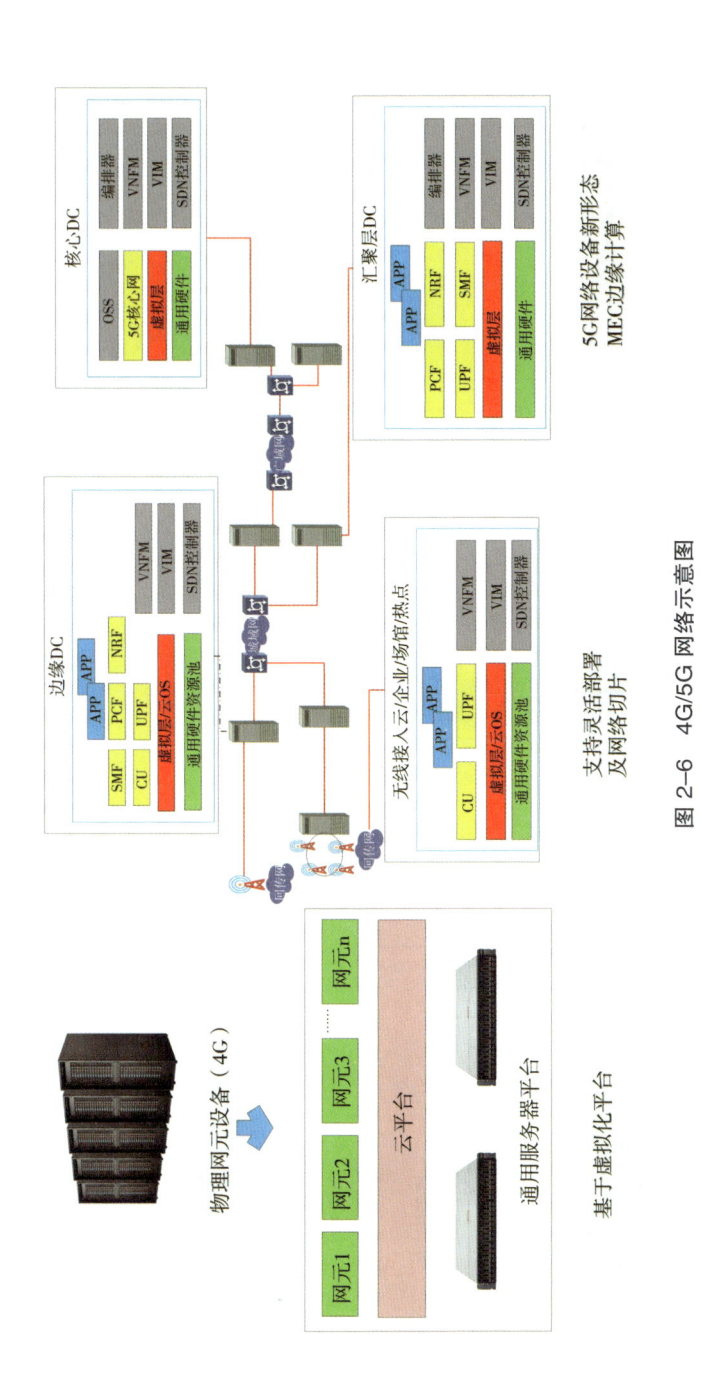

5G时代：经济增长新引擎

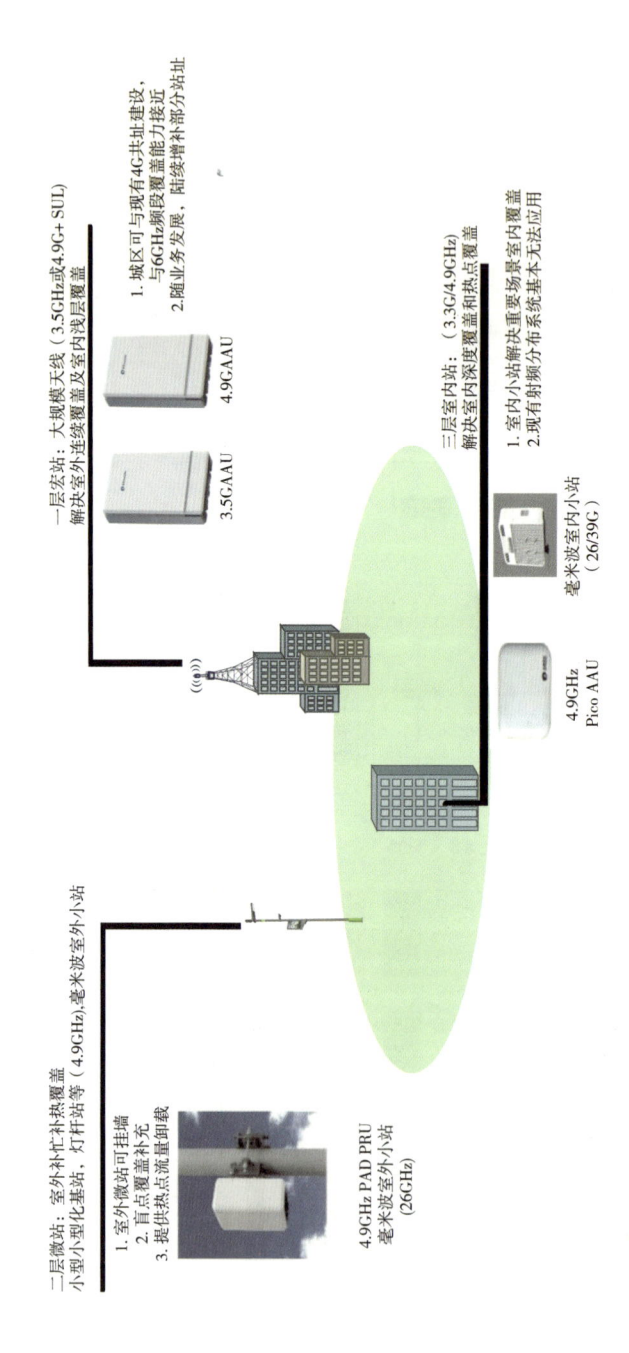

图 2-7 5G 接入网的覆盖结构

来源：大唐通信

集中处理单元（Centralized Unit，CU），放在中心化机房中。基带处理单元中的部分物理层功能将与射频拉远单元（Remote Radio Unit，RRU）整合，合并为有源天线单元（Active Antenna Unit，AAU），剩余功能将会独立为分布式单元（Distribute Unit，DU），负责物理层协议和实时服务。

其中为了压缩时延，又会将负责处理控制数据的分布式单元和负责处理数据部分的分布式单元分离开来，分别称为用户面 CU-U（Central Unit Userplane）和控制面板 CU-C（Central Unit Controlplane）。

这些核心网的改变一直遵循功能分离、服务软件化、虚拟化的思路，从而为更低的数据时延和更快的数据传输速度提供支持。总的来说，5G 时代需要比 4G 时代更多的、更精密的设备，这将是通信设备商的机会。

运营商与一张大网

运营商是 5G 产业链中连接普通消费者和上游设备商的重要渠道。在 5G 前期，运营商是通信设备的主要消费者。在 5G 后期，运营商是网络的运营维护优化者。从某种意义上来说，这很像公路的运营商把路交给各个承包公司（设备商）建设，然后自己负责收费、维护、优化公路设施。

目前主流观点认为"要想富，先修路"总是没错的，从这个意义上来说，运营商还肩负着修好"路"带领大家致富的任务。

严格来讲，运营商要完成国家范围内网络规划、建设、运营、维护、优化等各个环节的工作。在一个移动通信网络的全生命周期内，运营商需要通盘考虑网络的投入产出比、社会效应等多方面因素。在5G时代，网络环境会更加复杂，运营商面对的挑战也更加严峻。

建设一张无线网络，第一步是得到频谱。与绝大部分西方国家实行的拍卖方式不同，中国采取的是行政分配方式，可以最大限度地获得大段连续频谱。频谱拍卖方式的弊病在3G、4G时代的欧洲凸显得更加彻底：为了尽快收回购买频谱的成本，运营商往往牺牲掉网络覆盖率。

据GSMA统计，高昂的频谱成本与昂贵却低质的信息服务之间有关联，严重影响了消费者对服务的体验。5G更是要求大段的连续频谱，行政分配方式的优势更加突出。在网络规划和建设中，5G的基站数量将是4G的1.5~2倍，这样浩大的工程，令任何一家运营商望而却步，更何况在没有收回4G成本的前提下，又要对5G进行大规模投资，这是一个非常艰难的决定。在中国，电信和联通就尝试联合组网，以节约建网成本。

在运营过程中，优秀的技术将是市场策略有力的支撑。3G时代，突飞猛进的联通，就是因为借助WCDMA成熟优秀的网络，配合苹果手机终端的专卖，取得了成功。在5G时代，技术的多样性对于运营商来说既是机遇，也是挑战。

在维护阶段，前期的建网质量和设备商的有力支撑是最重要的。TD-SCDMA的维护阶段让工程师们噩梦不断。5G引入NFV/

SDN 技术，将大大降低维护难度，这是一个好消息。

在优化阶段，很久之前的 GSM 网络是依靠用户投诉实现对网络质量的反馈，工程师到现场凭经验进行优化。而 5G 时代，智能化将贯穿核心网和接入网的各个环节，这将是网络优化的一次跃升。

2000—2010 年电信产业飞速发展带入大量资本进入这个行业。《评论家季刊》曾指出：

> 资本逃避动乱和纷争，它的本性是胆怯的。这是真的，但还不是全部真理。资本害怕没有利润或利润太少，就像自然界害怕真空一样，一旦有适当利润，资本就胆大起来。如果有 10% 的利润，它就保证到处被使用；有 20% 的利润，它就活跃起来；有 50% 的利润，它就铤而走险；为了 100% 的利润，它就敢践踏一切人间法律；有 300% 的利润，它就敢犯任何罪行，甚至敢冒绞首的危险。如果动乱和纷争能带来利润，它就会鼓励动乱和纷争。走私和贩卖奴隶就是证明。（引自《资本论》第一卷第二十四章第六节）

巨大的利润的确产生了问题。但同时，飞速发展的电信业也吸引到了那个时代的优秀人才，不但带动了互联网、移动互联网等产业的起步和发展，而且给中兴、华为等设备商送去了巨额利润，积累了研发资本，为 5G 的厚积薄发奠定了基础。

最近几年，由于电信行业过度竞争，运营商们响应政府一再提出的"提速降费"的号召，终于将自己从高速增长的高科技企业变成了接近负增长的基础建设者，导致整个产业都不好了。这样一来，设备商不但没有动力为互联网和移动互联网提供更好的服务，其利润也会大幅下降，从而导致研发成本下降，在未来将遇到很大的问题。所以，要保持一个良好的产业发展环境，非常不容易。5G时代对于运营商来说是一个严峻的挑战。

亦敌亦友的 Wi-Fi

自从 3G 时代以来，Wi-Fi 就是必要的数据通信的补充，其发展速度也非常迅猛，2019 年正式投入了 Wi-Fi 6 的使用。但 Wi-Fi 产业链与电信产业链的不同之处在于自治，包括专利标准、芯片商、设备商。Wi-Fi 没有全国性或者地区性的运营商，只有局域的网络管理者。5G 与 Wi-Fi 6 的核心技术很多是类似或者相同的，在未来的技术发展和业务整合道路上应当是深度融合。

Wi-Fi 的前世今生

作为网络数据交互需求的代表，Wi-Fi 的主要目的是组建无线局域网（Wireless Local Area Network，WLAN）。随着技术的不断发展，WLAN 也在不断更新换代，并不可避免地与传统通信代表的蜂窝移动系统相生相克。

目前主流的 WLAN 技术是 IEEE 的 802.11 系列标准。从最基本的红外传输到最先进的 OFDM 技术，802.11 系列一直走在高速率数据传输技术的最前沿。

1997 年，IEEE 为无线局域网制定了第一个版本标准——IEEE 802.11，如果我们从 OSI 七层网络模型开始考虑，802.11 主要定义媒体访问控制层（MAC 层）和物理层（PHY 层）的相关协议。其中，物理层定义了工作在 2.4GHz 的工业、科学和医疗（Industry, Science & Medicine，ISM）免费频段上的红外传输方式，总数据传输速率为 2Mbps。随后，在物理层和媒体访问控制层协议不断演进的同时，还开发了安全、mesh 组网、车联网等诸多协议，形成了针对无线局域网的庞大协议族。

1999 年，为了推动 IEEE 802.11b 的制定，无线以太网相容性联盟（Wireless Ethernet Compatibility Alliance，WECA）成立；2002 年 10 月，改名为 Wi-Fi 联盟（Wi-Fi Alliance）。这是一个商业联盟，拥有 Wi-Fi 商标，负责 Wi-Fi 认证和商标授权。

2018 年 10 月 4 日，Wi-Fi 联盟宣布将下一代 Wi-Fi 技术 802.11 ax 更名为 Wi-Fi 6，并将前两代技术 802.11n 和 802.11ac 分别更名为 Wi-Fi 4 和 Wi-Fi 5，并进而回溯到 Wi-Fi 1（见图 2-8）。

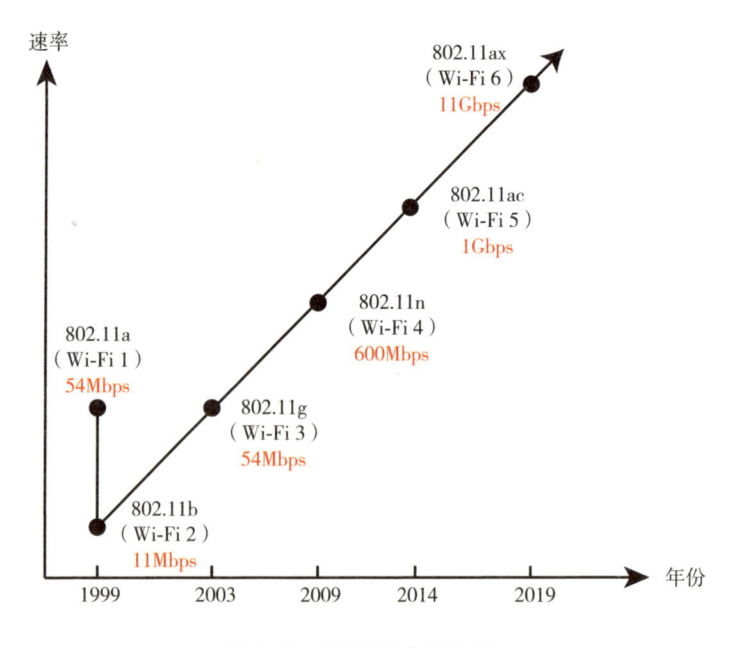

图 2-8　Wi-Fi 技术演进图

IEEE 802.11b —Wi-Fi 1（1999 年）

IEEE 802.11a —Wi-Fi 2（1999 年）

IEEE 802.11g —Wi-Fi 3（2003 年）

IEEE 802.11n —Wi-Fi 4（2009 年）

IEEE 802.11ac —Wi-Fi 5（2014 年）

这样就避免了烦琐拗口的技术标准名称，使其像 2G、3G、4G、5G 一样朗朗上口。

2019 年 9 月 16 日，Wi-Fi 联盟正式发布 Wi-Fi 6。这个与 5G 同时面世商用的无线技术，采用了当下最先进的 OFDMA、8×8MIMO、多用户 MU-MIMO、1024QAM 调制方式等技术，并且使用了 160MHz 的信道带宽，可以提供 9.6Gbps 的传输速率，同时兼顾了密集用户场景和节能省电功能。

5G 与 Wi-Fi 6 的相生相杀

实际上，为了统一全球通信标准以满足用户的国际漫游等需求，自 3G 技术推出以来，国际电信联盟一直致力于从各地区的工作小组和工作论坛中搜集整理未来通信行业需要解决的问题，并每 10 年左右发布一次官方建议文件，作为此代通信系统的设计目标。这些标准通常由类似 3GPP 或者 IEEE 的组织制定提交，由国际电信联盟验证评估。这些快速迭代的建议目标是符合未来 10 年的通信需求的。

当然，因为商业和政策问题，当存在互相竞争的标准时，符合这些目标的标准集合在商业上不一定会完全成功，两个非常典型的例子就是 TD-SCDMA 和 WiMax。

第一代移动通信技术是瞄准电信业务移动化来实现的，因此语音业务是其最重要的基础业务，从核心网到接入网，从业务流程到安全认证，都是以电路交换技术为基础的确定性服务为技术基础。在 GSM 时代，移动通信运营商会致力于提高接通率，如达到 99.99%，甚至达到 99.999%。对于传统的电信业务而言，不存在丢包率的问题，只存在接通和没有接通两种状态。

当时数据网络的移动化要求分组交换技术追求高速率、低时延、低丢包率，这个任务就交给了 WLAN。IEEE 在制定 WLAN 核心标准后，由 Wi-Fi 联盟授权给各设备商制造。其数据传输速率始终比同时期的蜂窝移动通信速率要高很多。一个负责语音，一个负责数据，相得益彰，二者和平共处地使用着同一个用户终端。

早在 2000 年前后，以 IP 为代表的分组交换技术在全面替代电路交换技术的过程中不断完善，从仅仅勉强传输网络数据，到可以顺畅地传输语音、视频等多媒体数据，越来越显得游刃有余。IP 电话由于资费低甚至免费，迅速赢得了用户。语音，这个传统电信的基础业务被动摇了。

作为数据通信技术，Wi-Fi 和其构建的 WLAN 一直是高速接入的首选。语音业务用固话 / 移动电话的电信网络系统，数据业务用 Wi-Fi 的计算机网络系统，双方共享一个用户，互为补充，倒也相安无事。但在 4G 技术之后，电信系统进行了革命，不再将语音业务作为自己的基础业务，而是将全部火力集中在高速数据通信上，这就导致 WLAN 逐渐丧失优势；而 WLAN 自诞生之初就在进军语音业务，挑战电信的固有领地。在 4G 之前，大家可以共用一个信息终端来分享一个用户，但到了 5G 时代，双方旗鼓相当，从"友军"变成了"敌军"。

从之前的"友军"变成了竞争对手，5G 与 WLAN 正式开始了争夺用户终端之战。事情在近 20 年发生了根本性变化。2000 年前后成立的 BAT（百度、阿里巴巴、腾讯）等互联网公司，培养了用户的网络习惯，孕育了互联网思维，进而影响了人们的信息交互方式，从过去仅有的电话语音沟通，扩展到邮件、社交软件等；而 2013 年前后成立的今日头条、美团、滴滴出行等移动互联网公司，将这种互联网化进一步移动化，从 PC（个人计算机）端扩展到移动终端，这让用户对语音交互的依赖越来越小了。

互联网数据交换理应是以 Wi-Fi 为基础的 WLAN 网络的优势所在，但蜂窝移动通信网络的飞速发展，正在逐渐蚕食 Wi-Fi 的领地。还有最致命的一点，从 4G 时代开始，蜂窝移动通信的数据传输速率已经明显接近同时期 WLAN 的数据传输速率。中国持续多年的"提速降费"使得 WLAN 的成本优势不断下降，而其移动性差、安全隐患大等问题慢慢得到重视。因此，人们开始越来越多地直接使用更加安全、资费不是太高的 4G 来完成业务。这种趋势，在 5G 时代可能会更加明显。

技术路线的选择贯穿了整个技术发展史。早在 20 世纪 90 年代末期，数据传输技术就有 IP 和 ATM（Asynehronous Transfer

Mode，异步传输模式）之争。当时作为在技术上更加先进的ATM首先在局域网上落败，随后几年在城域网上渐渐失守，直到被IP技术彻底替换掉。2019年，5G标准并没有完全制定完，但很多国家已经迫不及待地将其投入商用。也是在2019年，WLAN发布了最新的Wi-Fi 6标准，两者的数据传输速率对用户来说相差不多，而且彼此都想进入各自的领域，这一点在物联网市场争夺中表现得最为激烈。长久来看，5G虽然有高安全性的优势，但WLAN有低成本的优势，两者对应用场景的适配不同，未来应当走向融合。

5G与Wi-Fi 6的区别

看到这里很多人可能会有一些疑问，Wi-Fi是否会被取代？这个问题也许可以用以下问题回答：移动通信系统（xG，x = 1,2,3,4,5）与我们现在日常使用的Wi-Fi有什么区别？（本书主要针对的是私人家庭Wi-Fi，而非工业级Wi-Fi）

用户最直观的体验是Wi-Fi比xG要便宜很多，然而在大部分情况下，价格只能反映一部分因素。如果把一个小小的家庭网络扩展到全国和世界范围，就是xG。不过这个大范围和小范围之间还有很大的区别。我们需要先从需求说起。

需求区别

1. 竞争性

就Wi-Fi和xG来说，它们在技术上的区别有点类似区域自治和中央集权，这种思路导致了大部分 Wi-Fi 节点都是私人（或者公司，或者城市）建设，而 xG 基站是运营商在全国建设。

换句话说，在无线信号传输过程中，因为各个私人路由器之间没有交流且都使用相同频谱，所以 Wi-Fi 的数据传输是竞争性的，同一区域内 Wi-Fi 频道是有限的，且在同一 Wi-Fi 接入点下如果接入过多用户也会受到带宽限制；而 xG 的数据传输是非竞争的，有中心化资源调度，除非极个别突发情况导致使用爆发或基础设施损坏，否则很少出现单个用户资源受限的情况。

这就像公路和铁路的区别。开车出门上路，我们不知道下一个路口会不会突然出现一长串闪着红色尾灯的汽车堵在前面；而铁路就不会有这种困扰，前方多远有车，最高速度可以跑多快，都有中心调度系统告诉司机。

2. 私密性

一般意义上，Wi-Fi 连接的是私人有线宽带，而 xG 的基站连接的是运营商的骨干网，因此，Wi-Fi 普遍会有私密性要求，未经许可不能随意接入。Wi-Fi 一般没有电信级认证机制，而且计费系统不够成熟，如对认证和计费有较高要求，则需在一定程度上对 Wi-Fi 网络自行定制和加强；而 xG 则有非常完善成熟的认证与计费体系。

3. 移动性

Wi-Fi 连接的是私人有线宽带，接入点固定，同时宽带是有线的。这意味着 Wi-Fi 对移动性需求很低，覆盖范围有限，一般只用考虑步行速度对信号传输的影响，不用考虑小区切换；而 xG 的基站存在很高的移动性和小区切换需求，需要考虑如汽车、火车等高速物体。

目前虽然 Wi-Fi 有 WDS（Wireless Distribution System，无线分布式系统）等无线中继和无线网桥模式，能够在大型公寓内扩展 Wi-Fi 覆盖，但还是不如运营商的小区切换成熟。

这样的竞争 / 非竞争、私密性和移动性要求，会带来一系列从功能、技术到覆盖、接入、频谱、速度等的不同。

技术区别

1. 频谱 / 接入

Wi-Fi 使用的频谱（2.4GHz/5GHz）是非授权频谱，也就是说这段频谱并未分配或拍卖给个人或公司，任何人和任何企业都可以用自己的 Wi-Fi 设备随意接入。xG 使用的频谱是授权频谱，除了获得该频谱的运营商，其他人无权使用此频谱。现在大家一打开手机 Wi-Fi，就会立即看到很长的无线列表，大部分都是 Wi-Fi 路由器，这意味着此频段非常拥堵，可能存在非常多的干扰。

如果其他技术相同，此频段 Wi-Fi 信噪比会比较低，这会导致 Wi-Fi 信号覆盖范围缩小，传输速率较慢。因此，目前 Wi-Fi 协议都在扩展 5GHz、60GHz 等高频率、干扰较低的频段。Wi-Fi 设备很多，但频段是有限的，一定会产生信道资源竞争，这时就要依赖 Wi-Fi 最核心的空口协议 CSMA/CA（Carrier Sense Multiple Access/Collision Avoidance）进行干预（见图 2–9）。它的具体做法是发送前对该频段做占用检测，如果信道忙碌，那么等一个随机时间再发送。但是这种检测不是实时的，所以依然有可能存在两个路由一起检测到空闲频谱，同时发送数据，这时就产生了信号碰撞问题导致数据包丢失，需要采取重传的方式再次传输。

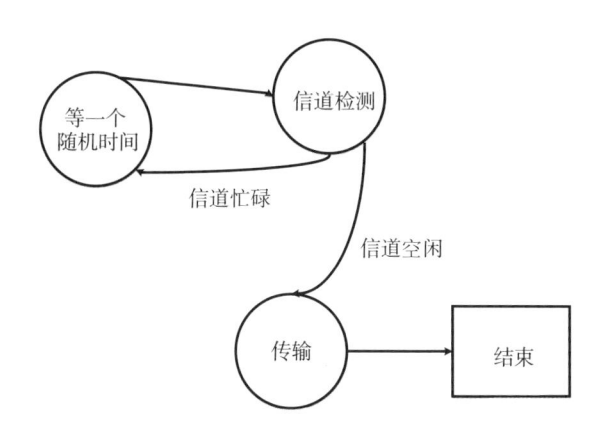

图 2-9 CSMA/CA 示意图

而在 xG 中，因为接入信道是由基站分配的，而且在分配算法中会考虑干扰因素，所以相比较之下，基站覆盖范围会大。同时，xG 在信号传输之前已经被基站分配了专属"线路"，所以不需要发送前信道检测，对碰撞重传的要求也就很低。

另外一个有关接入的显著不同是，因为运营商需要全地点接入，所以 xG 是不存在密码的，它们采用 SIM 卡中的身份识别，通过收费网关收费；而 Wi-Fi 通常需要密码作为认证手段，也很难进行计费。

2. 覆盖

Wi-Fi 的覆盖范围一般会很小，相比较之下基站因为布站位置好，频段干扰低，所以覆盖范围大得多。因为网络速度可能会受太多因素影响，所以这里不讨论 Wi-Fi 和 xG 的速度问题，实际上今天这两者谁比谁快都是有可能的。

比如在一座大楼中，如果想方便地服务楼内人员，扩大 Wi-Fi 覆盖范围，靠单个无线路由器肯定是不行的，覆盖大楼的单个无线路由器一定会超过国家规定的无线电发射功率，所以需要多个路由器联合组网，比如一个无线路由器负责一个房间，同时其他路由器采用同样的名称，并相互协作，从而组成覆盖整个大楼的无线网络。我们知道，单节点决策的系统是最高效的系统。也就是说，如果无线网络中存在多节点协作，最有效率的方式是有一个全网络的控制器，来帮助各个路由器调度和分配时／空／频谱资源。

在大规模 Wi-Fi 网络里，就是把家庭路由器中集合一体的接入点（Access Point，AP）和控制器（Access Controller，AC）分离。用控制器控制全网，并分配资源。

那么如果范围再扩大一点呢？上升到全国范围，单个控制器的数据处理速度显然是不够的，那么每一个区域需要一个类似的控制器，并且各个控制器之间也需要协同工作，互通有无，这就形成了核心网。而各个接入点就形成了无线接入网（Radio Access Network，RAN）。

运营商的移动通信网络，主要由核心网和接入网两部分组成，如图 2-10 所示。从单路由到公司级的多路由组网，再到全国级的基站覆盖，这大概就是 Wi-Fi 和 xG 之间的鸿沟。

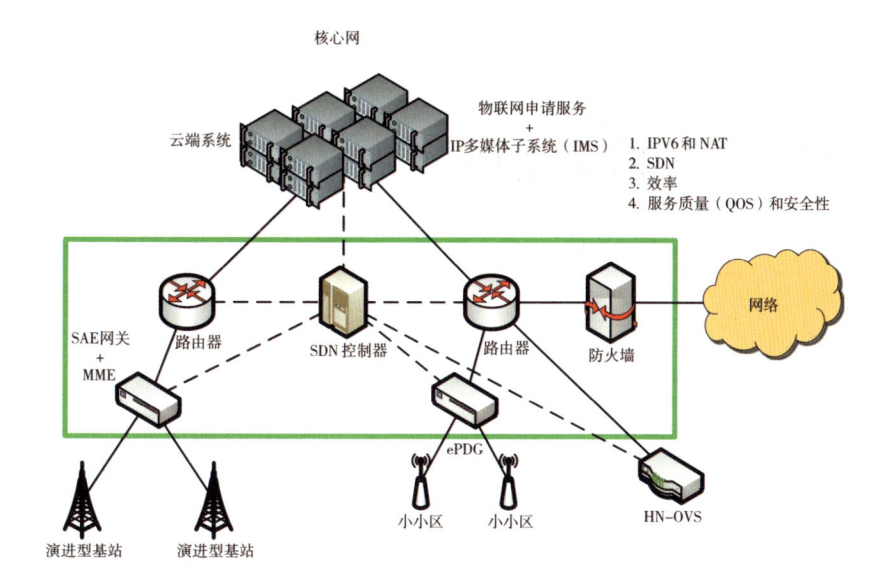

图 2-10　5G 网络结构

当前，电信网络已发展到 5G，而 Wi-Fi 也已演化到第六代。在较早期，电信网络的数据流量较贵，且尚未达到较高的速率，而 Wi-Fi 往往与家庭和互联网的连接绑定，不限制流量，且能够保障一定带宽，因而 Wi-Fi 在互联网连接方面具备相当的优势。

而近年来，随着电信网络提速降费，Wi-Fi 虽然在技术方面也有相应的改进，但对于普通用户来说代际性不强，以往的优势正在消失。然而，由于 Wi-Fi 方便配置且不需额外付费，当前的智能家居等移动性较低的设备选择将其作为接入互联网的首选。对于追求性价比的普通用户而言，在更远的未来，选择将更具个性化；抑或二者会呈现融合之势，借由更加方便的网络接入所激发的创新技术与应用，也非常值得我们期待。

5G 与 Wi-Fi 的辐射

每一代通信系统的商用,都有很多人关注其对健康的影响,现在人们也很关注 5G 或者 Wi-Fi 6 的辐射是否对人体有影响。很多人希望科学家能够给出一个确定的答案,但对于这种老生常谈的问题,科学共同体的回答却是:不知道,因为存在争论。

更字斟句酌的回答是:迄今为止,没有任何研究表明存在一致的证据,证明接触射频场强度低于造成组织发热的限值,会产生不良健康后果。

1996 年,世界卫生组织(WHO)建立了"国际电磁场计划",以调查人体长期暴露在极低频电场和磁场中是否会危害健康,我国也曾经加入其中。

最终该项目于 2008 年发布了评估结果与建议,上述回答就来自相关结论。对于这个结论,我们可能要详细解释一下才能让大家感受到这些科学语言的严谨之美。

电磁辐射与射频标准

电是我们日常生活中不可缺少的一部分,只要电在传输或使用,输电线附近和用电设备周围就会存在电场和磁场,包括但不限于基站、手机等电子产品。这些常用电子产品会产生电磁辐射,把能量以电磁波的形式发送到空间。一般而言,电磁波的频率和强度越高,电磁辐射的能量就越大。

当电磁辐射作用于人体时,可能会对人体产生热效应和非热效应两种影响。

1. 热效应

热效应已经被研究得很透彻了，并一直应用于我们的日常生活中，比如微波炉、太阳能热水器就是热效应的经典应用之一。通常热效应需要通过提升人体组织温度来加热组织，从而影响人体健康。

热效应过高会对人体产生负面作用。如果我们要减弱热效应，就可以反向操作，限制功率指标。这也是目前各国政府和国际组织正在做的事情。当前世界上所有国家关于电磁功率的标准都是为降低热效应对人类的影响而制定的。

单从现行国家标准来看，我国的电磁辐射防护标准堪称世界上最严的电磁标准之一，远远低于欧洲和美国现行标准。根据中国国家标准 GB8702–88《电磁辐射防护规定》，对于 30~3000MHz 频率范围，公众在一天 24 小时内环境电磁辐射场的场量参数在任意连续 6 分钟内的平均值应满足：按全身平均的比吸收率 SAR 应小于 0.02W/kg。与之对比，目前大多数欧洲国家采用的 ICNIRP（国际非电离辐射防护委员会）标准和美国采用的 FCC（联邦通信委员会）标准分别为 2W/kg 和 1.6W/kg。

很多学者认为，我国和欧盟、美国的电磁防护标准差异来自制定标准时的考量。FCC 和 ICNIRP 标准是为了防止热效应而制定的，但是俄罗斯和中国制定的标准数字如此之低，是考虑到了电磁场的非热效应影响所做出的科学推定。

5G 的占用频段包含 sub 6G 和毫米波频段两种，而 Wi-Fi 6 只占用 sub 6G 频段。在科学研究中，sub 6G 频段的热效应已经被研究得很透彻了，如果满足国家标准，不会对健康产生由热效应带来的影响。根据科学推断，毫米波频段可能会带来新的热效应挑战，比如对眼睛、皮肤等密度不均匀且暴露在外的身体部分影响会更加显著。

不过，基于现行标准的研究表明，目前依然不需要过分担心热效应的影响。科学实验表明，在 $10mW/cm^2$ 下持续 8 小时的 60 GHz 毫米波辐射没有表现出眼部损伤；同时，在相似条件下的皮肤实验表明，皮肤温度上升可能为 0.1 度 ~0.5 度，考虑到血液流动和热量散失，这一温度并不会对人体造成严重的影响。

所以，只要遵循现有标准，5G 所造成的热效应并没有严重的负面影响。我们之所以说这个结论无法评价，主要是因为下面会具体提到的非热效应。

2. 非热效应

既然国家可以通过限制发射功率来避免热效应，保护民众健康，那么是不是说这样做就不会对人体造成伤害呢？那倒不是，因为生物长时间暴露在低于热效应限值的电磁环境里，虽然不会受到组织发热等影响，但是可能会有其他生理影响，这些影响被统称为非热效应。科学意义上，非热效应通常包括对细胞生长和增殖速率、酶活性、组织修复和再生速率以及其他生物效应的影响，而且这些影响通常与温度变化没有直接明显关系。

针对电磁场非热效应的影响，科学家众说纷纭，甚至可以说是争议遍地，已经持续了数十年。国际电磁安全委员会曾经发表声明，表明这些争议可以解释为非热效应可能不存在，FCC 和

ICNIRP 制定的电磁防护规范也遵循这一原则。

不过目前的一些现象值得讨论。

我们从积极方面说起。自从 20 世纪 70 年代以来，在东欧地区存在一种毫米波疗法：通过每天在 42.2GHz、53.6GHz 或者 61.2Ghz 的毫米波照射中暴露 15~30 分钟，持续 5~15 天，可以治疗胃溃疡、心脑血管疾病、呼吸道疾病、皮肤病等。在东欧地区使用这种疗法的患者人数众多，但是它的治疗机制并不清楚，这种疗法也尚未被西方医生和科学家接受。不过这种现象揭示了一些科学意义，电磁波的非热效应可能确实会对生物体本身造成一定影响。出于对科学严谨的态度，这种疗法导致对电磁波非热效应的研究日渐增加。

美国天普大学（Temple University）的 Radzievsky 等人发现，61.22GHz 毫米波（13.3 mW/cm^2）能够抑制皮下肿瘤生长，并且 50~80GHz 的电磁辐射有助于组织肿瘤细胞增殖。另外的一些研究表明，毫米波可以增强人体免疫系统。早期的一些实验表明，对比无毫米波照射的对照组，有毫米波照射的兔子、老鼠等表面伤口愈合速度要快两倍。实际上因为毫米波可以促进伤口愈合，并且不留伤疤，它也已经在俄罗斯的一些美容诊所中用于医疗美容。

同样有一些研究结果表明，毫米波会对生物组织产生未知影响，比如生物膜。这里的生物膜是对生物体内所有膜结构的统称，细胞膜是生物膜中我们最耳熟能详的一种。在 60GHz 毫米波电磁辐射（0.9mW/cm^2）中生物膜的侧向压力会增加，在 53.3 或 130GHz 的（7.3mW/cm^2）毫米波中，生物膜的渗透性会发生改变。

我们并不能确定毫米波与生物膜的作用机理，但是如果这种改变影响了神经膜的渗透性，那么它就会影响神经系统中电信号的传输，从而改变人类对环境的感知能力，比如疼痛感。

更有趣的是，在以往的研究结果中，我们也能找到一些针对非热效应非常负面的研究。2018年3月，美国国家环境科学研究所（NIEHS）国际毒理学计划（NTP）公布了一份NTP关于大鼠小鼠手机电磁辐射致癌的报告草案。

该报告表示，14人同行评审小组经过彻底审查后认为，基于GSM和CDMA调制的射频辐射具有"统计学意义"和"明确证据"，会导致雄性大鼠（Harlan-Sprague-Dawley株）心脏中出现恶性神经鞘瘤（一种罕见的肿瘤形式）。此外，对于雌性大鼠中相同的神经鞘瘤风险存在"模棱两可的证据"。

美国使用五类致癌活动证据对其报告中观察到的证据强度进行分类："明确证据"和"一些证据"表明阳性结果，不确定的结果称为"模棱两可的证据"，"没有证据"表示没有可观察到的影响，由于主要实验缺陷而无法评估的结果称为"不充分研究"。

报告同时提到，这项研究虽然是同类研究中规模最大的，但是它依然不够完善，实验中变量控制不够充分等问题依然存在，导致我们无法百分百确信结论的正确性。具体到5G，目前我们也没有类似的毫米波频段来验证实验结果。

虽然目前对非热效应科学界众说纷纭，但是我想为了防止答案被歪曲解读，在最后必须强调一下，本节中关于非热效应的很多研究都未得到重复确认，这些只是目前研究人员观察到的现象，由于这些现象众说纷纭甚至有些相互矛盾，因此我们暂时无法基于这些研究得出有公信力的结论。

关于公共政策和医疗保健的重大决策，通常不应该基于这些单独未经验证的研究结果。因此，迄今为止，还无法证明接触射频场强度低于造成组织发热的限值会产生不良健康后果。同样，目前也没有任何研究表明存在一致的证据，证明符合国家电磁防护规范的设备会对人体产生不良健康后果，不论2G、3G、4G、5G时代，还是Wi-Fi设备。

5G 打造新一代移动互联网

今天，互联网和移动互联网已经极大地改变了我们的生活。互联网是计算机与通信网络结合的产物，完成了计算机与网络融合的第一步，而移动互联网则是信息终端与移动通信网络结合的产物。

在介绍 5G 这个移动通信技术对移动互联网的影响之前，我们先分别介绍计算机和互联网的发展，看看它们是如何结合在一起的，再了解一下信息终端的发展。

计算科学的发展

图灵奖（A.M. Turing Award）获得者理查德·卫斯里·汉明（Richard Wesley Hamming，1915—1998）曾经有一句非常著名的话："The purpose of computing is insight, not numbers"，意思是计算的目的不是算数，而是洞察其本质。今天我们拥有了强大的计算能力，但还没有与之相配的智能。回顾计算科学的历史，让人唏嘘不已。

图灵奖是由美国国际计算机协会（Association for Computing Machinery，ACM）颁发的，该组织是世界上第一个科学性及教育性计算机学会，创立于 1947 年。图灵奖被公认为世界计算机领域的诺贝尔奖，于 1966 年设立，专门奖励对计算机事业做出重要贡献的个人。而这位图灵先生却是一名英国人。比香农大 4 岁的图灵是一个天才，他提出的著名的图灵机模型为现代计算机的逻辑工作方式奠定了基础，他也被誉为"计算机科学之父"；同时，因为他对人工智能的巨大贡献，又被誉为"人工智能之父"。他的成名作是 1937 年发表在《伦敦数学会文集》上的《论数字计算在决断难题中的应用》；1950 年 10 月，他发表了另外一篇划时代的论文《计算机与智能》（Computing Machinery and Intelligence）。当然，图灵为大众所熟知，主要是因为他在第二次世界大战期间成功地破译了德军的 Enigma 密码系统，这个密码系统在当时被认为是不可攻破的。

图灵的英年早逝让后人在人工智能上的发展迟滞了很久，以至到现在，我们还是无法对"智能是什么""机器智能是什么"这样的基本问题达成共识。

而计算机却因为另外一位天才的努力而大放异彩，他就是约翰·冯·诺依曼（John von Neumann，1903—1957），他被称为"计算机之父"和"博弈论之父"。1946 年 2 月 14 日，世界上第一台电子计算机 ENIAC 开始工作，冯·诺伊曼曾对其设计提出过建议。其实，早在 1945 年 3 月，他就在共同讨论的基础上起草了一个全新的"存储程序通用电子计算机方案"，即 EDVAC（Electronic Discrete Variable Automatic Compute）。这对后来计算机的设计有决定性的影响，特别是确定了计算机体系结构。他指出计算机的基本工作原理是存储程序和程序控制，这被定义为"冯·诺伊曼架构"（也称"普林斯顿架构"，因为冯·诺伊曼是普林斯顿大学的终身教授）。直到今天，英特尔等众多公司出品的 CPU（中央处理器）

还是遵循着冯·诺依曼架构。另外一个重要的计算机体系架构是哈佛架构，它统领着消费电子领域的处理器。

在很长一段时间里，计算机是专用于科学计算的，并不面向大众，以至 IBM 的创立者托马斯·沃森曾说过，全世界只需要 5 台计算机就足够了。计算机的发展也的确是向两个方向延拓挑战着硅基世界的极限：一个是超级计算，另一个是嵌入式移动计算。

在电子信息产业中有著名的摩尔定律：当价格不变时，集成电路上可容纳的元器件的数目，每隔 18~24 个月便会增加一倍，性能也将提升一倍。换言之，每 1 美元所能买到的电脑性能，将每隔 18~24 个月翻一倍以上。摩尔定律的最早版本是美国人戈登·摩尔（Gordon Moore）于 1965 年 4 月在《电子学杂志》（*Electronics Magazine*）上发表的，他当时是美国仙童半导体公司的研究开发实验室主任，文中预言半导体芯片上集成的晶体管和电阻数量将每年增加一倍。1975 年，摩尔在 IEEE 国际电子组件大会上提交了一篇论文，根据当时的实际情况对摩尔定律进行了修正，把"每年增加一倍"改为"每两年增加一倍"。

在电子计算机被发明后，飞速发展的半导体产业使得强大的计算能力可以赋能于各行各业。摩尔在 1968 年离开了仙童公司，与罗伯特·诺伊斯（Robert Noyce）和安迪·葛洛夫（Andy Grove）在硅谷共同创立了著名的英特尔公司。该公司于 1971 年推出了第一个微处理器 4004；随后在 1972—1978 年分别推出了经典的 8008、8080、8086-8088 处理器。这一系列八位处理器不但成就了个人计算机时代的传奇，根据它们编写的教材也成为计算机学科的经典。世界上的第一台个人计算机 Altair 采用了 8080 处理器，而 8088 处理器成为 IBM 新型主打产品 IBM PC 的主芯片，从此改写了个人计算机的硬件规则，开启了 IBM 兼容机时代。随后，微软的 DOS（磁盘操作系统）成为标准的预装操作系统，雄踞个人计算机市场之首。286 处理器电脑上市后，虽然 IBM 还有很强的影响力，但已经禁不住百花齐放了，康柏、虹志等品牌迅速崛起。这时微软成功开发了 Windows 图形界面操作系统，增强了用户交互性，并再次与英特尔联手，开启了个人计算机的"Wintel"时代，改写了整个个人计算机行业的规则。

1989 年，英特尔推出了 486 处理器，在其中首次增加了一个内置的数字协处理器，将复杂的大量计算功能从中央处理器中分离出来，从而大幅度提高了计算速度。海量计算时代即将到来，计算与处理的分离不可避免；而这也让计算本身可以更加专注于将各种可能的应用以计算的形式呈现出来。1993 年，奔腾（Pentium）处理器的推出更有着划时代的意义，它增加了 MMX 指令集，全面支持多媒体应用。1995 年，配合 32 位的高能奔腾（Pentium Pro）处理器的发布，微软发布了经典的 Windows 95，将个人计算机带到了一个令人振奋的时代。

在传统个人计算机突飞猛进的时候，英特尔没有放松超级计算、小型化和移动计算的努力。2010 年 3 月 30 日，英特尔公司推出英特尔至强处理器 7500 系列，该系列处理器可用于构建从双路到最高 256 路的服务器系统；随后的至强二代处理器更是广泛应用于超级计算中。2015 年 1 月 8 日，英特尔发布世界上最小的

Windows 计算机 Compute Stick，大小仅如一枚 U 盘，连接任何电视机或显示器即可组成一台完整的个人计算机。

1997 年，在个人计算机领域占据统治性份额后，英特尔把目光放到了移动端。英特尔收购了 StongARM，推出了基于 ARM 技术的 StongARM 系列处理器，但这一产品没有产生太大影响。2012 年，英特尔进行了第二次尝试，推出了基于 X86 架构的处理器 ATOM，同时采用高额补贴的策略，但效果同样不理想。到 2013 年，英特尔移动芯片部门亏损达到 30 亿美元。

值得一提的是，2003 年英特尔正式宣布推出无线移动计算技术品牌：迅驰移动计算技术（Intel Centrino Mobile Technology），这是一种计算功能强、电池寿命长，具有移动性、无线连接上网等功能的 CPU、芯片组、无线网卡的结合。适于移动计算的处理器将计算与网络完美地结合在一起。

在这一路的高歌猛进中，英特尔作为半导体、处理器公司，相继超越了仙童、摩托罗拉等巨无霸，成长为处理器行业独一无二的霸主，能与之抗衡的只有 AMD、NVIDIA 等少数公司。英特尔在 2015 年 12 月斥资 167 亿美元收购了阿尔特拉公司（Altera），这家公司发明了世界上第一个可编程逻辑器件，同时也是当时世界上第二大 FPGA（现场可编程逻辑门阵列）生产商。

英特尔强大的计算能力，在其他市场上也跃跃欲试，尤其是在移动通信市场。

2010 年，英特尔以 14 亿美元现金的价格，收购了英飞凌的无线解决方案事业部，高调进军移动通信基带业务。当时，英飞凌是 iPhone 基带的主要供应商，前三代 iPhone 采用的基带都来自英飞凌。2013 年，4G 浪潮袭来，英特尔发布了收购英飞凌后的首款 4G 基带芯片 XMM 7160，因为技术工艺远远落后于高通，因此苹果从 iPhone 4s 开始，在其手机的基带芯片上转而与高通合作。

2016 年，为了避免供应链风险，苹果 iPhone 7 系列同时采用了高通和英特尔的基带芯片。这让高通非常恼火，在全球起诉苹果，令苹果付出了惨重代价。2018 年，苹果在 iPhone XS/XR/XS Max 系列上全部采用英特尔的基带芯片。但因为 5G 模块的缺失，使得苹果在 2019 年公布的 iPhone 11 手机上无法支持 5G。2019 年 7 月 25 日，苹果公司和英特尔达成协议，苹果以 10 亿美元收购英特尔智能手机基带业务的绝大部分，终于痛下决心开始自研核心芯片。

互联网的发展

互联网、因特网、万维网三者经常会被提到，平时我们提到的 Internet，是指互联网。因特网的重要特征就是使用了 TCP/IP 协议以及拥有一个公网地址。万维网是基于 TCP/IP 协议中 HTTP 协议的因特网。这三者之间的关系是这样的：互联网包含因特网，因特网包含万维网，凡是能彼此通信的设备组成的网络就叫互联网。

今天的互联网，其原始框架来自阿帕网（Advanced Research Projects Agency Network，ARPANET），但包括电信网络在内的所有网络拓扑都离不开图论和拓扑学，这是由"数学之神"瑞士数学家莱昂哈德·欧拉（Leonhard Euler，1707—1783）开创的一个数学分支。

1736年，29岁的欧拉向圣彼得堡科学院递交了题为《哥尼斯堡的七座桥》的论文，这篇论文把一个实际问题抽象成合适的"数学模型"。在论文中，欧拉将七桥问题抽象出来，把每一块陆地考虑成一个点，连接两块陆地的桥以线表示，由此得到了一个几何图形（见图2-11）。这样，著名的"七桥问题"便转化为是否能够一笔不重复地画过这七条线的问题。

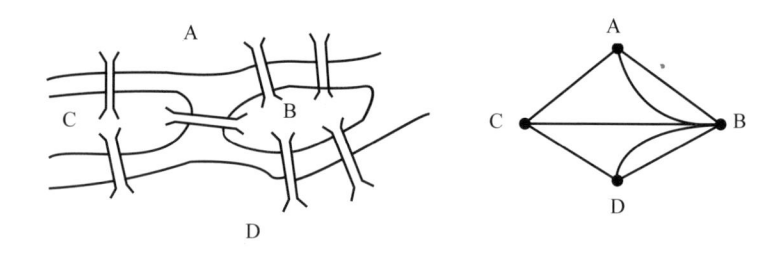

图2-11 哥尼斯堡七桥问题示意图

这个数学模型今天被广泛地应用到各种网络中，将交换机/路由器看作点，将线路看作线，以线的粗细代表话务量/流量的多少，也可以用数值量化。以此将电信/计算机通信网以简单的图表示出来，再用图论和拓扑学中的基本理论加以计算和分析。

1852年，弗朗西斯·古德里（Francis Guthrie）提出著名的"四色猜想"：在一个平面或球面上的任何地图能够只用四种颜色来着色，使得没有两个相邻的国家有相同的颜色。

1859 年，英国数学家汉密尔顿（William Rowan Hamilton）提出了"汉密尔顿回路问题"：基于一个规则的实心十二面体，找到一条沿着各边通过所有 20 个顶点刚好一次的闭回路。

这些问题的提出，对现代网络的研究起到了至关重要的作用。

1993 年，以太网发明者、3Com 公司的创始人罗伯特·梅特卡夫（Robert Metcalfe）提出了著名的梅特卡夫定律：一个网络的价值等于该网络内的节点数的平方，而且该网络的价值与联网的用户数的平方成正比。该定律指出，一个网络的用户数目越多，那么整个网络和该网络内的每台计算机的价值也就越大。这可以解释为什么互联网/移动互联网公司在初创期都疯狂地扩展自己的网络用户，也可以预见到，拥有世界最大网络规模的中国必将拥有价值最高的网络。

值得一提的是，1976 年，阿佩尔（Appel）和哈肯（Haken）借助计算机给出了四色猜想的一个证明，利用美国伊利诺斯大学两台不同的电子计算机运行了 1200 个小时，做了 100 亿个判断，验证了它们可以用四种颜色染色。四色定理是第一个主要由计算机证明的理论，这一证明并不被所有的数学家接受，因为采用的方法不能由人工直接验证。这说明人们还是没有对计算机编译的正确性以及运行这一程序的硬件设备有充分的信任。

这种情况非常像今天科学界对深度学习的态度。虽然用计算机的大量计算可以求解某个具体问题，但如果人类无法从数学和逻辑上对这个具体问题进行建模并求解的话，是无法被科学界认可的。

随着信息交换需求的不断增长，1969年美军在美国国防部高级研究计划局组建的阿帕网制定的协议下，在军事连接的基础上，将美国西南部的加利福尼亚大学洛杉矶分校、斯坦福大学研究学院、加利福尼亚大学和犹他州大学的四台主要的计算机连接起来。当时还没有使用TCP/IP，使用的是网络控制协议（Network Control Protocol，NCP）。虽然只是计算机之间的简单连接，但这种连接开启了伟大的互联网时代。

1978年，贝尔实验室提出了UUCP（UNIX和UNIX拷贝协议），并很快发展出了新闻组网络系统，成为全世界范围内交换信息的一种新方法。虽然新闻组连接着遍布世界的UNIX系统，但它不是互联网的一部分，也不使用TCP/IP协议。

1983年，TCP/IP协议正式取代NCP协议成为因特网的网络规则并延续至今。其发明者斯坦福大学的温顿·瑟夫（Vint Cerf）和美国国防部高级研究计划局（DARPA）的罗伯特·埃利奥特·卡恩（Robert Elliot Kahn）因此在1997年获得美国国家技术奖章，2004年获得图灵奖，2005年获得美国总统自由勋章；2013年，温顿·瑟夫当选美国计算机学会（ACM）主席。

1986年，美国国家科学基金会资助建设的NSF网络也加入了进来，它当时连接了全美的5个超级计算机中心，供100多所美国大学共享资源。

1990年蒂姆·伯纳斯–李（Tim Berners-Lee）发明了著名的WWW（World Wide Web）协议。这是一个基于超文本协议HTTP的系统，可以方便地将互联网上的资源进行标记与整合，不但降低了网络使用的门槛，任何人都可以非常简单地访问互联网资源，而且为后面浏览器和搜索引擎的大发展奠定了基础。蒂姆于1994年创办了著名的万维网联盟（W3C），这是Web技术领域最具权威和影响力的国际中立性技术标准机构。到目前为止，W3C已发布了200多项影响深远的Web技术标准及实施指南，包括HTML、XML等语言。

1993年，美国伊利诺伊大学国家超级计算机应用中心（National Center for Supercomputing Applications，简称NCSA）发布了一个浏览器，命名为"Mosaic"，为人们开启了互联网的探索之旅。

1994年4月4日，开发Mosaic的核心人物马克·安德森和视算科技公司（Silicon Graphic Inc.）的创始人吉姆·克拉克在美国加州设立了Mosaic通信公司（Mosaic Communication Corp）。由于Mosaic浏览器的商标权为伊利诺伊大学NCSA所有，其技术已被转让给望远镜娱乐公司（Spyglass Entertainment），所以，Mosaic通信公司开始彻底重新撰写浏览器代码。

1994年11月14日，为了避免和NCSA产生商标拥有权问题，Mosaic通信公司更名为网景通信公司（Netscape Communications Corporation）。同年12月15日，网景浏览器1.0正式版发布，并被命名为网景导航者（Netscape Navigator），迅速登上浏览器市场占有率的首位。

1995年8月9日，网景公司在纳斯达克上市，成为全球第一个上市的网络公司，同时也创造了一个奇迹：每股定价28美元，开盘两个小时内，500万股被抢购一空，一度冲高至74.75美元，最终收盘价58.25美元。网景的一夜成名，昭示着互联网时代的到来。

网景公司上市15天后，微软公布了备受期待的Windows 95操作系统，在其中预装了自己的网络浏览器——IE浏览器1.0，而IE也是在安德森开发的Mosaic代码的基础上发展而来。网景公司的Netscape Navigator与微软公司的IE之间的竞争，后来被称为"浏览器大战"。

1995年，亚马逊开业，开启电子商务新纪元。1998年，谷歌公司成立，并迅速取得了网络的垄断地位。1999年，Napster出现，严重冲击唱片业；这一年全球网民达到了2.5亿，超过了大多数国家的人口。2000年，DoS（拒绝服务）攻击出现，互联网泡沫破灭。

但这都没有阻止网民数量的增长，到2002年，全球网民达到了5亿。

2003年，网景分支火狐（Firefox）发布，此时微软依靠强大的IE操作系统占据了浏览器94%的市场。2005年，Youtube公司成立，开启视频网站时代。2006年，全球网民达到10亿。2008年，全球网民达到15亿，超过了世界上任何一个国家的人口。这一年全球金融危机爆发，信息产业增长率快速下滑。2009年，《西雅图邮讯报》完全转移到网络。

2010年之后的9年，全球互联网更是飞速发展，尤以中国发展迅猛。其实，从2000年起，中国就一直是互联网时代的主角。

浏览器拉开了互联网时代的大幕，但第一次让世界认识到互联网威力的是门户网站，也就是 Web 1.0 时代，内容分发渠道的改变是时代的使命，而网易、新浪和搜狐非常好地完成了这个使命。1997 年，网易成立；第二年，新浪、搜狐成立。这三家公司基本可以代表中国的网络内容服务商时代。

在 2000 年的互联网泡沫中，倒下了很多公司，如从事电子商务的 e 国、8848 等，但随后，我们迎来了著名的 BAT 时代。

2000 年，百度在美国成立。同年 5 月，百度首次为门户网站——硅谷动力提供搜索技术服务，而后又开始向新浪、搜狐等门户巨头提供中文网页信息检索服务，成立半年的百度迅速占领了中国 80% 的网站搜索技术服务市场，成为最主要的搜索技术提供商。2001 年 10 月 22 日正式发布 Baidu 搜索引擎，效仿美国 Overture 公司，推出了"竞价排名"模式，即根据支付费用的多少来决定广告主在网站中展示信息的排名位置。2005 年 8 月 5 日百度在纳斯达克上市，当天涨幅 353.85%，创下了 5 年以来美国股市上市新股当日涨幅最高纪录。2011 年，百度凭借 460 亿美元市值成为中国当时排名第一的互联网公司。凭借着搜索引擎，百度成了中国互联网时代最大的赢家。

1999 年 9 月，阿里巴巴成立，直到 2002 年 12 月阿里巴巴才首次实现全年正现金流入。2003 年 5 月，淘宝网成立；2004 年，支付宝公司成立，虽然最初是为了解决交易中的信用问题，但从 2014 年开始，它成为全球最大的移动支付厂商。2012 年 1 月 11 日，从淘宝网分拆出来的商城正式更名为"天猫"。2014 年 9 月 19 日，当时全球最大的电子商务公司阿里巴巴集团于纽约证券交易所正式挂牌上市，完成了美国证券市场历史上规模最大的IPO（首次公开募股），达到250亿美元。阿里巴巴上市当天涨幅高达38.07%，市值超越脸书成为仅次于谷歌的第二大互联网公司。凭借着全球最大的B2B以及B2C平台，阿里巴巴获得了互联网电子商务头筹，凭借"新四大发明"之一的支付宝，阿里巴巴实现了数字经济的基石之一：移动支付。

1998年11月11日，腾讯成立，当时公司的业务是拓展无线网络寻呼系统，为寻呼台建立网上寻呼系统。1999年2月，腾讯公司即时通信服务（OICQ）开通，提示音就是寻呼声。2000年6月，OICQ更名为QQ，注册用户数突破一千万。在2001年MIH公司投资腾讯之前，腾讯一直没有找到适合发展的商业模式，随后，依靠中国移动的"移动梦网"，腾讯才第一次实现盈利。2003年8月，腾讯推出的"QQ游戏"再度引领互联网娱乐体验。2003年9月9日，腾讯推出企业级实时通信产品"腾讯通"（RTX），成为中国第一家企业实时通信服务商。2004年6月16日，腾讯控股在香港联合交易所主板正式挂牌，这是第一家在香港主板上市的中国互联网企业，也是香港恒生指数成分股之一。2004年8月27日，腾讯QQ游戏的最高同时在线突破了62万人，QQ游戏成为国内最大和世界领先的休闲游戏门户。2009年2月9日，QQ空间的月登录账户数突破2亿，成为全球最大互联网社交网络社区。2010年3月5日，腾讯QQ最高同时在线用户数突破1亿，这是人类进入互联网时代以来，全世界首次单一应用同时在线人数突破1亿。在移动互联网时代到来之前，2011年1月21日，腾讯推出微信，形成了与手机 QQ 同台竞技的局面，这也说明腾讯对信息通信技术的发展非常敏感。2013 年 9 月 16 日，腾讯股价上涨，成为中国首家市值超 1000 亿美元的互联网公司。2016 年 9 月 5 日，腾讯市值领先于阿里巴巴集团，首度超过中国移动，成为亚洲市值最高的公司。

2004 年，京东成立。虽然京东一度亏本，但因其不遗余力地建立自己的物流体系，使得人们对电子商务产业有了新的理解；后来阿里巴巴也发现了物流的重要性，进而组建了菜鸟物流。

这是一个伟大的时代，中国人不但有了互联网，而且互联网开始渗透到生活的方方面面，进而改变着我们的生活模式。移动通信的飞速发展，使得移动互联网成为 ICT 产业的主角。截至 2018 年第四季度，微博月活用户增至 4.62 亿，日活用户增至 2 亿。《2018 微博用户发展报告》还指出，微博现月活用户中移动端占比 93%，移动化趋势持续增强。

《2018 微信年度数据报告》显示，2018 年微信每个月有 10.82 亿用户保持活跃，每天有 450 亿次信息发送出去，每天有 4.1 亿音视频呼叫成功。这也就意味着，每分钟全国有 2.5 万人同时刷微信进地铁、乘公交，而在早高峰的两个半小时里，这个数据可达 375 万，相当于波多黎各全国人口一起经历早高峰。微信上每分钟有 3125 万条消息在流通，每分钟有 28.47 万个音视频电话被接通，这不但超过了传统电信运营商的语音短信信息交互量，而且超过了互联网的信息交互量。移动互联网成为人们主要的信息交互平台。

2010年美团正式上线，由人人网（原校内网）、饭否等网站的创始人王兴创建。2013年11月，美团外卖上线。2015年10月8日，美团网与大众点评网合并。2016年9月，美团收购钱袋宝，获得第三方支付牌照。2017年2月14日，美团打车在南京试点上线。2018年4月4日美团收购摩拜单车。2018年9月美团点评在香港联交所主板上市。2019年7月，美团点评单日外卖交易笔数超过3000万笔。

2012年3月，北京字节跳动科技有限公司成立。2012年8月，今日头条1.0版本上线。2014年，以腾讯微视和微博秒拍等为主的短视频业务开始出现。2016年9月，字节跳动宣布入局短视频分发，推出了著名的抖音，并投资10亿元补贴短视频内容创作者。2019年8月10日，字节跳动上线头条搜索。2019年9月，字节跳动完成对互动百科的收购。

2012年7月10日，北京小桔科技有限公司成立，滴滴打车软件随后上线，与优步（Uber）类似，滴滴推出了即时约车、预约、专车等多项出行服务。2014年8月26日，CNNIC发布的《2013—2014年中国移动互联网调查研究报告》显示，2014年上半年滴滴打车的用户使用率高达74.1%，持续在行业领跑。2015年10月8日，上海市交通委正式宣布向滴滴快的专车平台颁发网络约租车平台经营资格许可，这是国内第一张专车平台的资质许可，滴滴快的也成为第一家获得网络约车租车平台资质的公司。2016年8月，滴滴出行合并了优步，成为中国最大的网约车平台。

2010年12月知乎网站开放，一直采用邀请制的注册方式。

2013年3月，知乎向公众开放注册。知乎网站以提供精准深入的知识服务而著称，不到一年时间，注册用户迅速由40万攀升至400万。知乎成长为知识服务领域的重要力量，这为电子商务、社交风行的移动互联网时代提供了一种新的可能性。2017年1月，知乎完成1亿美元融资，估值超过10亿美元，迈入"独角兽"行列。2018年4月26日，知乎对外宣布启动用户权益保护升级，针对除信任的搜索引擎外的第三方机构，将采取白名单许可的方式，规范知乎内容的使用标准。2019年10月，知乎直播功能正式上线。在直播场景中，用户可以更加轻松、直接地分享知识、经验和见解，展开实时的讨论交流，还可以获得来自主播的专业解答。

上述这些2010年前后成立的移动互联网公司彻底重构了中国人的生活习惯，人们开始习惯于出门不带钱包，吃穿住用行基本上靠这些移动互联网公司就可以在一个手机终端上全部完成。

与电信产业相比，互联网/移动互联网的产业链比较短，但对社会的直接冲击力很大。贴近客户、注重运营使得业务运营商成为产业链的重点。

互联网与移动互联网的产业链

用通信产业链的思路来考察互联网/移动互联网产业链（见图2-12）的话，会发现，芯片商、设备商和终端厂商依然存在，只是相应的厂家与具体设备更换了而已，如设备由电信网络设备换成了路由器、交换机等，终端由手机扩展到了笔记本电脑、平板电脑等。业务运营商则更加聚焦于互联网/移动互联网业务，类似短信、虚拟号码等电信业务不在这个范畴内。

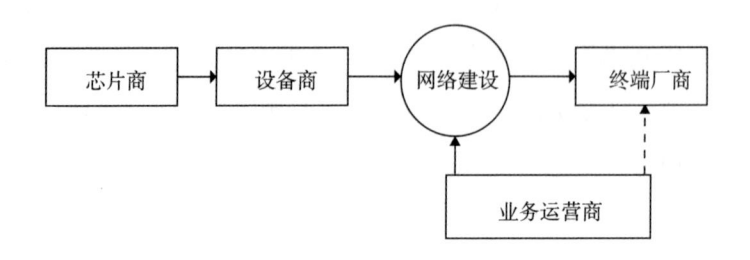

图 2-12　互联网/移动互联网产业链

最重要的是，在互联网/移动互联网产业链中，只有网络建设者，而没有网络运营商。这是因为互联网初始的免费特性，TCP/IP发明者放弃了对专利的诉求，所以互联网/移动互联网只有管理没有运营，交付的是设备和服务，而不是网络。

因为这样的特性，使得大家在讨论互联网/移动互联网产业链的时候，更多地关注包括路由器和信息终端在内的网络接入设备和服务本身。

其实，蜂窝移动通信与WLAN在相互进行业务渗透的过程中，也曾经发生过"战争"。2010年是移动互联网的乱世，3G普及不久，大众正在享受移动互联网带来的惊喜，而互联网运营商们也正在进行着移动化。

艾瑞咨询发布的《2010年中国手机即时通信用户行为研究报告》显示，2010年，我国有83.5%的用户使用手机QQ，在移动即时通信业务中居于首位。但是手机QQ业务却遭到了移动运营商们的质疑和担忧。

首先，手机 QQ 使用的是正常的 Wap 通道，但一部分流量是移动通信链路中的信令通道，用来确认用户上线或下线的状态信息。在传统的移动通信链路中，信令通道负责确认通信连接建立、播放送号音等功能，一旦阻塞，移动电话用户的接通率就会受到影响，服务质量也会下降。而且，更重要的是，信令通道是免费的。大量手机 QQ 用户的存在，使得移动基站不堪重负，已经开始影响到传统的语音通话业务了。

其次，移动运营商们花费巨资建立了 3G 网络，提供了数据业务，但他们却惊奇地发现，接近一半的移动流量被耗费在手机 QQ 上，而运营商们收到的流量费却少得可怜。

为此，腾讯和移动运营商曾经一度相互指责，腾讯认为移动运营商应当优化网络，为移动互联网业务更好地服务；而移动运营商则认为腾讯的手机业务应当遵循移动通信标准来开展。

双方最后不了了之，但当时财大气粗的移动运营商们还是错过了关键节点——趁机重新制定流量时代的收费规则。其实，这个问题普遍存在于当时世界上所有的移动运营商中，他们都感觉到在建设网络基础设施的同时，自己的利益却被边缘化了。因此，他们试图改变传统的电信行业惯例，希望对不同的网络流量（邮件、即时通信和视频就是三种不同的流量）实行相应的分级服务，从而使用户面临两种选择：要么接受低优先级服务，要么接受更高的资费标准。

这就不得不说说著名的"网络中立"概念。"网络中立"的概念源于20世纪30年代的美国电信法，当时的法律规定任何电话公司不得阻碍接通非本公司用户的电话。随着互联网的兴起，"网络中立"概念也就自动延伸为运营商不得对来自非本公司用户的数据，如邮件、即时通信、视频等设限，也就是要确保所有网站内容或者视频都会以相同的速度载入。

"网络中立"虽然可以使小型互联网公司与互联网巨头公平竞争，但同时也导致了互联网公司与移动运营商之间的矛盾。

在美国，包括Verizon、AT&T在内的移动通信运营商都提出了双层网络服务的诉求。在双层网络服务模式中，移动运营商可以向享有优先位置和更快速度的网站所有者收取额外的费用。比如，它们的诉求之一是拥有"付费优先权"，即向互联网服务商收取更高费用后，向该服务商提供更快捷的网络服务。但这个诉求一直面对强大的阻力。

"网络中立"一直被广大互联网网民和互联网公司所推崇，一度占据舆论主流。"网络中立"原则的支持者认为这是保持网络自由与创造力的基本保证。

2009年10月22日，美国联邦通信委员会（FCC）开始起草"网络中立"法规，以阻止电话和有线电视公司滥用对宽带接入市场的控制权，并确保每一位宽带网用户均能访问所有合法的网站和服务，包括互联网电话应用和视频网站。2015年2月27日，美国联邦通信委员会以3票赞成、2票反对，通过了"网络中立"提案。该提案的相关规定被视为将确保美国互联网成为一个自由公开的交易平台，禁止所谓的"付费优先权"。

但在 2017 年 12 月 29 日，美国联邦通信委员会投票推翻了该"网络中立"规定，并于 2018 年 6 月 11 日正式生效。这为 5G 时代的电信运营商们进行差异化收费提供了可能。

在 5G 的三大场景中，目前电信运营商们只实现了增强移动宽带场景。在此场景下，相对以往电信网络仅仅是量变而非质变，当前大多数应用都不会发生本质改变，因而很难推动差异化收费。但海量机器类通信和超高可靠低时延通信两个场景，将会在为工业互联网、车联网等各种特殊场景提供高质量服务的同时，耗费更多的网络资源，所以试行不同的收费不是没有可能。也许，"网络中立"这一说法将在 5G 时代被打破。

移动互联网时代成就了一批公司，也是传统电信运营商开始走下坡路的起点，因为它们没有获得这个时代流量收费规则的话语权。

5G 产业链重构造就新经济战场

通信是将信息进行传输的技术。这种传输需要将信息提炼为信号，通过各种处理手段，由源端发送到宿端。比如，两个人的交谈需要先将想要传递的信息提炼为双方都熟悉的语言，通过发声传送给对方。当然，这种交流不限于语音，也可以是文字、符号、图片等。

一直以来，通信技术属于信息论的一种工程应用，以数学为基础，受限于通信设施，服务于用户需求，形成了独立的通信产业，有自己独特的产业链，从电子技术的芯片制造，到集成的终端设备、传输设备，再到复杂的通信协议设计与实现，最终形成一个完整独立的通信网络。

因此，通信技术与计算机技术是两个不同的行业，需要的学科知识和专业技能也完全不同：通信技术需要信息论、通信原理、通信网、电路基础等知识，而计算机技术需要体系结构、编译原理、数据结构等知识；通信技术需要硬件制造、网络搭建等技能，而计算机技术需要编程测试等技能。

但 20 世纪 70 年代以来，计算机时代重新定义了技术：万物皆计算。我们今天使用的个人计算机和终端，可以实现文档处理、科学计算、上网、游戏、音乐、视频等诸多的业务，除了特定的输入输出设备外，统统靠一块相同的 CPU 来完成。这些完全不同的业务在 CPU 那里都只是计算而已。这样，业务性能可能不仅仅涉及交互问题，更多的还涉及计算能力。

通信技术行业也正面临着相同的事情。

当乔布斯推出 iPhone 3 时,当时的通信专家们还目瞪口呆地怀疑没有按键如何拨打电话。事实上,乔布斯向全世界推出没有硬键盘按键的 iPhone 时,宣称这是兼容了语音通信、音乐播放器和网络浏览器的信息终端。在那一刻,信息技术与通信技术的融合已经迈出了第一步。

5G 产业链的变数

随着 4G 的深入,5G 的标准化进程不断推进,通信专家们之前没有想到的事情发生了:通信技术所独有的通信功能已经开始被计算所替代,通信软件化的时代到来了!

通信即计算

在交换技术上,由最早的电路交换到后来的分组交换,从人工插拔到智能网,电信交换机的发展见证了将体力进化到脑力,将计算进化到智能的过程。时至今日,电信交换机越来越智能,通信网络本身也正朝着 5G 时代的虚拟化、软件定义网络(SDN)的 C-RAN 和硬件白盒化、软件开源化的 O-RAN(Open Radio Access Network)发展。

1. C-RAN

因为对连接的需求激增,移动运营商一直在寻找使设备占用空间和成本最小化的方法。其中一种很直接的方式就是把基站的计算单元集中放置,通过中心化机房布置虚拟基站节点来架设 C-

RAN，并中心化控制远端的射频拉远单元（RRU）。C-RAN 这种配置有很多好处，最明显的好处是集群集中放置之后带来的功耗下降，可以大幅度降低运营商电价成本；另外一个好处是可以非常方便地完成接入网元的虚拟化操作，用以降低时延，并且可以完成用户平面数据和控制平面数据的分离。

如图 2-13 所示，A 是传统的控制和数据同时发送，B 通过毫米波基站传送用户数据，通过宏基站传送控制数据。控制和数据面的交互，可以通过 Open Flow 等软件来完成。其实，无线接入网中的 SDN 已经有了成熟的应用，这被称为 SON（Self-Organizing Network，自组织网络），但是和我们这里提到的应用方式有些不同。

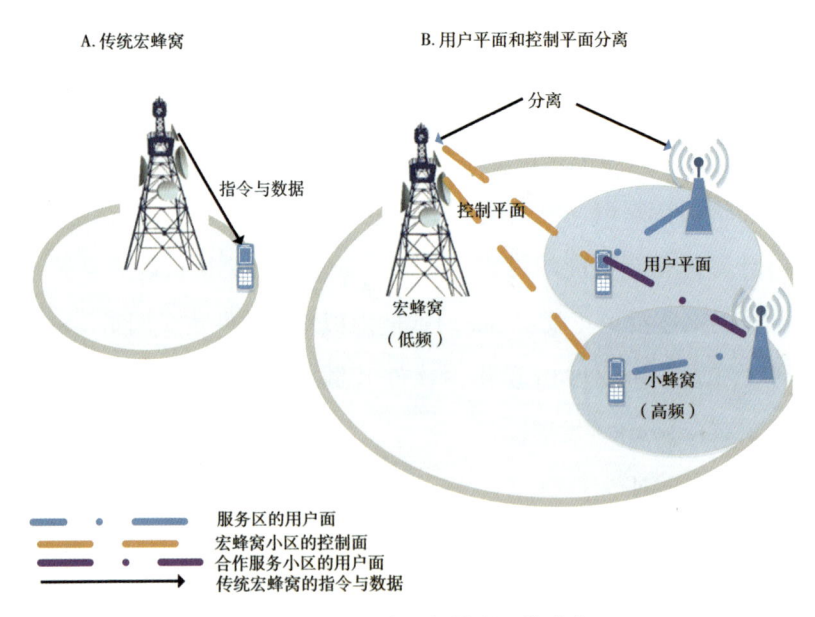

图 2-13 用户面与控制面的分离

2. O-RAN

运营商认为 C-RAN 已经是本代网络通信中的一个非常重要的特性，他们将预期的下一代网络结构称为 O-RAN。O-RAN 的主要目标是促进基站接入单元的虚拟化和进一步开放，让现有的用以接入网络计算的专用计算架构可以被 x86 这种通用计算架构替代，并且打破通信行业固有的硬件壁垒，实现虚拟网元和软件的开源化，进一步促进无线通信本身的发展。

图 2-14 展示了 5G 通过网络层、资源层、能力层和应用层构建能力开放架构，实现硬件的模块化、标准化和软件的进一步开放，以满足用户的多元化、智能化需求。

从这一角度来说，通信的发展离不开计算结构的创新。

2018 年 2 月，西班牙巴塞罗那世界移动通信大会（Mobile World Congress，MWC）期间，中国移动、美国 AT&T、德国电信、日本 NTT DOCOMO 和法国 Orange 五家运营商，共同发起了 O-RAN 联盟。2019 年 6 月，上海世界移动通信大会期间，中国移动、美国 AT&T、德国电信、日本 NTT DOCOMO、法国 Orange、印度 Bharti Airtel、中国电信、韩国 SKT 和 KT、新加坡 Singtel、西班牙 Telefonica 和澳大利亚 Telstra 等 12 家运营商宣告 O-RAN 联盟正式成立。截至 2019 年 9 月，O-RAN 联盟已有超过 100 家成员企业，其中包括 21 家全球主要电信运营商和 82 家贡献者产业链企业。产业链企业既有传统的通信企业，也有很多 IT 企业。

O-RAN 联盟的愿景是打造"开放""开源""智能"的高灵活、低成本无线网络。具体来说，就是实现无线接入网的"新四化"：

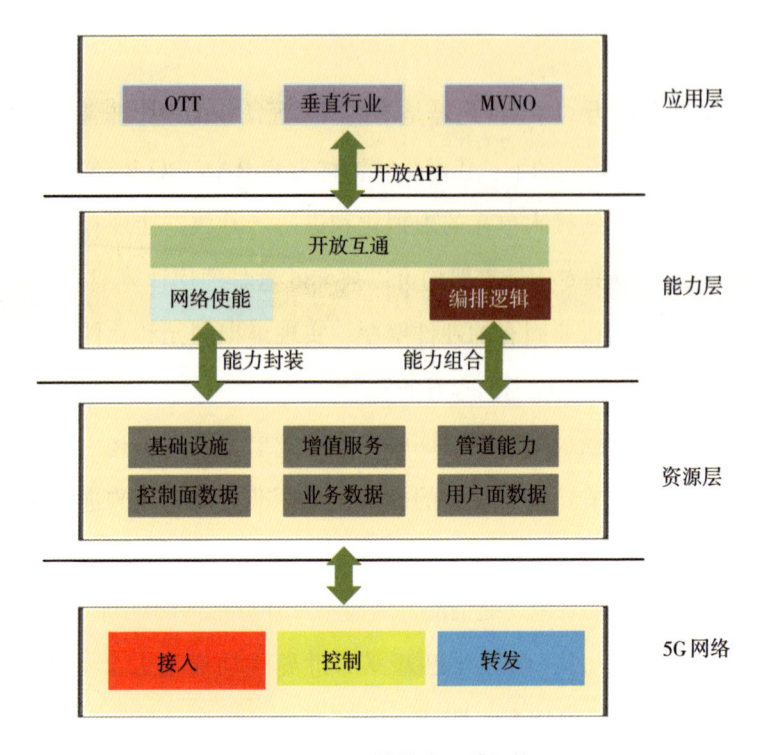

图 2-14　5G 的能力开放架构

- 接口开放化：开放原有封闭接口，降低对区域性单一厂商的依赖性。
- 软件开源化：开源无线协议栈，降低研发成本，让企业把更多精力聚焦到核心算法和差异化功能业务的研发上。
- 硬件白盒化：将传统 BBU 硬件用通用 COTS 服务器代替；将软件定义无线电技术和通用硬件引入 RRU，让更多中小企业参与竞争。
- 网络智能化：对 RAN 开放和解耦，引入大数据、人工智能等技术，提高运维管理水平，提升频谱资源利用率，降低网络能耗。

2019年9月，沃达丰（Vodafone）启动TIP（Telecom Infra Project，电信基础设施项目）联盟的OpenRAN试验，以引入一批新的2G、3G、4G和5G技术供应商，可望增加电信设备供应商的数量，从而改善供应链的弹性。TIP联盟是2016年由脸书发起的，旨在基于开源软/硬件部署电信网络，现已有超过500家成员，包括运营商、设备商、芯片商、IT商和系统集成商。

运营商大力推动O-RAN的主要目的，是打破传统设备商的技术封闭，让更多企业参与到接入网设备的研发和制造中，从而降低设备成本。

在5G时代，这个需求对于运营商来说更加迫切。首先，5G的电信设备建设规模庞大，预计将是4G的1.5~3倍，投资规模巨大；其次，目前运营商的资金非常紧张，4G投资还没收回来，又要大规模投入5G，使得运营商对设备成本越来越敏感；最后，设备供应商的合并使得主要厂商只剩下华为、爱立信、中兴和诺基亚四家，运营商的选择余地不大。

从技术上看，信息技术与通信技术的融合，以及C-RAN架构都使得ORAN成为可能。从产业上看，O-RAN的本质是运营商和设备商之间的利益博弈。

O-RAN所倡导的开放生态，肯定是未来通信网络发展的趋势，不过在这之前还需要一个漫长的过程。

5G 的安全性

5G 是一个通信技术与信息技术高度融合的技术产物，在此之前，通信技术一直是相对封闭的。我们经常听说计算机终端或者计算机网络受到了病毒、木马等的安全攻击，但鲜有听说电信网络受到攻击。事实上，只要是网络就有缺点，电信网络在历史上曾经有过很多被黑客攻击的案例。

从 20 世纪 70 年代起，黑客们逐渐开始关注电信网络。1970 年，约翰·德拉浦（John Draper）发现"嘎吱船长"牌麦圈盒里的口哨玩具吹出的哨音可以开启电话系统，口哨产生的 2600 赫兹声波可以欺骗电话交换机，系统收到这个频率的信号后以为通话中断便停止计费，于是用户可以继续打免费的电话。约翰使用了一个名叫"蓝盒子"（Blue Box）的装置，用来破解电话系统的工具，内建电子零件，可模仿电信运营商的拨话控制讯号来拨打免费电话。每次拨通电话就吹口哨，"蓝盒子"可以准确地发出不同频率的哨音，而且能在美国各地的电话机上使用，实现不花钱打电话。直到 1972 年，电话公司发现约翰的账单很奇怪：每次通话都只有短短一两秒。后来约翰被判入狱 2 个月。后人各种各样的入侵电话网络行为都可以追溯到约翰·德拉浦，他是开盗打电话先河的鼻祖，是现今电脑黑客心目中病毒入侵的始祖。这些采用最古老的网络入侵技术盗用电话线路的人，被称为电话飞客。

2016 年 11 月 27 日（周日）17 点左右，德国电信发生了断网事故，超过 90 万路由器无法联网，断网现象持续数个小时；周一上午 8 点，再次出现断网问题；中午 12 点，德国电信在脸书上发出通告称问题已经解决，但其用户反映无法联网的问题依旧存在。

根据德国媒体 abendblatt.de 报道：

> 德国联邦信息技术安全局（BSI）发现，在某个全球范围内的攻击发生之后，德国电信路由器出现了无法联网的问题。根据 BSI 的说法，在受保护的政府网络中也发生了上述攻击，但得益于有效的保护措施，政府网络受到的攻击被击退。

当时德国电信客服部门建议用户断开设备，等待 30 秒，重启路由器。在启动过程中，路由器将从德国电信服务器上下载最新固件。如果这个方法无法让路由器恢复连接，那么建议将路由器从德国电信网络彻底断开。除此之外，德国电信还提供免费移动网络，直至技术问题解决为止。实际上德国电信并没有公布这次网络攻击的技术细节，甚至连究竟有哪些路由器受到影响都没提。有专家推测这次攻击应该是恶意软件阻止了路由器连接到德国电信的网络。不过 SANS ISC（SysAdmin, Andit, Netwok, Security, Internet Storm Center，审计网络安全协会安全事件响应组织）的安全专家周一早晨发布了一篇报告指出，针对 Speedport 路由器的 7547 端口进行 SOAP（Simple Object Access Proto，简单对象访问协议）远程代码执行漏洞的扫描和利用，近期发生了急剧增长；而 Speedport 路由器正是德国电信用户广泛使用的型号。报告中还说，德国电信与 Eircom（爱尔兰运营商）为用户提供的路由器都存在漏洞——这些路由器是由 Zyxel 和 Speedport 制造的，另外可能还有其他制造商。这些设备将互联网端口 7547 暴露给外部网络，漏洞利用过程基于 TR-069 和相关的 TR-064 协议来发出命令，原本 ISP 运营商是用这些协议来远程管理大量硬件设备的。来自 BadCyber 的研究人员分析了攻击中的恶意负载，发现就是源自一台已知的 Mirai C&C 服务器。为了感染尽可能多的路由器，恶意程序包含了 3 个独立的利用文件，其中两个为那些采用 MIPS 芯片的设备准备，另外一个则是针对采用 ARM 芯片的路由器。恶意负载利用漏洞来开启远程管理界面，然后使用 3 个不同的默认密码来尝试登录。攻击过程随后会关闭 7547 端口，以阻止其他程序控制设备。代码中的登录用户名和密码经过了混淆，和 Mirai 所用的算法一致。C&C 服务器也在 timeserver.host 域名下——这也是一台 Mirai 服务器，而且连扫描 IP 的伪随机算法看起来都直接复制了 Mirai 的源码。

上述案例都是针对电信网络应用中的缺陷而攻击，范围有限。但随着网络终端的 IT 化，各种计算机终端的病毒和木马也大量出现在通信终端上。随着 SDN（Software Defined Network，软件定义网络）等技术的普及，传统计算机网络的各种问题也在现代电信网络中大量出现。

5G 产业链如何重构

经济的良性发展离不开好的产业结构，产业链不是一成不变的，在每一代移动通信时代，产业链都有着变化。

在 2G 时代和 3G 前期，以语音短信通信为主，业务运营商还没有大行其道，那时分为 CP（内容提供商）和 SP（服务提供商）。内容提供商会提供一些短信、彩信、图片等内容，而服务提供商则负责通过各种方式接入电信网络连接用户，提供服务号。此时，产业链虽然长，但重点是移动通信运营商。

在 3G 后期和 4G 时代，因为数据通信业务的大发展，移动运营商被边缘化，成为"信息管道"，产业链的重点转移到移动终端和业务运营商。以苹果手机为代表的智能手机和以字节跳动、滴滴出行为首的移动互联网业务运营商占据了产业链中的信息高地。

从目前产业链的发展情况看，ICT 行业的垄断特性越来越明显，资源越来越集中，这不但体现在各个环节的公司越来越少，而且体现在下游客户的聚集度越来越高。如全球范围内具有一定规模的电信设备商只剩下 5 家；韩国的即时通信应用 Kakao Talk，用户占有率达到了 95%。而 5G 时代，独立组网模式与 4G 不兼容，这虽然带来了重新洗牌的机遇，但垄断进一步加剧的趋势已不可阻挡。

5G 的商用前期还是会以消费互联网为主，同时进一步扩大传统移动互联网在消费领域的优势；商用后期则瞄准产业互联网，会在各行各业遍地开花。所以，5G 时代产业链的重点将是信息终端和业务运营商，同时向提供差异化服务的移动通信运营商倾斜一些。

这里之所以说信息终端，是因为面向人的服务，肯定是以手机终端为主；但面向物的服务，各个行业的需求不同，应用场景不同，会产生很多专业性很强的信息终端制造商和针对某个行业的业务运营商。

另外，5G 网络因为基站数量大幅度增多，所以移动通信运营商会拓宽建设渠道，引入新的站址资源，如市政的灯杆、电力的铁塔等，横向发展产业链。

下面将论述 5G 标志性的手机终端和灯杆基站。

手机终端

通信与计算硬件的结合越来越紧密，最显著的影响体现在手机上。在 5G 时代，手机本身也将有大幅度改进。

Opensignal 公司 2019 年 4 月 1 日至 6 月 30 日的统计显示，三星、华为、苹果是全球化最好的三个手机品牌，而索尼、摩托罗拉等品牌手机地域性很强，新兴的小米、OPPO、vivo 和 Real ME 品牌则刚刚开启国际化道路。在 5G 时代，终端有三点变化值得我们关注：多摄像头、OLED 和专业终端。

在屏幕厚度上，OLED 可以控制在 1 毫米以内，而 LCD 屏幕厚度通常在 3 毫米左右；OLED 屏幕的液态结构可以保证屏幕的抗衰性能，可以实现超大范围内观看同一块屏幕时画面不会失真，而且具有 LCD 所不具备的广视角；另外，OLED 屏幕在反应速度上是 LCD 屏幕的千分之一；并且 OLED 屏幕耐低温，可以在 $-40℃$ 环境下正常显示内容，发光效率更高、能耗低。这些优势使 OLED 成为下一代手机终端的发展趋势。但在实际使用中，还有诸多问题需要解决。

2019 年，三星 Galaxy Fold 折叠手机在上市前就频频被吐槽。在正式发售前，三星将一些评测机提供给媒体试用，但媒体均给了差评。The Verge、CNBC 等多家媒体表示，在使用三星 Galaxy Fold 评测手机时出现了很多问题，如手机屏幕破裂、屏幕闪退等；此外，还有在折叠处出现凸起、屏幕易变形等问题。The Verge 甚至非常犀利地称，该款手机是"一个破碎的梦"，只给其 4 分的评分（满分为 10 分）。

在韩国国内正式商用后，三星 Galaxy Fold 折叠手机开始还非常惊艳，但马上就被用户吐槽。由此可见，OLED 技术任重而道远，还有很多具体的技术和工艺问题需要解决。

之所以说 5G 是一个历史性的革命技术，主要是因为它将通信技术与信息技术深度融合，而且可以作用于运营技术。区别于之前的通信系统，5G 系统设计不再封闭，而是利用 NFV（Network Function Virtualization，网络功能虚拟化）技术将这些能力开放给开发者和使用者。这个系统一旦被打开，后面将形成一个以前从未设计也无法预测的新业界形态。

灯杆基站

5G 基站有着使用高频通信及支撑大容量高速度的需求，因此需要大量微小基站完成更密集的网络覆盖。谋求共建基站，是 5G 新建基站的一个思路。

灯杆作为均质化存在的城市基础设施，备受青睐。一杆多用的智慧灯杆（见图 2–15）不仅节约能源，而且可以减少对城市土地的占用，促进资源的高效利用；同时，在一些城市，街头智慧灯杆还具有气象站、空气质量监测站等功能，兼顾了环境保护需求。如果说智能音箱正成为家庭智能生活的一个入口，智慧灯杆则可能成为新一代城市信息基础设施的重要入口与节点。

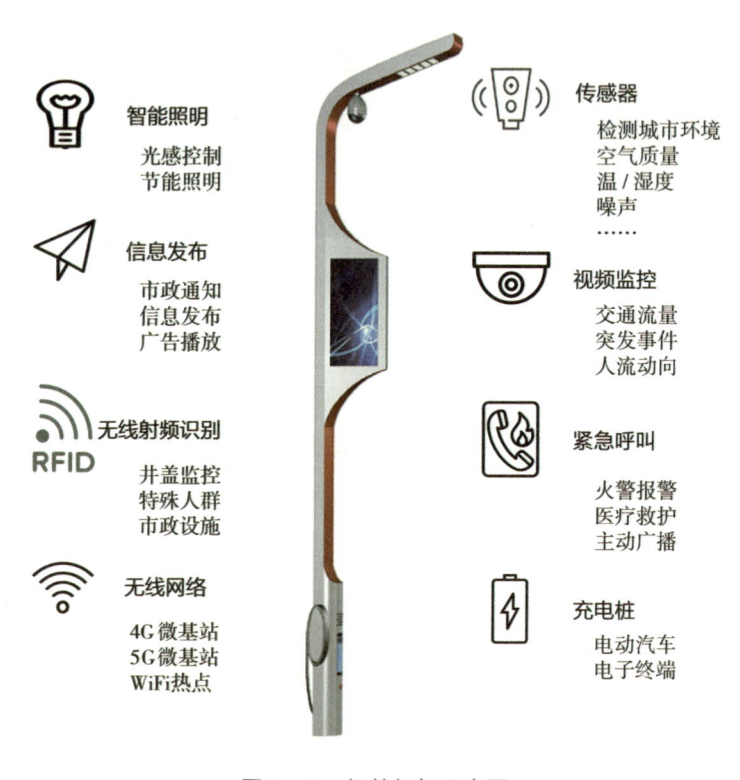

智能照明
光感控制
节能照明

信息发布
市政通知
信息发布
广告播放

无线射频识别
井盖监控
特殊人群
市政设施

无线网络
4G 微基站
5G 微基站
WiFi 热点

传感器
检测城市环境
空气质量
温/湿度
噪声
……

视频监控
交通流量
突发事件
人流动向

紧急呼叫
火警报警
医疗救护
主动广播

充电桩
电动汽车
电子终端

图 2-15 智慧灯杆示意图

现阶段 5G 基站难普及，主要是因为用电量大、基站密度对站址需求高，以及基站过重等问题。针对这些问题，智慧灯杆的出现无疑是一大救星。近年来各地政府也纷纷出台相关政策规划，支持智慧灯杆的建设投入，实现"多杆合一"。5G 微基站的需求也逐渐清晰，智慧灯杆赶上了风口。

2015年，美国AT&T公司和通用电气携手为美国加州圣地亚哥市3200个路灯安装了摄像头、麦克风和传感器等设备，使其具有了寻找停车位、侦测枪声等功能；洛杉矶市为路灯引入声学传感器和环境噪音监测传感器以侦测车辆碰撞事件，并直接通知应急部门。随后，全球诸多国家都开始关注路灯设施的再利用。2016年，我国智慧路灯杆也曾在很多省市地区落地试点，但2017—2018年进展缓慢，主要原因是赢利模式尚不清晰和运营归属权限不明确。

2019年4月，我国颁布了《关于2019年推进电信基础设施共建共享的实施意见》，指出"鼓励基础电信企业、铁塔公司集约利用现有基站站址和路灯杆、监控杆等公用设施，提前储备5G站址资源"。随着5G商用牌照的发放，智慧灯杆解决方案用于5G基站建设再次被推到了前台。

2019年8月8日，广东省发布了《智慧灯杆技术规范》，对智慧灯杆系统设计、施工、检测与验收、运行和维护等做出规定，这是全国第一个省级"5G智慧灯杆标准"。

目前，华为、诺基亚都推出了智慧灯杆基站。例如，华为推出智慧灯杆解决方案——PoleStar2.0，支持5G移动通信、智慧照明、智能监控、物联网、车联网、智慧环保和城市信息发布等多种业务。另外，中国铁塔也进行了5G灯杆基站的建设，中国铁塔董事长佟吉禄在2019年8月7日的财报会议上称，目前已经接到运营商关于5G（基站）的建设需求6.5万个，"今年建设主要是通过现有的铁塔改造实现，预计全年我们会接到 10 万的建设需求。随着 5G 更大规模的布局，一定会有更多新建的出现，5G 的收入贡献是一个逐渐增加的过程"。

  虽然在政府的推动下，灯杆基站会有一定的起色，但最核心的主导、利益、运营问题依然没有解决。灯杆基站涉及的市政、气象、交通、城市建设、广告管理等不同领域，隶属于不同的国家机构和管理部门，仍需要继续探索新模式。

第三部分

5G 技术赋能未来生活

香农先生将通信技术用数学进行了完美的描述，指明了发展道路，同时也给出了边界条件。一直到5G，我们还是在他定义的范畴内将公式变成系统，将符号变成信号，将梦想变成现实。5G的梦想是"信息随心至，万物触手及"，这不但延续了之前高速率传输的特点，而且将物体连接作为自己的使命。为此，5G准备了eMMB、mMTC和uRLLC三个场景；5G还应用了近几年最新的技术成果，如大规模天线阵列、极化码等；5G还开辟了新战场，如毫米波波段；5G还引入了新理念，如切片技术、边缘计算等。所有的这些努力，都是为了让不断丰满的现实可以撑起无尽的梦想。

技术创新打造 5G 新物种

通信的目的是进行信息交换。从技术角度来说，衡量一个通信系统的指标有三个：有效性、可靠性和安全性。比如，寄一封邮件，有效性是说需要使用多少文字才可以将要传递的信息表达清楚——用的字越少，有效性越高；可靠性是说将邮件投递出去，对方收到的可能性有多大，毕竟中间的网络传输会有一些干扰等不确定性因素——收到的可能性越大，可靠性就越高；安全性是说邮件在传送过程中有没有被别人篡改、窃取或者偷窥的现象发生——只给指定的人看完整准确的信息，也就达到了安全性的目的。简单地说就是，要花费多少资源才能完成通信、通信过程是不是易受不确定因素影响、通信过程是不是足够安全。

虽然说衡量一个通信网络的指标包括描述能接入多少用户的网络容量、描述用户所能体会到的速度的网络速率、系统资源的利用率、通信系统的安全性等，但在实际应用中，通信系统和通信网络的衡量指标会更加广泛，例如精准性、经济性和交互性等。在有线电话通信时代，精准性是以物理位置为基准的，可以利用一个固定电话号码准确地定位到一个物理地址，但无法准确地定位到某个人；而在移动通信时代，就有了定位到人的可能性。至于经济性，2G、3G 时代数据流量套餐约为 1 元每 MB，在 4G 时代套餐普遍是 1 元每 GB，在 5G 时代初期套餐的价格可能较贵，后续性价比肯定会有所提升。

4G 本身是比较成功的，它已经建立了一个技术底线。那么，怎么从浩如烟海的通信理论中找到可用的技术方案，据此提出标准提案，并让所有这些标准组合起来的整个系统性能达到国际电信联盟对 5G 提出的目标呢？更重要的是，还要同时实现公司利益最大化。这或许是 2015 年 8 月以来参与制定 5G 标准的各大公司最头疼的事了。

不同公司有不同的选择。有实力的通信公司会选择自己预研先进的通信技术，预先布局，然后根据自己的技术积累做出提案；而没有实力做太多预研的公司，或许需要考虑从自己利益最大化的角度来选择提案支持。

5G 的核心技术

不过总体来说，有几种新技术是大家都看好的，也是被普遍提及的，包括毫米波（mmWave）、大规模天线阵列（massive MIMO）、网络功能虚拟化（NFV）、网络切片、边缘计算、超密集组网等。

同时，优化 4G 系统的过程也衍生出了很多新的设计方案，所以从目前公布的第一个 5G 标准 Release 15 来看，整个 5G 的调整如表 3-1 所示。

表 3-1　5G 新技术及其调整

新技术/调整	优点	新技术/调整	优点
sub 6G/毫米波频段	可以获得更高的峰值速率	先进信道编码（LDPC/Polar）	降低信号处理算法复杂度
大规模天线（先进波束赋形）	信道容量更大/覆盖更远	LTE/NR 载波聚合	更高的数据传输速率
极简载波	降低时延，降低干扰	微波/接收回传一体化	降低密集基站部署难度
可变帧结构与可变命理	降低时延，提高频谱利用率	波束管理/多扇小区	覆盖更远
	支持多种带宽和场景	网络虚拟化/切片	降低功耗，降低时延
边缘计算	降低时延	C-RAN	降低功耗，提升系统可行性

注：边缘计算、C-RAN 目前并未在 Release 15 中定义。

如果要详细解释这些技术和调整，需要从头讲起。

5G 的设计理念与 4G 不同，其核心技术都是为了支持三大场景而进行的小创新的叠加，如：

- 为了支持多业务、多场景，需要支持多参数集、灵活帧结构配置和调度，采用灵活 TTI（Transmission Time Interval，传输时间间隔）设计、灵活波形等关键技术。
- 为了支持高速率传输和更优覆盖，需要采用新型信道编码方案、大规模天线等技术。
- 为了支持低时延、高可靠，需要采用短帧、快速反馈、多层/多站数据重传技术。

- 5G 采用全新网络架构，利用超密集组网、网络切片和边缘计算等新技术，快速开发定制化业务流程，这种业务能力是 4G 系统无法实现的。

5G 九大指标

5G 的愿景有 10 个字："信息随心至，万物触手及"。如图 3-1 所示，这个愿景以人为中心，从穿戴式设备到移动终端，从家居环境到工作场地，从医疗教育到工业农业，从金融交通到环境保护……5G 希望从内到外、从个体到世界都能提供信息连接。

这些愿景在 1G、2G、3G 和 4G 时代只能说部分实现了，而 5G 的雄心更大："信息随心至"指的是以人为服务对象，以信息世界为资源池，可以随心所欲地获得任何信息；"万物触手及"指的是以物为资源池，可以任意感受到物的存在。移动互联网和物联网两大时代发展趋势跃然纸上，万物互联就在眼前！

5G 对性能指标提出了著名的"5G 之花"，如图 3-2 所示。用户最关心的是其中的"六个花瓣"，从移动性、峰值速率、体验速率、空口时延、流量密度、连接数密度 6 个方面给出了指标，用户可以据此选择合适的设备和服务，而开发者也可以据此选择合适的场景。"三片绿叶"则是从频谱效率、成本效率、能效对设备商和运营商提出的要求。除了成本效率外，其他 8 个指标在 4G 与 5G 中的对比如表 3-2 所示。

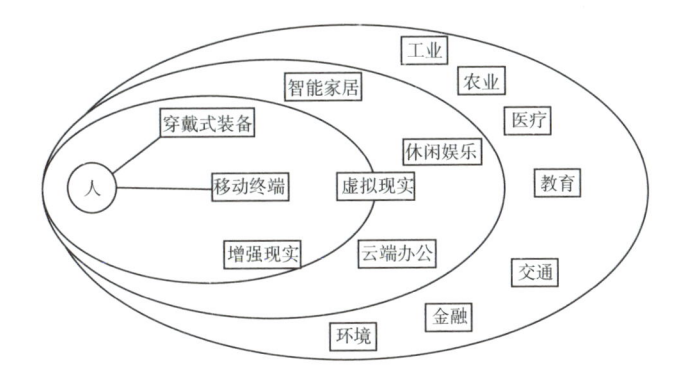

图 3-1　5G 愿景示意图

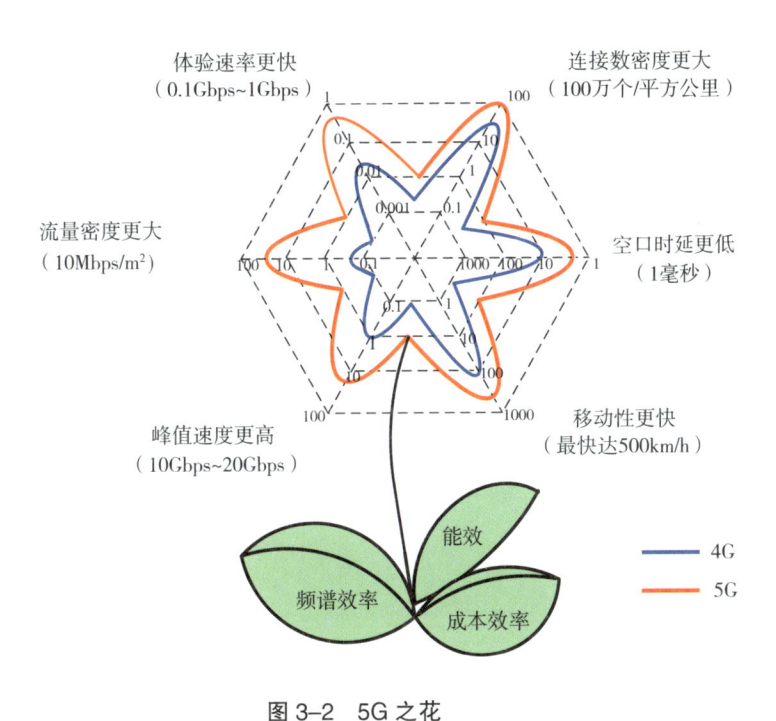

图 3-2　5G 之花

表 3-2　5G 与 4G 的指标差异

	峰值速率（Gbps）	用户体验速率（Mbps）	频谱效率（相对IMT-A的提升）	移动性（公里/小时）	时延（毫秒）	连接数密度（个/平方千米）	流量密度（Mbps/平方米）	网络能量效率（相对IMT-A的提升）
5G	20（注：常规要求：10Gbps特定场景：20Gbps）	100（注：部分场景10Gbps）	3x	500	1	10⁶	10	100x
4G	1	10	1x	350	10	10⁵	0.1	1x

峰值速率是指可以达到的最高传输速率。因为在移动通信系统中，基站能量往往大于用户终端能量，所以从基站传输到用户终端的速率（称为下行速率）一般大于从用户终端传输到基站的速率（称为上行速率），而峰值速率指的是下行速率。4G 最高是 1Gbps，而 5G 在特定场景下极限可以达到 20Gbps，这为大带宽高速率业务开启了无限的想象空间。

用户体验速率是指单用户终端连接网络的速率，受限于上行速率和网络能力。4G 中为 10Mbps，5G 普遍能达到 100Mbps。在 5G 建成后，如果只有一个用户，该用户终端的速率将远远超过用户体验速率；但随着用户数量的增多，这个速率将会下降！用户体验速率对于大带宽是非常重要的。

频谱效率是指每模拟频率宽度上能传输多少数字信息量，也就是 bps/Hz，这可以通过通信理论计算出来，主要取决于信道编码方式、调制方式和天线的使用。5G 的频谱效率将比 4G 提高 3 倍，在已经非常接近香农极限的今天，能有如此高的提升，实在是难能可贵！

移动性是指用户在多大的移动速率下仍然可以顺利地接入网络、收发信息。今天，中国高铁速度一般在每小时 350 千米之内，我们平时在高铁上连接 4G 网络还是比较通畅的，但下一代高铁时速将接近 500 千米，网络连接则非 5G 莫属了。

时延是指用户信号在接入网、核心网内传送的总时长。在移动速度越来越快、精度要求越来越高的今天，时延指标尤为重要。失之毫厘，谬以千里，对于 350 千米时速的高铁，每秒将行驶 97 米，信令传输每延误 1 秒，则很可能会带来无法弥补的损失。4G 时延的设计指标是 10 毫秒，5G 则缩短到 1 毫秒。

连接数密度是指每平方公里接入网络的设备数量，这主要是面向物联网的海量设备来说的。在 4G 中，每平方千米可以接入 10 万个终端，而 5G 则扩大了 10 倍，达到 100 万个终端。连接数密度这个指标对于未来万物互联是非常重要的。

流量密度是指每平方米的网络流量。刚刚提到的连接数密度可以确保接入设备数量足够多，但接入后能否提供足够多的流量，就取决于流量密度了。5G 的流量密度是每平方米 10Mbps，比 4G 提高了 100 倍。按照每平方千米接入 100 万个终端来算，平均每个终端会拥有 10Mbps 的流量，这对于目前只有数十 Kbps 的物联网设备来说，实在是太奢侈了！

网络能量效率则是指在单位功耗下的信息传输能力，5G 比

4G 提高了 100 倍。这个指标在信息技术行业中也同样非常受关注，如 www.top500.org 每年进行两次全球超级计算机排名，其中的一个指标就是单位功耗下的计算量。从这一点可以看出，无论是通信还是计算，对功耗的要求都很重视，通信技术与信息技术在这个指标上的诉求是一致的。在 5G 时代，万物皆计算，当通信可以用计算来表示的时候，这两个指标是等价的。

最后，在表 3–2 中没有列出，但在 5G 之花中提到的成本效率，是指运营商更多关注的经济性，是希望在网络中复用更多的功能单元，降低通信设备成本，从而增强通信的经济竞争力。

通过对这些技术指标的分析，专家们最初将 5G 分成了面向技术指标的 8 种典型技术场景：

- 以办公室为代表的大流量密度场景
- 以密集住宅为代表的高用户体验速率场景
- 以体育场为代表的大上传流量大连接数场景
- 以露天集会为代表的海量连接场景
- 以地铁为代表的超高用户密度场景
- 以城市快速路为代表的低时延场景
- 以下一代高铁为代表的超高速移动场景
- 以郊区为代表的广域覆盖场景

通过对这些典型技术场景的特征进行归纳和改进，来形成技术实现路径。在最终的 5G 标准中，基于技术指标，形成了面向应用的三大场景。

5G 三大应用场景

根据应用业务和信息交互对象的不同，5G 分为三大应用场景：

- 增强移动宽带（enhanced Mobile Broadband，eMBB）
- 海量机器类通信（massive Machine Type of Communication，mMTC）
- 超高可靠低时延通信（Ultra Reliable & Low Latency Communication，uRLLC）

增强移动宽带：是 4G 对个人用户业务的延续，提供大带宽高速率的移动服务，主要面向 3D/超高清视频、AR/VR（增强现实/虚拟现实）、云服务等应用。

海量机器类通信：是面向广域低功耗覆盖的物联网服务，主要面向智能家居、智慧城市等应用。

超高可靠低时延通信：是面向高速移动的新一代高铁、车联网和工业环境下的应用服务。

如图 3-3 所示，5G 的三大应用场景均有各自典型的业务，各有分工，互为补充，将移动通信从个人业务延拓到工业环境。"4G 改变生活，5G 改变社会"主要是从应用场景的扩展上来说的，而更深层次的是 5G 这个新的网络基础设施将重构传统经济体系，给社会带来意想不到的跨越式进步。

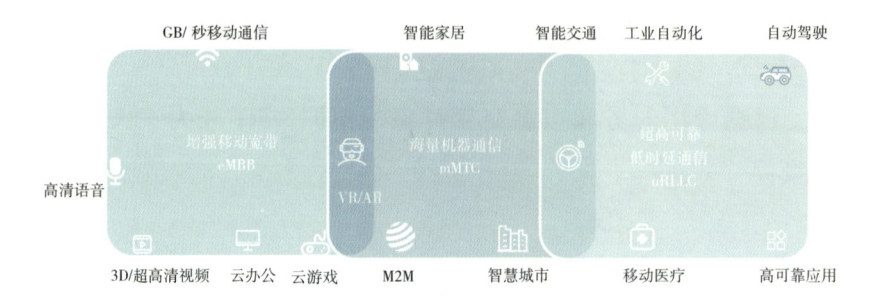

图 3-3　5G 的三大应用场景

5G 标准化进程

任何广泛使用的技术应用，都需在使用人群范围内实行统一标准并有效的推行。标准化的建立有利于建立统一的大产业生态，从生产到运输再到市场都按部就班，以最小成本和最高效率完成，减少内耗。普及性越高的产业，对标准化的要求也就越高，通信行业更是如此，全世界 50 亿移动电话用户要实现互联互通，依靠一个电话号码就可以顺畅地联系到其他人，标准化功不可没！

重要的标准化组织

全球范围内成立的各种电信标准化组织需要进行目标制定、标准遴选、决策发布等大量工作，以推动电信技术应用的标准化和计划的良好运行，这对电信行业的影响是巨大的。发展了百余年的电信行业面临着越来越复杂的技术、越来越庞大的网络，必须制定全行业通识的标准，这个工作就交给标准化组织。标准化组织的组成不同，任务不同，有的是以国家为代表的，有的是以公司单位为代表的；有的组织有非常明显的技术倾向性，而有的组织则与时俱进，技术范围较广。

国际电信联盟

全世界通信标准的权威是国际电信联盟（ITU），它是联合国负责电信事务的专门机构，是一个政府间国际组织，现有 193 个成员国，700 多个部门成员，总部设立在瑞士日内瓦。1865

年 5 月 17 日，国际电信联盟的前身国际电报联盟（International Telegraph Union，ITU）宣告成立，1934 年，正式更名为国际电信联盟，1969 年国际电信联盟的成立日——5 月 17 日被定为"世界电信日"。国际电信联盟由全权代表大会、理事会、总秘书处和无线电通信部门（ITU–R）、电信标准化部门（ITU–T）、电信发展部门（ITU–D）组成。其中，国际电信联盟无线电通信部门（ITU–R）共设有 7 个研究组，负责无线电频谱和卫星轨道的管理工作；国际电信联盟电信标准化部门（ITU–T）共设有 13 个研究组，负责制定 ITU–T 建议书的国际标准；ITU–D 设有两个研究组，承担了国际电信联盟专门机构和项目执行机构的双重职责。

我们说的 5G 就是由国际电信联盟权威发布的 IMT–2020，所有电信设备制造商、手机终端厂家都要按照这个标准来组织生产，所有电信运营商都要按照这个标准来建设和运营网络。

3GPP

3GPP 成立于 1998 年 12 月，目前有欧洲电信标准化协会（ETSI）、美国通信工业协会（TIA）、日本电信技术委员会（TTC）、日本无线工业及商贸联合会（ARIB）、韩国电信技术协会（TTA）以及中国通信标准协会（CCSA）6 个组织伙伴（OP），300 多家独立成员，还有 TD–SCDMA 产业联盟（TDIA）、TD–SCDMA 论坛、CDMA 发展组织（CDG）等 13 个市场伙伴（MRP）。3GPP 最初是为第三代移动通信系统 UMTS（Universal Mobile Telecommunications System，通用移动通信系统）制定全球适用技术规范和技术报告，后来增加了对 UTRA（Universal

Terrestrial Radio Access，通用地面无线电接入）和 LTE（Long Term Evolution，长期演进技术）的研究和标准制定。3GPP 制定的标准规范以 Release 作为版本进行管理，平均一到两年就会完成一个版本的制定，从建立之初的 R99，之后又从 R4 开始，现在已经发展到 R16 和 R17 了。目前，3GPP 正在为 5G 做标准制定。

3GPP2

3GPP2（3rd Generation Partnership Project 2）全称是"第三代合作伙伴计划 2"，成立于 1999 年 1 月，由美国通信工业协会、日本无线工业及商贸联合会、日本电信技术委员会、韩国电信技术协会 4 个标准化组织发起。中国无线通信标准组（CWTS）于 1999 年 6 月加入 3GPP2。因为受到拥有多项 CDMA 关键技术专利的高通公司的较多支持，所以 3GPP2 致力于 CDMA2000（Code Division Multiple Access 2000）系统的标准化。3GPP2 目前没有参与到 5G 的标准研发中。

IEEE

IEEE（Institute of Electrical and Electronics Engineers）全称是电气电子工程师协会，是美国的一个电子技术与信息科学工程师协会，也是世界上最大的非营利性专业技术学会。IEEE 致力于电气、电子、计算机工程和与科学有关的领域的开发和研究，在航空航天、信息技术、电力及消费性电子产品等领域已制定了 900 多个行业标准，现已发展成为具有较大影响力的国际学术组织。历史上，IEEE 推出的 802.16 系列曾经入选国际电信联盟的 3G 标准，而 802.11 系列则是全球无线局域网的事实标准。

3GPP 从 R16 到 R17 的进展计划

5G 标准的主要制定者是 3GPP，由 R15、R16、R17 三个版本组成。

3GPP R15 已经在 2019 年 3 月 22 日完成了最终方案的冻结，2019 年 6 月 7 日完成了协议栈冻结，至此，eMBB 标准化产品可以正式下线了。下面介绍 R16 和 R17 将要进行的工作。

R16

R16 最早将于 2019 年 12 月结束讨论，将在 2020 年 3 月 20 日进行方案冻结，并于 2020 年 6 月 19 日进行协议栈冻结。

R16 版本将针对移动宽带通用系统进行改进和增强，并关注垂直产业的应用，特别是定位技术、MIMO（Multipe Input Multipe Output）增强技术和功耗改善技术。对于垂直产业，R16 将关注三个不同的支柱型产业：汽车产业、工业物联网产业以及非授权频段运营产业。

在汽车产业，将对现有的 LTE-V2X 技术进行升级，增加在低时延应用领域的高级功能。

在工业物联网产业，因为工业自动化技术是未来 5G 技术的重要应用，因此 R16 将努力确保无线技术涵盖所有垂直行业内工业自动化所需的所有功能。这不但需要引入 TSN（time sensitive networking，时间敏感网络），而且需要对现有的高可靠低时延（uRLLC）技术进行增强，以确保 5G NR（New Radio，新无线）可以完全替代当前使用的有线以太网。

在非授权频段下进行 5G NR 的运营将会有更大的发展机会。目前，在一些国家和地区已经出现了将某些非许可频段分配给垂直产业使用的案例。R16 不但会关注 LTE 拥有已获得许可的辅助访问方案，也会关注独立的非授权频谱下的运营方案。

R17

2019 年 6 月，3GPP 开始了 R17 的讨论，9 月对其内容进行了一些调整，将于 2019 年 12 月决定 R17 的标准范围并于 2020 年正式启动其进程，预计于 2021 年 6 月完成物理层标准制定，2021 年 9 月完成最终标准制定。

因为目前还没有确定对 R17 的讨论范围，所以各方集思广益，从以下 15 个方面进行探讨。

- NR 灯技术。这是一个中间层 NR 的功能，将重点讨论其节能技术，将会用于安全摄像头和可穿戴设备的高端 MTC（Machine-Type Communications，机器类型通信）设备。
- 小型数据传输优化技术。这项技术将重点讨论如何在上行链路和下行链路方向上考虑利用物联网应用案例来进行优化。
- 边缘连接增强技术。这项技术将用于设备之间的直接通信，主要用于汽车以及紧急通信，但也可以将其直接用于智能手机之间，使用的频段将涵盖 5G 的所有频段。
- 更高频段的研究。在 R15 版本中，已经研究了 52.6GHz 的频谱，在 R17 版本中，将进一步提高到 114GHz，并对潜在可用的波形进行深入研究。这些技术将在 R18 版本中进行标准化工作。

- 多 SIM 卡操作技术。目前，已有许多多 SIM 卡设备投入商用，制定标准将有助于经济生态的良好发展。将重点研究 RAN（无线接入网）所产生的影响，加入一些针对该技术的特定功能。
- NR 多播广播技术。虽然目前尚未对 NR 做任何特定的多播工作，但车辆通信 V2X 以及公共安全在这方面有强烈的需求，所以将讨论 NR 多播广播有哪些功能。
- 覆盖率增强技术。虽然已经确定了覆盖率的一些指标，但在很多情况下会出现极端覆盖率的情况，特别是在中国、印度、澳大利亚等国家。所以，将研究无论是室内还是室外场景下的极端覆盖技术。
- 窄频物联网 NB–IoT 和增强型机器类通信 eMTC（enhancements Machine-Type Communications）技术。因为当前商用需求的发展，NB–IoT 和 eMTC 技术仍需要进一步研究。
- 工业物联网和 uRLLC 增强技术。这是 R16 版本的关键支柱技术之一，但是为了满足新的要求，研究工作还将继续。
- 非地面广播网络的 NR 技术。3GPP 已经开展了需求分析和解决方案的研究，将在 R17 中继续推进。
- 接入与回传网络的集成技术。
- NR 非许可频段 NR–U 的通用增强技术。
- 节能增强技术。在 R16 版本中已经讨论了物理层和协议层的节能技术，但这项技术太关键了，所以将在 R17 中继续对智能手机的节能和网络的节能研究。

- 无线接入网数据收集增强技术。3GPP将不仅关注SON（Self-Organizing Networks，自组织网络）和MDT（Minimization Drive Test，最小化路测），还将关注"通过数据收集增强人工智能"。至于人工智能，除了数据收集外，3GPP目前还没有确定具体需要做的工作。
- 定位技术。R16版本中定位的厘米精度为10秒，R17将研究如何提高这一精度，并在提升时延和可靠性等性能。应用场景包括工厂／校园定位、V2X和3D定位（垂直和水平方向）。

6G 的进展

对于未来的6G，目前还处于"海选"阶段，大家各抒己见，没有统一的明确的愿景和目标，但使用太赫兹频段是大家的共识。太赫兹波是指0.1THz到3THz的电磁波（1THz=1000GHz），如图3-4所示，它处于宏观经典理论向微观量子理论、电子学向光子学的过渡区域；在频率上高于毫米波，低于红外线；而能量大小则在电子和光子之间。太赫兹技术被世界发达国家列为抢占频谱的资源战略点和科技制高点。

各国的研究机构和设备商运营商也纷纷开始了预研工作。

日本NTT DoCoMo公司已经在300GHz频段上实现了太赫兹无线通信。日本总务省规划于2020年东京奥运会上采用太赫兹技术实现100Gbps无线局域网传输。

2018年，韩国SK提出了太赫兹＋去蜂窝化结构＋高空无线平台的6G技术方案，不仅应用太赫兹通信技术，还要彻底变革现有的移动通信蜂窝架构，建立空天地一体的通信网络。LG正式启用了专门研究6G的研发中心，计划在全新的6G内部架构的技术领域抢占先机。

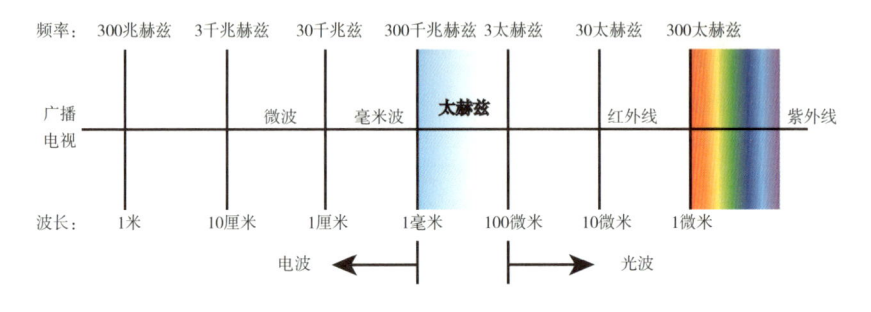

图3-4 太赫兹频谱示意图

欧盟于2017年正式布局6G技术研发，成立了由德国、英国、芬兰等国家组成的跨国TERRANOVA计划，初步计划使用大于275GHz的太赫兹频段实现100Gbps的峰值数据速率，并在2019年世界无线电大会上申请将该频段用于移动和固定无线接入服务。2019年10月，芬兰奥卢大学6G旗舰研究计划发布了全球首个6G白皮书。

美国国防高级研究计划局DARPA与IBM、英特尔等公司共同成立了一个研究机构ComSenTer，吸引了包括加州大学圣芭芭拉分校、加州大学伯克利分校、纽约大学无线研究中心等高校加入，主要研究面向融合性太赫兹无线通信网络的系统与算法、太赫兹芯片、应用特定的太赫兹晶体管等。在频谱方面，关注140GHz、220GHz 和 340GHz 频段，希望未来一个 6G 基站可以达到 1Tbps 的峰值速率。

2019 年 3 月 20 日，美国联邦通信委员会一致投票决定开放"太赫兹波"频率段，该频率段在 95GHz~3THz 范围内，是未来 6G 将使用的潜在频段，所以美国联邦通信委员会的这个决定验证了之前盛传的美国政府提前考虑 6G 布局的传闻。美国联邦通信委员会提出了 6G 的三大类关键技术，分别是全新的频谱、大规模空间复用技术、基于区块链的动态频谱共享接入技术。

2018 年，中国就开始了 6G 概念研究。2018 年底，中国信通院、中国电信、中国移动、中国联通、华为、中兴、大唐、OPPO、vivo 等联合启动"'后 5G'系统愿景与需求"项目，项目为期 2 年，主要针对后 5G/6G 系统的愿景和需求进行研究。

2018—2022 年，中国科技部实施的重点研究专项"大规模无线通信物理层基础理论与技术"中，"太赫兹无线通信技术与系统"是面向 6G 的应用需求，研究太赫兹高速通信系统总体技术方案、太赫兹地面通信的信道模型。

2019 年，中国科技部发布了《国家重点研发计划"宽带通信和新型网络"重点专项 2019 年度项目申报指南建议》，提出的"专项总体目标"之一是"开展新型网络与高效传输全技术链研发，使我国成为 B5G/6G 无线移动通信技术和标准研发的全球引领者，在未来无线移动通信方面取得一批突破性成果"。其中，2019 年的专项中至少有 6 个 6G 研究项目。

各个标准化组织对 6G 也开展了相应的工作。

2019 年 3 月 25 日，由 IEEE 发起，全球第一届 6G 无线峰会在芬兰召开。

3GPP 对 6G 也做出了规划：2023 年开启 6G 研究，2025 年下半年开始进行 6G 标准化，2028 年下半年将会有 6G 设备产品。3GPP 提出的 6G 发展目标是"支持多种应用，以支持未来的数字社会"，其核心技术现在还处于探索和讨论阶段。

国际电信联盟于 2018 年正式成立 Network 2030 焦点组（ITU-T FG on Network 2030），旨在探索面向 2030 年及未来的网络技术发展。2019 年 10 月 17 日，Network 2030 焦点组会议对 6G 的三大场景达成了共识：

- 甚大容量与极小距离通信。
- 超越"尽力而为"与高精度通信。
- 融合多类网络。

虽然各国的路径不同，但未来 6G 网络的核心技术和方向是一致的，包括太赫兹技术、空天地一体化网络、IT 软件化、智能化等。

5G 技术的八大法宝

对于数学的认知，大家一直有两种意见：数学是一种发现还是一种发明？两种不同的观点代表了不同的"三观"：世界观、认识论和方法论。但无论哪种观点，数学本身依然在不断地前行。从理论到技术，这种分歧更加广泛，以至很多伟大的发明都不敢让人相信是人类做出来的，应该归功于上天赐予。人的创新力源于好奇心，源于不断的探索，源于不懈的努力。5G 诞生之初就被一些专家诟病没有创新性技术，但他们明显忽略了大规模天线阵列和网络切片技术。数十年前，技术专家们就希望能实现大带宽的通信，但苦于没有合适的材料与工艺，终于在 5G 到来时，在大规模天线阵列上实现了多年的梦想；移动通信 30 年，运营商在经历了前期的飞速发展后，也开始感受到来自资本的成本压力和来自客户的运营压力，而集当下各项新技术于一体的网络切片技术，是运营商大大的福音。

有些事情注定是要发生的，只是在等待最佳的时机。

每一代移动通信技术的演进都是始于高指标，陷于新技术，痴于新业务，终于下一代。指标是由技术实现的，最根本的源头还是在新技术。5G 的新技术来源可总结为三个词：传承、创新和开放。

传承：新一代移动通信出现并不意味着会马上淘汰上一代技术。就好像汽车出现了，但没有马上淘汰马车，而且自行车到现在还广泛存在，形成了混合交通的格局。5G 也是这样，4G 网络不可能一夜之间被全部换成 5G，这中间有个长期的共存过程，所以 5G 中有很多地方需要考虑如何最大限度地利用现有 4G 网络，并且在其基础上做好 5G 的布局，典型的如非独立组网、超密集组网技术和定位技术。

创新：虽然目前的通信技术依然没有突破香农定理，但新材料、新工艺的发现和改进，使我们实现了以前只是理论上可行的技术，如大规模天线阵列。因为需要建设运营网络的痛点，所以新颖的集成创新的网络功能技术——网络切片被开发出来。这些创新都是首次在移动通信领域中提出并实用，5G 成了这些技术的先行者！

开放：在这样一个新技术层出不穷的时代，5G 借助强大的网络功能，兼容并蓄，将其他领域成熟的技术引入进来，形成开放的技术生态，在让自己强大的同时，也让其他技术得到了新的延拓，如软件定义网络和边缘计算。

无论技术源于哪里，5G 的这八大法宝都将给产业链中的企业带来巨大的机会。

组网技术：成本与质量的关键

组网技术一直是关系到移动通信成本与质量的关键所在。但受限于使用的频段，蜂窝移动网络组网密度越来越大，建网成本越来越高，所以 5G 的部署是从与 4G 的混合组网模式开始的，慢慢向独立组网模式过渡。同时，因为 5G 启用了毫米波等更高频率的频段，基站覆盖范围越来越小，所以不得不引入超密集组网技术。

独立组网与非独立组网

4G 在中国取得了巨大成果，但是如果直接部署 5G 网络，会造成现有设备资源的巨大浪费，所以在 5G 初期，通信行业需要考虑 4G 和 5G 的联合建设。目前的通信网络分为核心网络和接入网络两部分，核心网络负责网络层的数据转发，接入网络负责手机和基站的无线连接。基于此产生了 5G 部署的两种方案，一种是基于现有的 4G 核心网络建设 5G 接入网，这种建设方式称为非独立组网（No-Standalone，NSA）；另外一种是直接同时建设 5G 核心网和 5G 接入网络，这种建设方式称为独立组网（Standalone，SA）。

在建设和部署 5G 网络过程中，各厂商需要在非独立组网与独立组网之间做出抉择。在 5G 初期，非独立组网可以胜任带宽的提升，提供高带宽及可靠的数据通信，用户速率显著提高；但要支持 5G 全业务实现超低时延，就需要部署独立组网，实现全面升级。升级的成本、短期内不成熟的新业务、技术应用的探索以及长远的发展，都将纳入各方的布局考虑之中。

在 5G 网络的两种架构独立组网和非独立组网中，非独立组网架构的 5G 载波仅承载用户数据，其控制信令仍通过 4G 网络传输，这种部署方式可以视为在现有 4G 网络上"外挂"5G 基站，即把 5G 基站"锚定"到 4G 网络；而独立组网架构会引入全新网络单元与接口，同时大规模采用网络虚拟化、软件定义网络等新技术建设新的 5G 核心网，再基于此架设 5G 基站。也正因为需要同时开发建设 5G 的核心网和接入网，所以独立组网方式的协议开发、网络规划部署及互通互操作所面临的技术挑战会超过 3G 和 4G 系统。

  现在让我们来考虑一下独立组网和非独立组网有几种可能性。

  首先，作为用户手机终端进行通信需要有控制数据和用户数据，控制数据负责连接网络，是传令兵；用户数据负责获得内容，是运货车。这两者可以走不同的通信线路。

  其次，接入的基站类型有三种：4G 基站、增强型 4G 基站和 5G 基站，但我们考虑在 4G 和 5G 并存的非独立组网网络中，一个用户手机终端可以同时连接 4G 和 5G 基站，也可以同时连接增强型 4G 基站和 5G 基站，但不能同时连接 4G 基站和增强型 4G 基站。

  最后，核心网类型有三种：4G 核心网、增强型 4G 核心网和 5G 核心网。其中，增强型 4G 核心网只可以通过 4G 基站和 5G 基站接入。

  基于上述约定，我们可以算出所有的组网可能性，但出于对网络平滑过渡的考虑，并不是所有理论可能性都会实现。

  在 3GPP 标准中，非独立组网与独立组网的架构制定已分别于 2017 年 12 月和 2018 年 6 月完成，共有 8 种选项，如图 3-5 所示。其中，独立组网包括 Option1/2/5/6 四个选项：

- Option 1 为 4G 核心网与 4G 基站（LTE/eNB）组合。
- Option 2 为 5G 核心网与 5G 基站（NR/gNB）组合。
- Option 5 为 5G 核心网搭配增强型 4G 基站（eLTE/eNB）。
- Option 6 为 4G 核心网连接 5G 基站。

第三部分 5G技术赋能未来生活

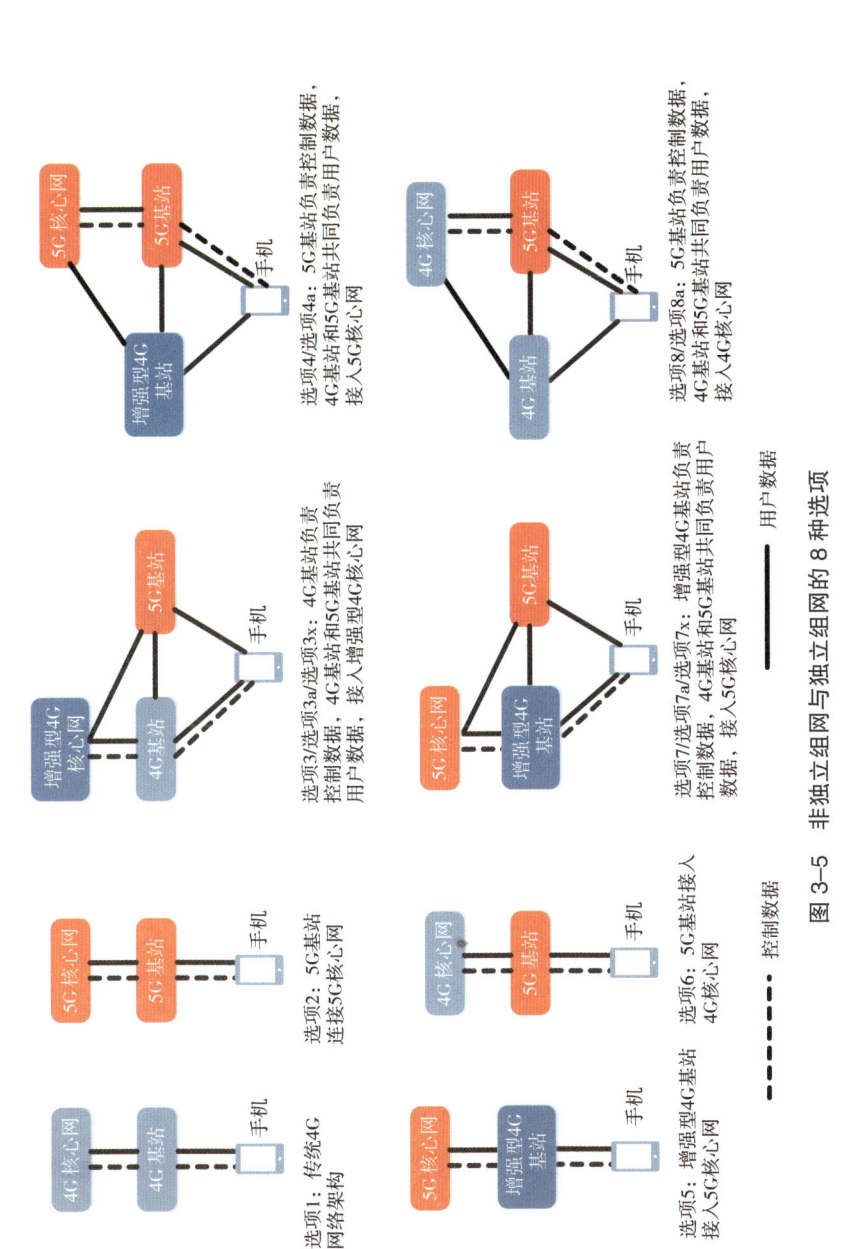

图 3-5 非独立组网与独立组网的 8 种选项

选项1：传统4G网络架构

选项2：5G基站连接5G核心网

选项3/选项3a/选项3x：4G基站负责控制数据，4G基站和5G基站共同负责用户数据，接入增强型4G核心网

选项4/选项4a：5G基站负责控制数据，4G基站和5G基站共同负责用户数据，接入5G核心网

选项5：增强型4G基站接入5G核心网

选项6：5G基站接入4G核心网

选项7/选项7a/选项7x：增强型4G基站负责控制数据，4G基站和5G基站共同负责用户数据，接入5G核心网

选项8/选项8a：5G基站负责控制数据，4G基站和5G基站共同负责用户数据，接入4G核心网

——— 用户数据
- - - 控制数据

147

非独立组网包括 Option 3/4/7/8 四个选项，这些选项中，均同时包含了 4G/4G 增强型与 5G 核心网和基站：

- Option 3 系列（又含 Option 3/3a/3x）以 4G 核心网络、4G 或 4G 增强型基站为主，5G 核心网络与 5G 基站为辅。
- Option 4 系列（又含 Option 4/4a）、Option 7 系列（又含 Option 7/7a/7x）以 5G 核心网络及基站为主。
- Option 8 系列（又含 Option 8/8a）虽以 4G 为主，但因升级改造较复杂，已在 2017 年 3 月版本中被舍弃。

我国三大运营商的 5G 网络采用的都是非独立组网先发，进而非独立组网、独立组网同步推动，将来逐渐转向独立组网的平滑演进方案。从三大运营商各自颁布的白皮书可看到，他们的步调各有不同，但独立组网的目标是一致的。国外大部分运营商在 2020 年依然将以非独立组网为主。虽然非独立组网需 4G 网络协同，但测试中峰值速率可达到 4Gbps，已能够满足普通用户需求，并且已经在韩国、英国得到了较好的用户反馈。

非独立组网和独立组网各有优缺点。非独立组网的优势是方便部署，利于快速抢占市场，能够满足用户现阶段的业务需求，在引入 5G 的同时能较好利用现有 4G 网络资源；缺点是只能满足 eMBB 场景，无法达到超低时延和海量大连接要求，上行带宽远低于独立组网，面临再度更新升级，混合型网络结构较复杂，需在 4G、5G 间切换，终端耗电较高，创新应用有限等。独立组网的优点是可以将 5G 建设一步到位，免于重复升级，时延超低，且能大大简化无线接入网架构，支持网络切片等功能，网络结构总体简单，应用场景更为丰富，用户体验更好；缺点是初期投入较大，部分技术应用可能不是很明朗。

非独立组网虽然与 4G 共用核心网，但仍属于真正的 5G 网络。从全球范围来看，由非独立组网先行，进而过渡到独立组网是主流趋势。我国目前对 5G 推动进程很快，相关技术与产品水平逐渐走在世界前列，运营商、设备商纷纷力推 5G 独立组网架构，全面快速部署，相信在不久的将来，将逐渐实现 5G 各项应用场景的支持，并与 5G 需求及产业链上下相互促进推动，前景值得期待。

超密集组网

因为 5G 即将采用的毫米波传输距离和 sub 6G 基站的覆盖范围都远不及 4G，所以基站超密集部署将会成为现实；运营商需要通过缩短各个基站之间的距离，改善网络覆盖范围，以促使终端在热点区域获得更多频谱，并让用户在边缘区域也获得更好的性能（见图 3-6）。

当用户同时被多个基站覆盖时，就会因为子载波频段被同时占用而可能存在小区间干扰问题。超密集网络会带来更严峻的小区间干扰挑战，网络异构也将成为未来的现实。

不过超密集网络也有一些好处，比如毫米波基站的带宽大，所以从核心网络到基站部分的数据传输（我们称之为前传和回传）有可能通过闲置的毫米波频带，利用毫米波基站接力来完成。目前传统的解决方案是纯光纤前传,而在国外一些无法部署光纤的地区少量存在微波回传,这种技术被称为微波接收回传一体化,有望降低运营商承载网络的组网成本。

图 3-6 超密集组网示意图

超密集组网将给企业带来很多意想不到的机遇。例如,因为5G基站数量大幅度增加,所以灯杆等市政设施、电力塔等专用设施都将纳入基站站址的视野,这为盘活资产、开发新业务和新应用提供了可能性。

不过,超密集组网带来的一个严重问题就是互干扰。因为基站密度较高,sub 6G 频率中会有与 Wi-Fi、蓝牙等其他无线设备工作频段接近的 2.5GHz,它们之间会产生干扰,这些都是未来发展中可能遇到的问题。

毫米波：5G 开辟的新资源

频谱号称"空中不动产"，对它的使用需要有很强的规划性。传统移动通信频段主要集中在 3GHz 以下的优良频段，导致频谱资源十分拥挤。虽然高频段（如毫米波、厘米波）可用频谱资源丰富，但因其固有的缺点，导致实际应用中阻力较大。

近年来，强烈的大带宽通信需求，使得高频段资源不断被开发，尽量将其转化为优良资产使用，毕竟，只有在毫米波这样的频段才可以为一个终端提供连续大频谱带宽，而且随着毫米波的引入，小型化、高增益的天线将使终端设备更加便于携带。

但毫米波波长太短，导致其传输距离短，穿透和绕射能力差，容易受气候环境影响，而且射频器件、系统设计等方面的问题较多，所以应用起来还是有较多的挑战。

正如之前所说，一种提高数据传输速率的方式是增大频带宽度，但是在现实中会面临一些窘境：现有的商用无线电频段（300MHz~3GHz）因为穿透性好、覆盖范围大而过于拥挤，这部分频段已经很难找到闲置的频谱用来通信。

因此，现在就是往 3GHz 以上寻找可用频段，而 3GHz 以上可用的最好频谱之一就是毫米波频段了。从长远来看，抛弃毫米波频谱中两个特殊的部分：氧气吸收频谱和水蒸气吸收频谱，剩余部分带宽（252GHz）也远远大于现存的 1G~4G 商用频谱之和（3GHz），足以满足未来带宽的需求（见图 3-7）。

虽然毫米波频段有大量频谱可供使用，但是依然存在一些基础性问题：电信号在传播的过程中会遭遇非常严重的路衰和雨衰，因此毫米波一般只能用于视距通信，无法承受遮挡，而且在多障碍物的室内会引发严重的多径效应。多径效应的后果是接收机难以分清信号的主要来源，也就是信号主径。在这种情况下，不同路径的信号会因为到达时间不同而产生相互干扰，降低接收机信噪比。

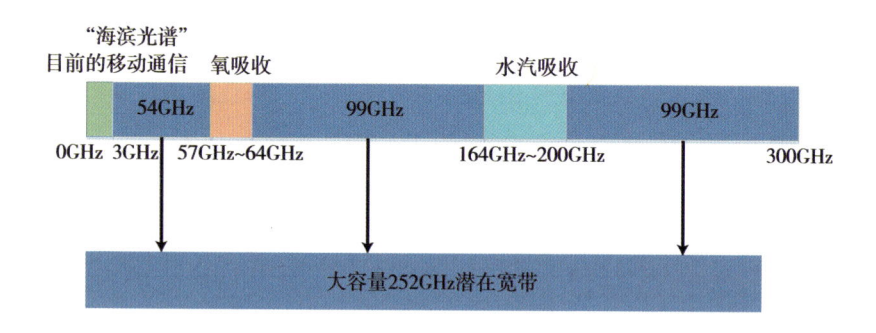

图 3-7 毫米波频谱分布

同时，毫米波频段因为接近氧气和水蒸气吸收频段，人体会对毫米波频段信号传播产生很大衰减。当手机内部天线放置不当时，即使手握手机也会显著影响信号质量，这给手机厂商的毫米波天线设计方案带来了挑战。此外，毫米波芯片功耗比较大，射频和天线部分都有较明显的设计难题，目前国内的部署方案主要采用 sub 6G 频段完成 5G 覆盖，毫米波覆盖主要在美国等国家进行。

虽然对毫米波频谱的利用有很大挑战，但是目前毫米波频谱需要被用于 5G 通信已经成为业界共识，因为如果想要完成 5G 通信中高速数据传输的目标，毫米波频段的使用是重中之重。因此，业界一直在积极探索可能性和现实性。

早在 2016 年初，3GPP、美国联邦通信委员会、欧盟委员会无线频谱政策组、中国工信部和韩国、日本、澳大利亚、加拿大、新加坡等国相关部门均开展了针对毫米波频段的规划及测量研究。在目前公布的 3GPP R15 中，由 3GPP RAN4 工作组分配及定义了 52.6GHz 以下频谱，而 100GHz 以下的频谱将在 2019 年底的 R16 中分配完成（见表 3–3）。

表 3–3 3GPP 定义的毫米波频波

频段号	上行频率	下行频率	双工方式
n257	26.5GHz~29.5GHz	26.5GHz~29.5GHz	时分方式（TDD）
n258	24.25GHz~27.5GHz	24.25GHz~27.5GHz	时分方式（TDD）
n260	37GHz~40GHz	37GHz~40GHz	时分方式（TDD）

不过，目前针对毫米波频段的使用还存在另一大争议，即 24GHz 附近的 n258 频段可能会对射电天文和天气预测等设备产生一定干扰，可能会影响到卫星通信、太空探测和气象预测等业务。根据国际电信联盟在 2018 年底 TG 5/1 工作组的无线电兼容共存报告，对于射电天文业务，23.4GHz~24GHz 频谱应设立 34~52 千米的保护间隔，可以限制干扰。同时，n258 频谱的分配在美国遭到了商务部和美国国家航空航天局的强烈反对。

大规模天线阵列：高速率的保障

massive MIMO 技术是 5G 最重要的物理层技术之一。早在 2014 年，杰夫里·安德鲁斯（Jeffrey Andrews）等就指出 5G 三大关键技术是超密集组网技术、毫米波技术和 massive MIMO 技术。在随后的标准化进程中，massive MIMO 成为工业界与学术界公认的 5G 关键技术，成为无线通信系统的研究热点。相比 4G 网络的 2 根天线、4 根天线或 8 根天线，5G 基站可以使用多达 256 根天线，通过二维排布，实现了 3D 波束成型，使电磁波束得以聚焦用户，并在水平、垂直维度的空域均能进行控制，大大提高了信道容量和覆盖。而且，可以使天线波束随着用户终端的移动而移动，真正实现以用户为中心的理念，是 5G 实现高速率的重要技术保障。

这种技术会带来什么影响？

第一，产业链中的射频厂家将受益最大，相应地，面临的技术挑战也最大。

第二，5G 基站的功率大幅度增加，导致目前中国运营商都在与电力公司进行"直改电"，这在一定程度上延误了 5G 进度，但长久来看，有利于节约网络运维成本。

第三，大规模天线阵列具有跟踪用户终端的技术能力，在一定程度上，基于终端定位的创新技术和创业项目将有可能实现。例如，一直没有解决的室内定位问题。

估计通信先驱没有料到，今天的工程师们会在一个天线阵列上使用多达数百根的天线。在数十年的探索中，利用新材料，通过多天线精巧的空间排列逐渐形成了强大的通信能力。这种通过多天线的空间排列所获得的信道容量提升，称为空间复用增益。

在老一代通信工程师看来，这是美好的梦想。最早的 MIMO 技术是为了提高空域增益，在信号发射端（例如基站）部署多天线系统，并让每个天线独立发射信号，同时在接收端用多个天线接收并恢复信息，这种多天线使用方式称为 MIMO（见图 3-8）。MIMO 可以非常有效地提升数据传输速率。在理想情况下，对于上下行天线数目相同的 MIMO 设计（如收发天线均为 M 个），信道容量可以提升 M 倍。

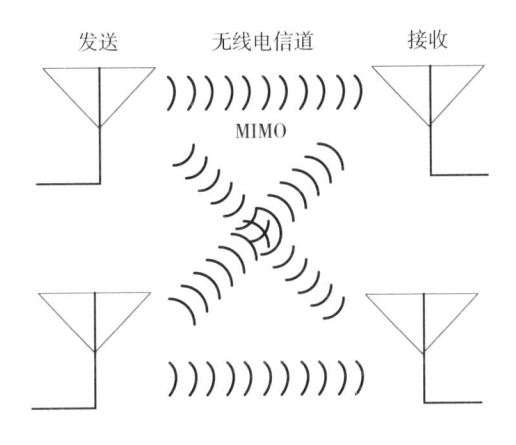

图 3-8　MIMO 示意图

同时，MIMO 也可以通过波束设计完成发射能量聚焦，从而提升接收信号能量，提升信噪比，增强基站覆盖。不过通常由于能量较为集中，一旦在传输路径中存在障碍物遮挡，这种方式所提升的覆盖范围可能受到较为严重的影响。

MIMO需要通过对每个天线所发射的信号赋予权重，才能达到提高空间复用增益效果。因此，传统的大量无源天线需要转变为5G时代的有源天线，这将导致成本提升和能耗增加。

4G到5G的一个较大的调整是采取了massive MIMO作为基站多天线解决方案。简而言之，massive MIMO和MIMO的区别已经体现在字面上，即天线的数目是否足够大。

天线阵列中的天线数目越大，就越有能力提供更高的信道自由度增益，这些增益可以用作空间分集，提高信号传输的可靠性，也可以用作空间复用，提高数据传输速度。同时，当天线数目大到一定程度时，天线设计的算法复杂度可以通过一些简单的线性转换得到很有效的解决。

由于手机内部容量受限，sub 6G频段的终端天线数目增加难度很大，目前手机中sub 6G天线数目最多的是4个。针对基站的MIMO系统存在另外一种表述方式：只描述发射天线数目，比如目前所说的MIMO 32TR是指基站拥有32个发射（Tx）信道和32个接收（Rx）信道。通常认为5G中用于sub 6G的massive MIMO应当大于16TR，目前主流有16TR、32TR和64TR几种配置（见表3–4）。

同时，在目前5G所采用的两种频段（sub 6G和毫米波）中，大规模天线阵列的使用方式和目的也有所不同（见表3–5）。在sub 6G宏基站中，大规模天线阵列的主要目的是尽量提供更多的复用增益，也就是尽量提供更多的独立数据流给各个用户，通常称这种工作场景为多用户MIMO（MU–MIMO）；而在毫米波基站中，大规模天线阵列的主要目的是提高基站覆盖范围，弥补路径损耗，提高单个用户的信噪比和空间增益，通常称这种工作场景为单用户 MIMO（SU-MIMO）。这两种目的决定了波束赋形和预编码的算法设计和硬件设计都略有不同。

表 3-4　MIMO 指标演进

Release 8	Release 9	Release 10	Release 11
• 4x4MIMO • 4x2MIMO • 8RX uplink • Uplink CRAN	8TX TM8	8TX TM9	Downlink CoMP（TM10）
Release 12	Release 13	Release 14	Release 15+
• Downlink eCoMP • New 4TX codebook	Massive MIMO 16TX	Massive MIMO 32TX	5G/NR Massive MIMO 32TX+

注：从理论上说，MIMO 的天线数目多少会直接影响到可以发送或者接收的独立信息流数目，因此我们描述 MIMO 系统时，通常会说到基站发射天线数量以及用户设备接收天线数量，比如 4×4 MIMO 代表在基站采用 4 个发射天线，手机采用 4 个发射天线，它会产生 2 个独立信息流。

表 3-5　两种典型频段

	< 6 GHz	毫米波
部署场景	宏基站	微基站
MIMO 天线数目	32+	256+
支持用户数目	数十个用户	少数几个用户
主要增益方面	提供空分复用	单用户波束赋形
频谱有效性	频谱利用率高	频谱利用率低
射频信号处理链路设计	数字	混合

对于设备商来说，大规模天线阵列基站的设计也遇到了成本问题：当天线振子数目增加时，单个基站的射频信号处理链路数目也会随之增加，这会导致单个基站的成本大幅度攀升。特别是毫米波基站覆盖范围小，这种现象会更为严重。目前普遍的做法是采用模拟—数字混合链路设计方案来代替原本的纯数字链路设计，以达到降低成本的目的。

大规模天线阵列可以非常有效地提高用户数据传输速率和基站覆盖范围，也能提升单个基站的用户容量。而波束赋形技术是大规模天线阵列的重要实现形式。通过部署波束赋形技术所获得的空分复用增益，可以使系统的容量提升几十倍；同时，由于天线阵列经过波束赋形信号处理后，信号的能量集中到空间中的局部区域，因而使得大规模天线阵列的能源效率极高。

然而多天线所形成的波束经过设计（波束赋形）之后虽然能量会上升，覆盖范围也会扩大，但是单个波束的照射区域大小却会下降，用户可能仅仅走数米就会走出波束的照射范围。它们之间的对比就像电灯泡和手电筒（见图3-9）。

当一个用户在另一个sub 6G基站范围内出现时（不考虑小区切换），会启动初始接入阶段。这个阶段大致分为三步：波束扫描同步信号和小区信息、用户发起随机接入请求并微调基站波束朝向、用户微调自身接收完成波束匹配和绑定（见图3-10）。这样单个用户在基站范围内就拥有了特定的波束来追踪用户轨迹，为其提供通信服务，从而贯彻了5G系统"以用户为中心"的设计理念。

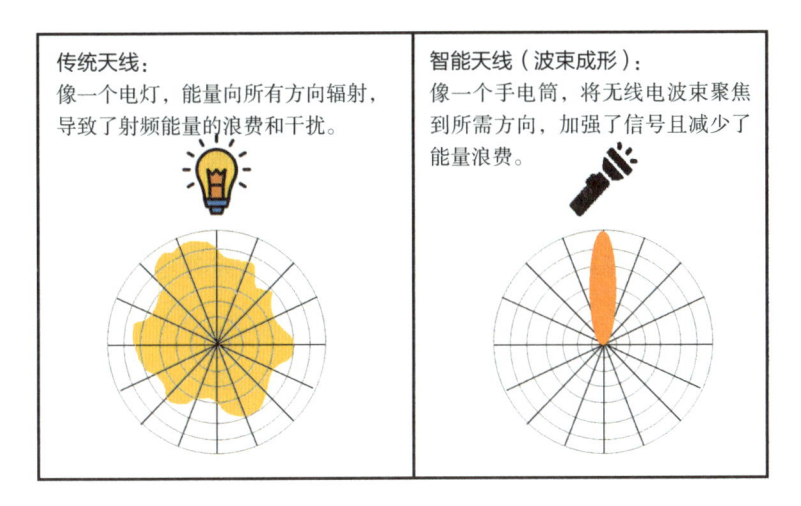

传统天线：
像一个电灯，能量向所有方向辐射，导致了射频能量的浪费和干扰。

智能天线（波束成形）：
像一个手电筒，将无线电波束聚焦到所需方向，加强了信号且减少了能量浪费。

图 3-9 波束赋形示意图

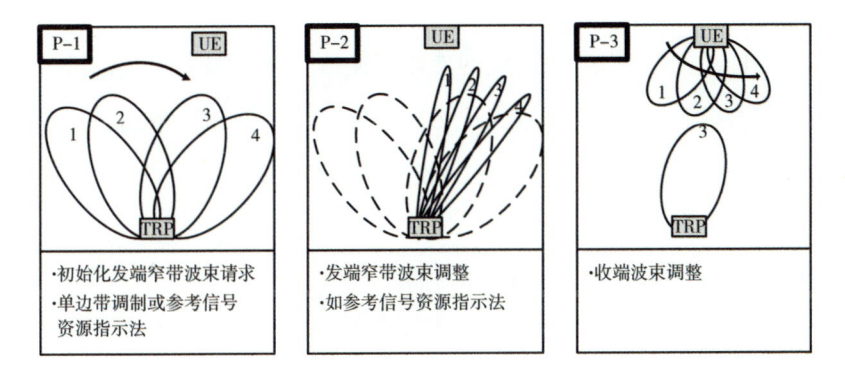

P-1
· 初始化发端窄带波束请求
· 单边带调制或参考信号资源指示法

P-2
· 发端窄带波束调整
· 如参考信号资源指示法

P-3
· 收端波束调整

图 3-10 以用户为中心的设计理念

大规模天线阵列与 5G 有天然的结合点。由于较低频率的带宽难以满足 5G 的需求，因此需采用较高的频段，如毫米波。根据天线辐射理论，天线的尺寸与电磁波波长成比例。因此，较高频段、较小波长的毫米波所对应天线的长度也较小，即便做成天线阵列，所占用设备的空间也较小。而由于电磁波的物理效应,越低频段的波绕射能力越强(可以理解为类似于水波),越高频段的波方向指向性越强(可以理解为类似于光线)。对大规模天线阵列应用毫米波,可极大程度地发挥波束控制的效果,但此处存在一个前提,即需要较为精准地定位用户位置以瞄准波束,并且尽量不要有障碍物遮挡。

大规模天线阵列与毫米波技术的应用给电信产业链上游的芯片制造商和设备制造商带来了巨大的商机。因为新材料的使用以及制造工艺复杂,目前掌握射频核心技术的芯片厂商不多,所以有赚取高利润的空间。基于此,爱立信等公司已经开始收购射频芯片厂家,以期在未来的竞争中以最小成本面对市场的挑战。

另外,大规模阵列天线的使用,使得功耗大幅度上升,给运营商的建设与运维带来较大压力。节能技术的使用,特别是基于人工智能的节能技术将是未来一段时间内基站维护的重点。

边缘计算:寄予厚望的科技新星

移动边缘计算(Mobile Edge Computing, MEC)的概念是于2013年在IBM与Nokia Siemens共同推出的计算平台上提出的。2014年,欧洲电信标准化协会成立了移动边缘计算规范工作组,开始推动相关的标准化工作,对移动边缘计算的定义是:在移动网边缘提供IT服务环境和云计算能力。

2016年,欧洲电信标准化协会将该概念扩展为多接入边缘计算（Multi-Access Edge Computing）；同时，3GPP 和 CCSA 等标准化组织也启动了相关工作。2016 年，华为发起倡议，联合众多公司成立了"边缘计算产业联盟"，对移动边缘计算的定义是：边缘计算是在靠近物或数据源头的网络边缘侧，融合网络、计算、存储、应用核心能力的开放平台，就近提供边缘智能服务，以满足行业数字化在敏捷连接、实时业务、数据优化、应用智能、安全与隐私保护等方面的关键需求。

与之类似的一项技术是雾计算。雾计算是由思科公司在 2012 年提出的，是一种对云计算概念的延伸，涵盖了从设备端到传统云的完整连续架构，用以解决物联网所需的时延和带宽问题。2015 年，ARM、思科、戴尔、英特尔、微软及普林斯顿大学边缘实验室共同宣布成立 OpenFog 联盟；2017 年 2 月，该联盟发布了 OpenFog 参考架构。2018 年 6 月，IEEE 宣布 OpenFog 架构为其官方标准架构，命名为 IEEE 1934，旨在提供行业共同认可的高性能可靠框架，以加速 5G、物联网和人工智能的发展。

移动边缘计算与雾计算，从最初的严格定义上看是有差异的。移动边缘计算仅作用于网络边缘节点，而雾计算则还包含网络边缘节点之外的用户终端资源。但随着两种概念的不断延伸，这两者的差异已经越来越小。

边缘计算将计算中心下沉，向泛在计算更加迈进了一步。5G 强大的网络能力使得数据传输不再是瓶颈，但计算会捉襟见肘。大量的数据在终端与云端之间不停地传输，如果只靠云端来进行计算，整体时延将较大。所以，思科提出了雾计算，欧洲电信标准化协会提出了移动边缘计算，都是希望将计算功能从集中单一的云端下沉分散到用户侧，这样可以减少做出响应的时间，降低整体计算成本，提高系统性能。

在 5G 中，因为 SDN、NFV 技术的采用以及三大应用场景的实施，移动边缘计算（MEC）成为现实，5G 这个庞然大物也变得更加智能、无处不在。

边缘计算可以创造出一个高性能、较低功耗、低时延和高带宽的电信级网络服务环境，可以被扩展为城镇级或者小区级的小型数据中心，可以解决很多急需低时延来解决的应用问题，比如云游戏。

运营商也能通过边缘计算扩展自身的业务范围，提供超低时延的特殊云服务，而不是仅仅局限于担当单一的传输管道。

为了使网络虚拟化，5G 在接入网采用了 C–RAN 技术，将基站控制单元放置在基带池中，这样基带池就成了一个天然的小型数据中心。这样的小型数据中心有能力为基站池服务范围内的用户提供计算、储存等缓存。

边缘计算是近几年发展非常迅猛的技术，在具备了聪明的大脑（人工智能）和宽敞的道路（5G）后，如何让自己的车（用户终端）适配，得到更好的性能，是所有信息网络终端用户的诉求。边缘计算将大量存储、处理能力和智能算法下沉，不但大大降低了网络时延，而且分担了计算中心繁重的任务，使用户终端真正享受到 5G 带来的宽带和先进算法带来的智能。

边缘计算将在 5G 中大量部署以适应各种不同的业务场景，而且存储、处理、智能等多种功能的合一，将使得边缘计算节点成为一个个分散的"智能存储处理节点"。这给边缘计算设备商带来了巨大的市场空间。

软件定义网络：重新认识电信系统

2006年，软件定义网络（SDN）诞生于美国GENI项目资助的斯坦福大学Clean Slate项目。该项目试图通过一个集中式的控制器，可以方便地定义对网络数据流的安全控制策略，并将这些安全策略应用到各种网络设备中，从而实现对整个网络通信的安全控制。在项目研发过程中，尼克·麦克欧（Nick Mckeown）教授发现，如果将传统网络设备的数据转发和路由控制两个功能模块分离，通过集中式的控制器对各种网络设备进行管理和设置，那么就可以给网络资源的设计、管理和使用提供更多可能性，也就更容易推动网络结构的革新与发展。这就是SDN和基于此的OpenFlow软件设计思想。

在传统的网络中，网络单元例如路由设备的控制系统和数据转发系统是合并在一起的，SDN则可以通过软件操作来定义数据传输路径，也就是虚拟出一个逻辑上的数据网络用来传输特定数据，由此延伸出SDN的三个特性：

• 集中化管理：有利于提高复杂协议的运算效率和收敛速度。在传统网络中，如果有100台交换机，每一台机器的配置均不同，我们需要登录每台交换机的终端进行配置，不但效率低，而且故障率高，排查困难。

- 控制转发分离：将交换机的控制和转发逻辑分开。某种意义上，SDN 其实是希望交换机变得更"笨"，如果交换机只负责单一的功能，那么它的任务就变得简单、重复、高效。将功能分开是一种好办法。
- 开放的 API：SDN 提出了开放的 API，让软件可以轻松调用，程序员也可以架构自己的网络了。这解决了传统网络无法编程、无法架构自定义网络的问题。

目前 SDN 已经扩展到其他领域，并定义了软件定义安全、软件定义储存等概念，可以说 SDN 是一个浪潮，席卷了整个 IT 行业。

在未来的 5G 网络中流量可能会飞速增长，无线网络可能会部署超过目前网络 10 倍以上的节点，这样密集的网络会使拓扑更加复杂，SDN 的控制和转发解耦分离所能实现的可变链路、数据包转换和选择性链接地址会更加重要。

当然，SDN 还会让网络维护更加便捷。传统网络主要依靠人工方式完成网络部署及运维，既耗费大量人力资源又增加运行成本，网络优化也不理想。通过 SDN 我们可以完成网络的自我优化和自我愈合，自动检测定位问题，排除故障，从而降低运维工作量，提升网络质量和性能。

网络功能虚拟化：打通 IT 与 CT 之间的通道

2012 年 10 月，ETSI 在德国 SDN 和 OpenFlow 世界大会上发布的白皮书《网络功能虚拟化——介绍，优点，推动因素，挑战与行动呼吁》中对网络功能虚拟化（Network Functions Virtualization, NFV）进行了详尽的描述。NFV 的主要目标是通过虚拟网络功能，把许多网络设备由目前的专用平台迁移到通用的 X86 平台上来，帮助运营商和数据中心更加敏捷地为客户创建和部署网络特性，降低设备投资和运营费用。NFV 的可选项包括路由、CPE、移动核心、IMS、CDN、饰品、安全性、策略等。

NFV 和 SDN 的关系很紧密，从大范围上讲，NFV 是 SDN 的补充，SDN 提供的是集中化的网络控制和管理。两者虽然都能改进网络，但两者的目标和方式有所差异。SDN 通过将控制面和转发面分离来实现集中的网络控制，而 NFV 的主要重点是优化网络服务本身。这两种技术看起来属于不同维度，但其实可以融合：利用 SDN 技术在流量路由方面所提供的灵活性，结合 NFV 架构，可以更好地提升网络的效率，提高网络整体的敏捷性。

同 SDN 一样，NFV 从根本上讲是把网络架设从基于硬件的解决方案转向更开放的基于软件的解决方案。例如，取代专用防火墙设备，软件可以通过虚拟防火墙提供相同的功能。再如入侵检测和入侵防御、NAT、负载均衡、缓存、会话边界控制器、DNS 等虚拟网络功能。有时，不同的子功能可以组合起来形成一个更高级的多组件 VNF（Virtual Network Function，虚拟网络功能单元），如虚拟路由器。

目前 NFV 可以为运营商提供以下优势：

- 通过降低设备成本和降低功耗，减少运营商 CAPEX 和 OPEX。
- 缩短部署新网络服务的时间。
- 提高新服务的投资回报率。
- 更灵活地扩大，缩小或发展服务。
- 开放虚拟家电市场和纯软件进入者。
- 以较低的风险试用和部署新的创新服务。

从技术角度来说，5G 的到来无疑将加速网络虚拟化的进程，包括对 NFV 的需求也将更加迫切。除了推动 NFV 在网络应用上的落地之外，业界还试图联合开发硬件加速技术，尤其准备对转发面网元的硬件加速技术的方案、架构、演进路线等进行深入的研究和实践，试图共同推进硬件加速技术的成熟，更好地支持 5G 边缘场景的业务发展和网络转型。

我们相信以 NFV 技术为代表的未来网络转型是个复杂的系统工程，需要全新的研究探索模式。随着互联网 / 移动互联网产业的兴起，全球各大运营商正在面临着网络转型大潮的冲击，NFV 也是运营商网络转型之路的必选项。

5G 的伟大之处就在于它第一次大规模地将 IT 与 CT 进行了深度融合，从长远来看，意义极其深远。NFV 是用信息行业 IT 的思维对通信行业 CT 进行的一场革命，最大的意义在于使用通用化 IT 设备来管理电信网络，这彻底打通了 IT 与 CT 之间的硬件通道。而 SDN 则通过将控制平面与数据平面分离，彻底打通了传统计算机网络（如互联网）和电信网络之间的逻辑通道。

很多计算机领域的专家学者也开始大规模地从事 5G 研究，未来的 5G 从业市场也将进一步向 IT 人士敞开。两大产业的结合必将带来新的产业革命，并对数字经济的发展起到无可限量的推动作用。

网络切片：变数巨大的新理念

在 5G 的设计中，需要支持物联网、语音、数据等多种业务，而不同的业务场景对网络要求差异非常明显，不同业务指标需要的资源也完全不同，而且其中的一些参数是无法兼顾的。

如果想要在一张网络中同时支持多种场景，那么最好的方式是不同业务配置不同的网络路径，经过不同网络单元，这种技术被称为网络切片（Network Slicing）。网络切片的先决技术是需要能够通过软件控制各个不同的网元，也就是 NFV/SDN。

网络切片技术是面向应用场景的，为电信运营商的高性价比运营提供了可能，同时也为差异化的流量经营提供了可能。

我们通常认为网络切片是一个逻辑上的概念，将物理网络通过软件划分成多个虚拟网络，每个网络适应不同的业务需求，而切分依据则是时延、带宽、安全性、可靠性等性能指标。

在一个独立的物理网络上切分出多个逻辑网络，从而避免了为每一个业务建设一个专用的物理网络，可以大大节省部署成本。这样，5G 会根据智能交通、无人机、智慧医疗、智能家居以及工业控制等多个不同的场景，开放不同的网络。

在 4G 网络中，各个业务提供商都使用一样的网络、一样的服务；而 5G 切片技术的出现则可以提供不一样的性能、不同的管理、不同的服务、不同的计费（见图 3–11）。正如之前所说，网络切片功能主要通过 SDN 和 NFV 完成，SDN 已经在 4G LTE 网络中得到了广泛的应用，也已经比较成熟。SDN/NFV 通过把传统的网络单元和基站替换为放在机房中的虚拟机池，就可以通过软件控制了。

这里的机房可能放置在大型数据中心（核心云），也可能放置在小型城镇的数据中心或者小型区域中（边缘云）。当基站的控制单元被放入机房，外部只留下有源天线单元（AAU）时，这些控制单元被称作云接入网（C–RAN）。

这种方式可以带来很多好处，比如核心网络的功耗可以通过数据中心的集中管理得到控制，可以针对不同的业务配置不同的服务质量标准（QoS）等。实际上，网络单元的云化和虚拟化也是大势所趋，能极大地降低运营商的运营成本，这也是运营商追求的根本利益，所以电信运营商对 SDN、NFV 和 C–RAN 等网络虚拟化技术有很高的期望。

第三部分 5G技术赋能未来生活

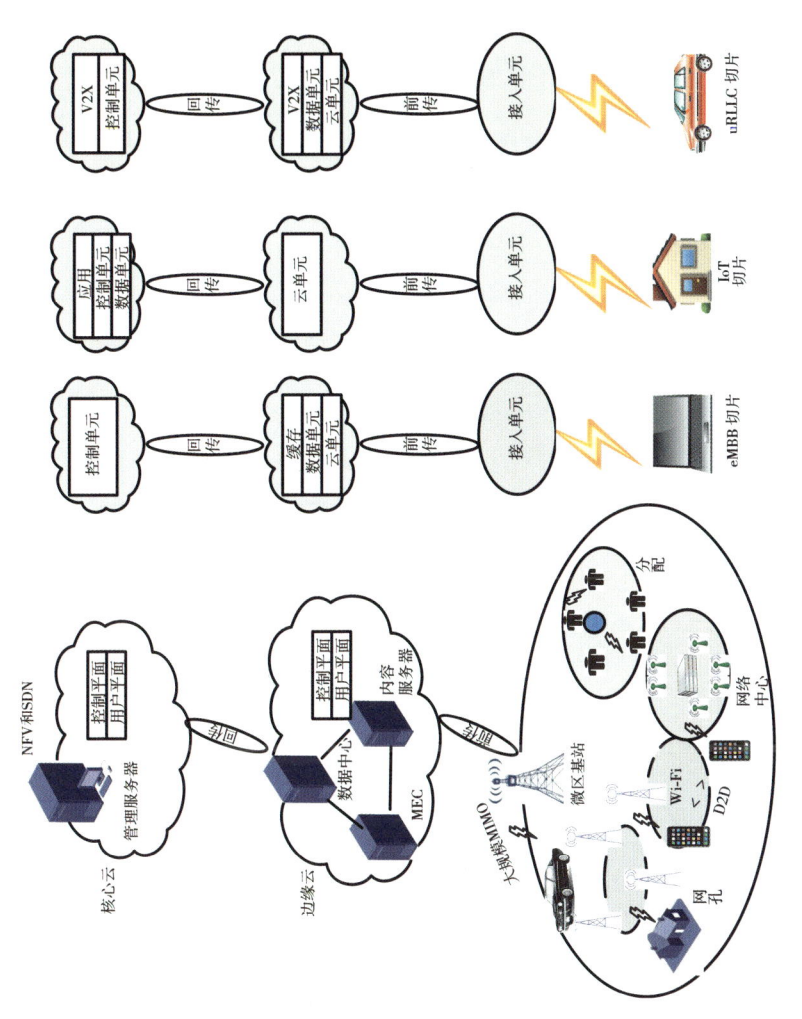

图 3-11 网络切片示意图

定位技术：新技术带来新趋势

在 5G 中，我们可能会看到更先进的定位技术。基站定位精度影响因素很多，而且可实现的算法也很多。另外，现在全球导航卫星系统（Global Navigation Satellite System，GNSS）和基站定位系统其实并不独立，日常使用的 GPS 也会有基站参与辅助定位，所以本节先分析当前的一些主流定位技术。

如果一定要对比的话，目前 5G 的目标是定位精度 1 米左右，当前的 GNSS 系统精度在 10 厘米级，具体的对比可以参见图 3-12。

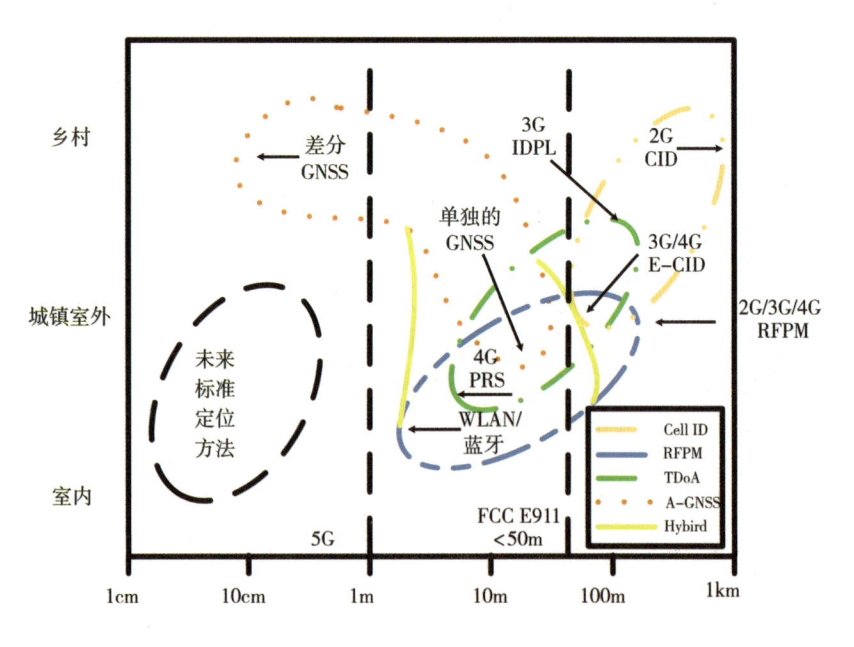

图 3-12　定位技术示意图

这是常用基站定位在乡村、室外、室内三种场景下的对比，请重点观察辅助的 GNSS 与 5G 目标（1 米的虚线）之间的对比。

Assisted–GNSS 通常有两种：

- 基站辅助定位的差分 GNSS（Differential GNSS）。
- 单独的 GNSS（Stand–alone GNSS）。

在乡村场景下，虽然单独的 GNSS 系统精度并没有超过 5G 目标，但差分 GNSS（Differential GNSS）是远超 5G 目标的。这里要强调一下，5G 的定位具体实现起来依然有很多困难，大概率是不会超过 GNSS 系统的。

我们解释一下现有的几种基站定位技术，首先是基础理论。定位的基本原理是通过计算测量点与多个已知节点之间的距离，来确定测量点的位置。基本要求是：

- 在二维平面，至少需要 3 个不共线的已知节点（就是通常所说的三边测量或者三角定位）。
- 在三维，至少需要 4 个不共面的已知节点。

经典的三边测量图如图 3-13 和图 3-14 所示。

如果只谈基站定位的话，就是图 3-15 中这几种。

a. 三边测量：因为基站位置都是已知的，那么图中的未知因素只有用户与基站之间的距离。为了求解用户与基站之间的距离，需要知道信号在空中传播的时间，也就是可能用到几种信息：信号到达时间（time of arrival，ToA）、信号到达时差（time difference of arrival，TDoA）或者接收信号强度（received signal strength，RSS）。

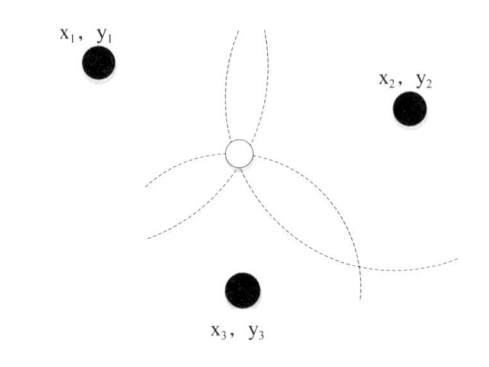

图 3-13　三边测量图

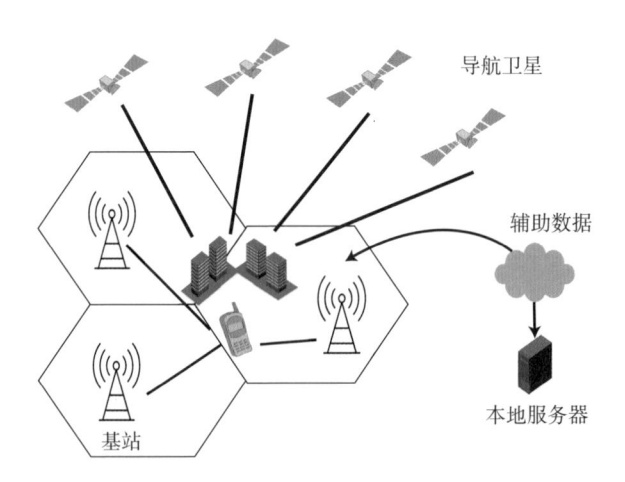

图 3-14　基于卫星的定位示意图

（a）三边测量　　（b）三角测量

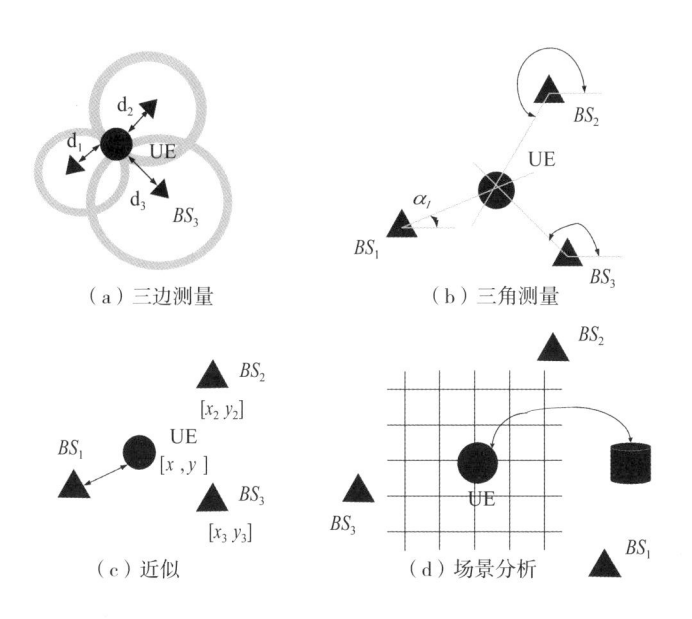

（c）近似　　（d）场景分析

图 3–15　基站定位技术

b. 三角测量：当基站位置已知时，基站与用户之间的距离数据可以用角度数据替代。如果我们知道信号在终端天线的到达角（angle of arrival，AoA），那么同样可以得到与三边测量同样的结果。

c. 近似：如果只有一个已知基站，那么可以根据 ToA 或者 AoA 和信号强度大概估计出用户与基站的距离和角度，这样也就可以近似地算出用户位置。实际上这也正是 2G 系统中最常见的基站定位方式。

d. 场景分析：我们可以将一些典型位置点的信号特征（比如时延扩展或者信道扩展数据）存入数据库，再与当时的信号做比对，可以估计出用户与基站之间的距离和方位。这种方法也常用于 Wi-Fi 室内指纹定位。

当然上述 a、b、c、d 四种可以混合起来使用，在实际场景中具体怎么使用，要看手机硬件如何实现。但是因为现在网络规划通常要考虑基站覆盖范围，从而避免干扰，因此通常一个用户很难同时收到三个基站的信号，a、b 仅存在理论上的可能性。在实际应用中，我们一般只考虑单基站存在下的近似，通过获取基站与用户之间的距离和位置，作为三边测量的辅助方式使用。

目前在工程上有几种方案值得讨论：

1. 近似场景

CID（Cell ID，小区 ID）：CID 是基站定位近似方案的一种，也是目前最广泛的基站定位方案，通过手机接入的基站 ID 和一些额外信息（比如第几扇区和一些距离测量方案）来推断用户位置。它的增强版是 Enhanced Cell ID（E-CID），可以联合到达时间（Time of Arrival，AoA）、TA 和信号强度等信息推断用户位置。

信号指纹（RF Pattern Matching，RFPM）：RFPM 是另外一种使用最广泛的近似方案。通常来说，一个用户的位置会与某个特定的信号测量值匹配比对，如果对比结果一致，那么就认为该用户位于事先设定好的距离。比如，如果匹配结果是某个特定的参考信号强度，那么可以把当前用户的信号特征与数据库做比对，就可以得到用户的大概位置。目前 RFPM 在 2G/3G/4G 中都有实现，预计 5G 中依然会采用。

2. 三边测量

Assisted GNSS：基站定位想要采用更精确的三边测量或者三

角定位，现有的非异构网络系统很难找到足够的地面基站，因此在这种情况下，通常会采用基站联合 3~6 个卫星同时定位的方式，这种情况被称为 A–GNSS，也是目前我们手机里默认的定位方式。

改进基站定位系统不是 5G 的高优先级议题，因为定位不是通信系统的主要功能，但是新的技术可能会带来更多可能性，如毫米波和多径辅助定位。

毫米波：5G 中的毫米波会因为其高指向性和只能在视距传输的特点，而更容易估计信号的到达角度信息，可以提升基站定位精度。

多径辅助定位（Multipath–Assisted Location）：多径、小区间干扰、时钟 / 载波同步和覆盖是影响基站定位的几种关键因素。但是其中多径效应不仅只造成影响，也能辅助定位。通过一些信号追踪算法，多径部分可以被当作来自一个或者多个虚拟的信号源（散射点），在这种情况下，多径效应可以用来作为室内定位提高精度的一种新技术。

上述基站定位技术会在 5G 网络中得到显著增强。在未来的 5G 网络中，因为高频道信号比如毫米波的视距传输特性和大规模天线阵列的使用，基站可以估计到的信号到达角数据会越来越精确。同时在标准制定时，我们也可以通过探索更多信号路径和传播信息，利用未来密集部署的基站得到更多定位数据。而数据越来越多，整个网络的定位精度也会因为算法和数据源的同步提升而越来越高，所以在 5G 网络中，基站定位技术会有比较光明的未来。

5G 高性能的诠释

5G 被打上了"大带宽高速率、低时延"的标签,并将应用直接指向了物联网。5G 为什么会有这样强大的能力?下面我们将结合之前介绍的 5G 关键技术来介绍一下。

大带宽高速率

5G 的大带宽高速率首先得益于频谱规划,其次是大规模天线阵列。

5G 在频谱规划之初,就支持大带宽连续频谱,如中国颁发的 5G 商用牌照,三家运营商都获得了连续 100MHz 的频谱资源。连续频谱越宽,运营商的灵活度越大,分配给每个用户的带宽将可以更宽。在毫米波波段,更是这样,将会出现连续 3GHz 频谱。

又因为大规模天线阵列的使用,单用户信道容量大幅度提升。随着频谱的提高,每个天线阵列使用的天线振子也就可以越多,如果不考虑成本和体积问题,将可以突破 1024 个天线振子。每个振子都是一个信息通道,振子多了,信息通道也就宽了,传输速率也就提高了。

总之,越高频段、越大规模的天线阵列,将给我们带来越高的速率。

低时延

作为手机终端用户，完成一次完整的通信，需要有信令沟通和数据沟通。比如，我们每次申请一个服务，如开机服务，将手机从关机或者飞行模式切换到正常联网模式，这需要时间接入网络以验证我们是否是合法用户，这段消耗的时间称为控制平面时延（control plane latency）。正常联网后，才能进行数据传输，这段消耗的时间称为用户平面时延（user plane latency）（见图 3-16），主要用于描述数据包在网络中传输的时延。5G 中的低时延主要改进了用户平面时延。

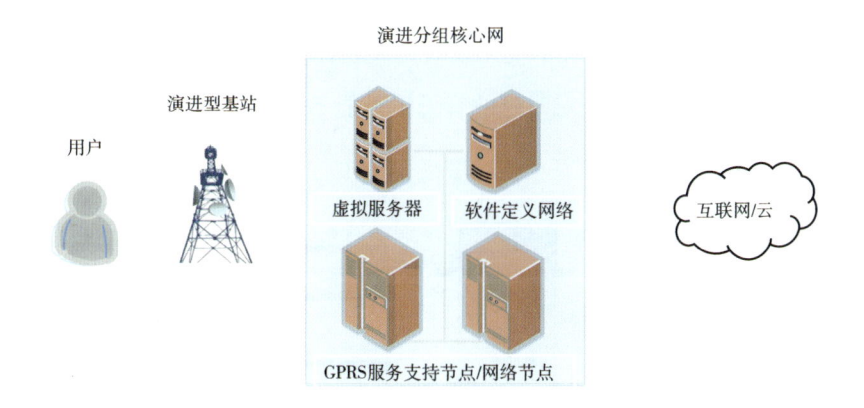

图 3-16 移动通信系统组成部分，用户平面时延

控制平面时延的数量级大概在几十毫秒。在传统 4G LTE-FDD 系统中，一个用户（UE）试图连入基站（eNode B）的过程，需要经过 18 个信令步骤，平均消耗 80 毫秒。

用户平面时延包括四部分：用户设备和基站之间的无线时延 $T_{无线}$、基站和核心网之间的回传时延 $T_{回传}$、核心网时延 $T_{核心}$ 和互联网传输时延 $T_{互联网}$。

因为数据需要从用户终端出发再返回起点，所以这四部分的总和再乘以 2，就是数据包往返总时间，公式如下：

$$T_{端到端} = (T_{无线} + T_{回传} + T_{核心} + T_{互联网}) \times 2$$

这四种时延可以分为两类：无线接入网时延 $T_{无线}$ 和核心网时延（$T_{回传} + T_{核心} + T_{互联网}$）。下面分别进行讨论。

无线接入网时延

当前 4G 通信系统中的无线时延大约在 5 毫秒左右，采用不同双工模式的通信系统对时延的容忍度可能不同，如图 3-17 所示。

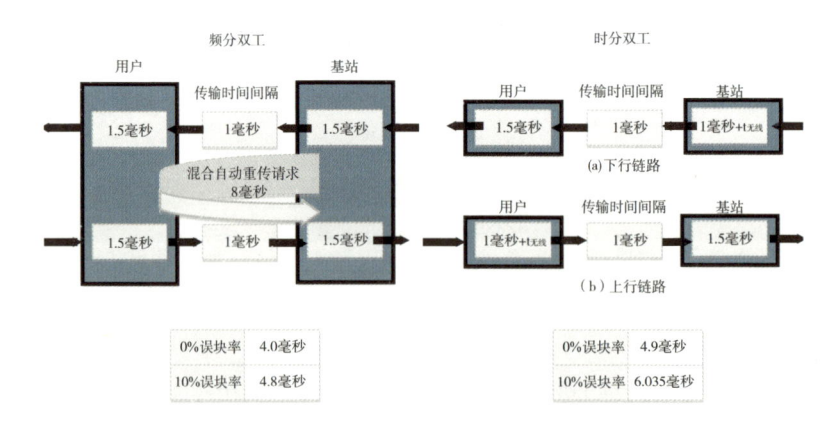

图 3-17 通信延时示意图

国际电信联盟认为，低时延通信中无线传播时延应当低于 0.5 毫秒，才能满足智能电网发电机组相位同步这类的要求，否则将造成能量的损耗。例如，在智能电网中，每增加 1 毫秒时延，就等价于 50Hz AC 网络的 18 度相变，或者 60Hz AC 网络的 21.6 度相变，这种相位变化可能会引起发电机的同步问题。

为了避免发生上述问题，5G 采用了若干新技术，包括引入可变的帧参数和帧结构，用以适应不同场景下的时延需求；采用滤波器组多载波（FBMC）和广义多载波（UFMC），可以比 4G 使用的 OFDM 提高 10% 左右的时间效率。

核心网时延

5G 对核心网也做了若干改进，但作为用户终端的应用来说，时延最大的部分是由数据在核心网中的传输距离过长导致的，因此，最好的解决方案是采用各种缓存。如图 3–18 所示，为了降低网络时延，5G 中设计了多种多样的缓存，比如本地缓存、端到端缓存、小基站缓存、宏基站缓存等，这样可以优化网络时延。另外，边缘计算 MEC 的引入将有效地减少数据传输长度，大大降低时延。

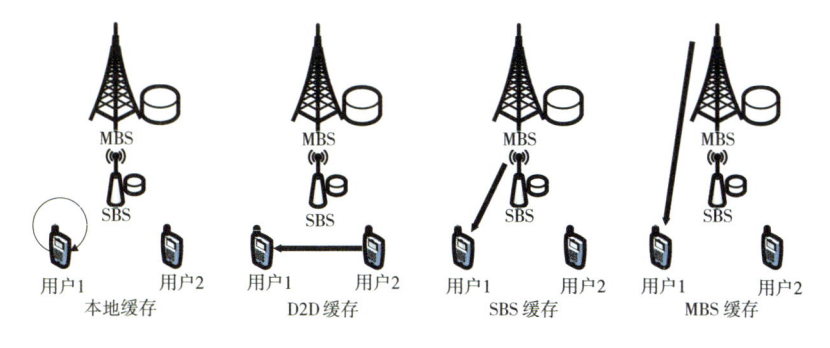

图 3–18　5G 中的各种缓存

第四部分

5G 是新技术的催化剂

5G与区块链、云计算、人工智能、大数据等新技术的深度融合，将更加深入地连接人与万物，成为各行各业发展的关键基础设施。5G将这些新技术快速地传递到产业末梢，它与这些新技术之间的相互赋能所形成的强大力量将成为数字经济发展的重要驱动力，并进而成为下一代新技术进步的重要推动力。

5G 助力数字经济发展

当下人们讨论 5G 的热情比起互联网、人工智能刚兴起时掀起的热潮有过之而无不及，但 5G 真的值得国家、社会、企业、民众如此高度重视和深入关注吗？

5G 值得关注的根本原因在于：5G 是数字经济发展的重要推动力。2016 年 G20 杭州峰会通过《二十国集团数字经济发展与合作倡议》，其中对数字经济做了阐述：数字经济是指以使用数字化的知识和信息作为关键生产要素、以现代信息网络作为重要载体、以信息和通信技术的有效使用作为效率提升和经济结构优化的重要推动力的一系列经济活动。

当下，数字经济非常火爆，由互联网带动的一众产业，以及传统的 ICT 产业、新兴的人工智能等统统被纳入这个范畴。

很多经济学家也对数字经济进行了研究，指出数字经济是继农业经济、工业经济之后的一种新的经济社会发展形态，数字经济更容易实现规模经济和拉动效应，正日益成为全球经济发展的新动能。

数字科技和 5G

5G 与大数据、云计算、人工智能等信息技术的融合，对数字经济的发展起到了重要的推动作用，为数字经济的发展带来新的技术红利，并成为全球经济增长的新引擎（见图 4-1）。

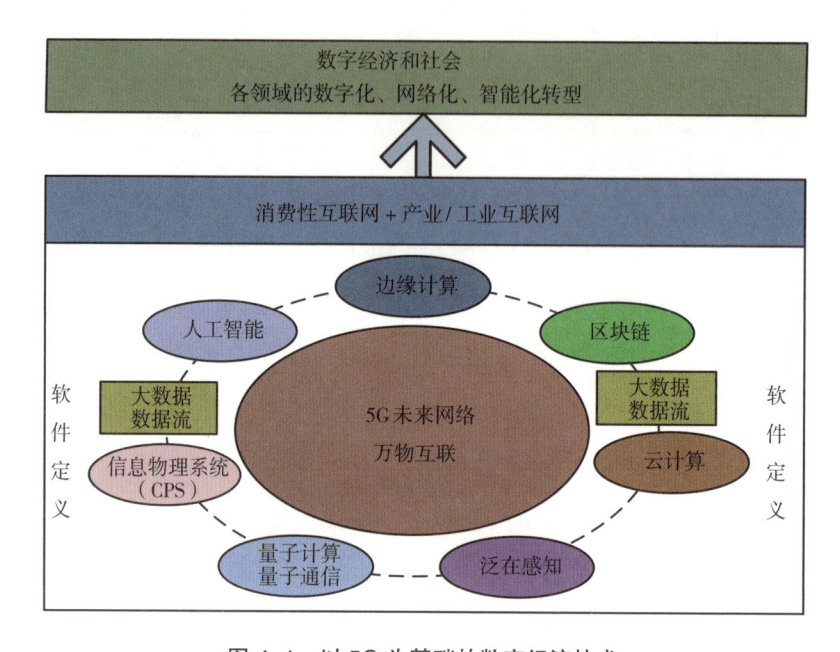

图 4-1 以 5G 为基础的数字经济技术

从技术角度讲，5G 将极大地推动各种新技术的快速应用。真正的数字化转变需要在 21 世纪的环境下重新思考业务模型，而不是简单地向现有模型中增加技术。但现在大部分国家和企业都选择了后者，因为前者实现起来实在太困难了。

中国前期大力推进"两化"，即"以信息化带动工业化、以工业化促进信息化"，定位信息化、工业化的主体是工业企业。制造业转型有很多种方法，如制造加服务、制造变服务等。苹果公司就是典型的制造加服务模式，而劳斯莱斯则是在原有制造飞机发动机的基础上出售服务。显然，未来的发展方向是如何利用数字科技重新思考制造业，进而提高生产力，重塑行业模式，形成新形态。

在数字经济中，数字化是基础，网络化是支撑，智能化是目标。数字经济以数据为生产要素，通过网络化实现数据的价值流动，通过智能化为各行业创造经济和社会价值。数字经济的本质在于信息化，其核心要素是数据。

在数字经济背景下，5G将带来意想不到的社会效应。科学技术是第一生产力，生产力决定生产关系。5G作为强大的生产工具，能够促进云计算、人工智能等其他相关科技与产业快速发展，进而大大提高社会生产力，优化生产关系，并促进数据这个数字时代生产资料的极大丰富。

数据以及5G、云计算、人工智能等科学技术共同构成了数字经济时代的生产资料，数字经济时代的生产资料所有制，即对数据及相关先进科学技术的所有、占有、支配和使用等经济关系，将对现有的生产关系起决定作用。

生产资料所有制不但会改变生产关系，更会影响社会结构，进而改变社会。生产关系是人们在物质资料的生产过程中形成的社会关系。在互联网时代，这种关系已经发生了潜移默化的变化，以传统制造业为代表的工业社会的社会化大生产模式，已经被以现代服务业为代表的数字社会信息主导的生产模式所取代。人们的社会关系，也从纯粹的真实世界延拓到更多的虚拟世界。

在《德意志意识形态》中，马克思和恩格斯认为"任何新的生产力，只要它不仅仅是现有生产力的量的扩大（例如开垦新的土地），都会引起分工的进一步的发展"。在新的生产力作用下，新的社会分工将会不断出现，经济结构也会不断重构与演进。像互联网、移动互联网行业的大发展一样，更多的新产业将出现，人们也会从更多维度来认识社会。

在数字经济下，产业生态会被重构，产业链条也会发生变化。但在ICT产业中，专利、标准必将占据上游，对它们的争夺依然会非常激烈。对中国来说，5G也是可以修改ICT产业规则的千载难逢的机遇。因为我们不但有全世界最大的ICT市场，而且华为、中兴等中国企业在5G专利上已经占据了足够的优势。

2019年7月，德国专利数据公司Iplytics在其报告《谁在引领5G专利》(Who is leading the 5G patent race?) 中给出了对5G标准关键专利 (Standards-Essential Patents, SEP) 的分析，见表4–1。

表 4–1　5G声明中专利族数量最多的专利拥有者及拥有数量

公司	5G公开专利族	美国欧洲或者互利合作条约PTC归档专利	授权专利
华为	2160	1545	608
诺基亚（含阿尔卡特朗讯）	1516	1484	1134
中兴	1424	1014	74
LG电子	1359	1339	1100
三星电子	1353	1330	1015

（续　表）

公司	5G 公开专利族	美国欧洲或者互利合作条约 PTC 归档专利	授权专利
爱立信	1058	1046	525
高通	921	905	536
夏普	660	635	374
英特尔	618	600	62
CATT	552	332	47
OPPO	222	208	36
InterDigital Technology	48	48	17
KT 公司	42	31	5
ETRI	30	27	10
黑莓	20	19	20
富士通	20	7	18
苹果	15	15	3
索尼	14	14	14
联发科	14	13	12
ITRI	11	10	9
华硕	8	8	5
NEC	7	7	1

来源：IPlytics 平台，2019 年 7 月

从图 4–2 中可以看出，华为占据了最多的 5G 核心专利，在高通打造的专利交叉平台中具有一定的话语权。而且随着 3G 网络的不断退出，以华为、中兴为主的新兴力量是有能力改写规则的。

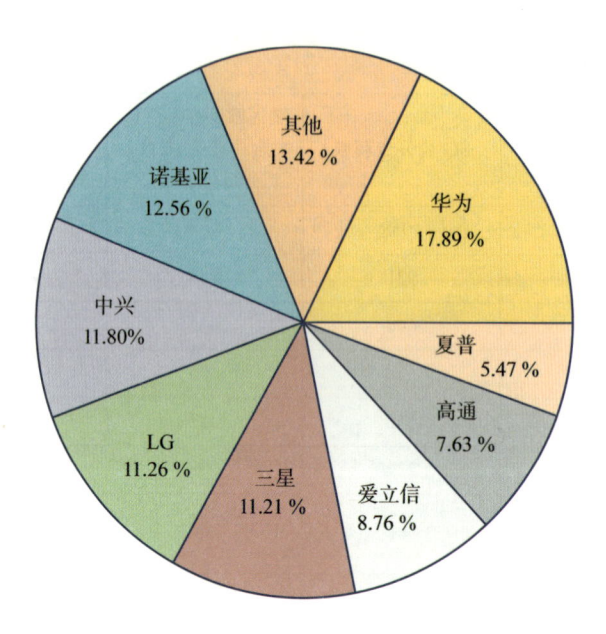

图 4-2　各企业在 5G 标准必要专利申请中的占比

信息通信产业推动的数字经济

很多事情总是会大概率地发生，但从哪里爆发却很难预测。投资趋势，永远不会错！

这两句话，对于纠结于市场、投资问题的人来说，是灵丹妙药。

社交需求是 ICT 的爆点，脸书的巨大成功完美地诠释了信息社会中人们对网络环境下的虚拟社交有多么强烈的需求。其实，在社交这件事上，中国从来没有落后过。虽然中国的三大运营商都曾经各自推出过即时通信应用，例如飞信、天翼 Live、超信，但即使是最成功的飞信也已成明日黄花，在移动 QQ 和微信面前不堪一击。运营商的体制问题、与市场脱节、管理效率低，是导致飞信等应用失败的原因。但我们看一下全球电信运营商就会发现，鲜有成功开发即时通信应用的案例。为什么？

从技术发展过程来理解数字经济，会对当下和未来的数字科技有不同的认知。

如图4-3所示，整个经济的对象可以分为物理世界和数字世界，而物理世界又可以简单地分为人（包括环境）和机器。第一次工业革命和第二次工业革命，利用蒸汽机和电力解放了人的体力，在很多工作上让机器替代了人，大大提高了生产力。但一旦进入机器世界，科学技术的发展重点也发生了重大调整，新兴的现代国家伴随着隆隆的机器声，重新书写着人类社会的秩序。

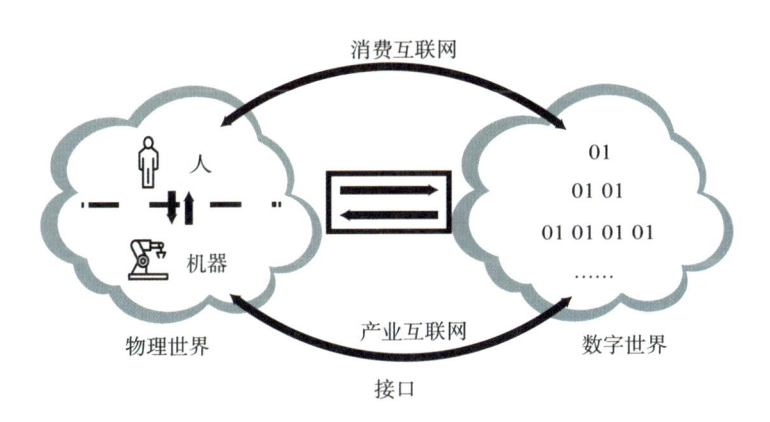

图4-3 物理世界与数字世界

这两次工业革命旨在完成生产过程的机械化和自动化，使得机器设备、系统、生产和管理过程在没有人或较少人的直接参与下，经过自动监测、信息处理、分析判断、操纵控制，实现预期的目标，在极大地解放人的体力的同时，将一些流程以逻辑化的形式加入机器中。在没有交互性的情况下，这种简单逻辑式的自动化还不能称为智能化。智能化应当是具有自感知、自学习、自决策、自执行、自适应的功能，贯穿全产业链、全生命周期的系统化智能。

第三次工业革命是由计算机发起的，它代替的是人类的脑力劳动，同时开始了人和机器向数字世界的迁移过程，吹响了进军数字经济的号角。在数字经济的发展过程中，必须有自动化、网络化的基础，同时配以智能化，才有可能实现真正的数字化。数字经济的主战场在数字世界！

今天的信息通信技术在数字经济中扮演的角色是桥梁——从物理世界向数字世界迁移的桥梁！近期提出的各种数字孪生技术，就是希望完成物理世界与数字世界的对应关系。

之前提到的"产业数字化"，完成的是消费产业、工业产业等各行各业，从物理世界向数字世界的转变，计算机首当其冲，不但会将之前人类和机器的积累进行数字化改造，而且会原生出来很多数字产品。如音乐，之前的各种音乐，通过CD、MP3等形式，完成了数字化，但同时MIDI也原生了很多纯数字世界的音乐。随后是通信技术，将原生于物理世界的模拟信号实时的转化成数字信号，进入数字世界。

这样，很多的数字科技就马上可以在数字世界中归位了：大数据是原材料，区块链是工具，云计算是一种可能的架构，人工智能则是数字世界的大脑。而物联网、工业互联网都是跨界的，

5G则是迎接数字经济全面爆发的引擎！

首先，通过5G可以以更高的效率完成物理世界向数字世界的转化。这期间，物联网、工业互联网的数字化均会得益于5G的大带宽、低时延、海量接入、高可靠的特性。

其次，5G与区块链、云计算等技术的结合，将完成相互赋能，使得这个数字化过程更加可靠、可信、可用。

最后，5G与人工智能技术的结合，不但可以提高5G系统本身的效率，而且人工智能这个数字世界的大脑，可以借助5G更加全面、更加快速、更加深入地渗透到物理世界的各个触角。

5G技术的八大法宝将加速数字经济时代的到来，带着一众数字技术将社会驶入高速发展的快车道，带来经济和社会的大变革。人类社会之后的科技主战场将是数字世界，原生于数字世界的新科技将越来越多，对人类社会的影响也将越来越大！

5G 与区块链的协同效应

2019 年 10 月 24 日，中共中央政治局就区块链技术发展现状和趋势进行第十八次集体学习，中共中央总书记习近平在主持学习时强调，区块链技术的集成应用在新的技术革新和产业变革中起着重要作用。我们要把区块链作为核心技术自主创新的重要突破口，明确主攻方向，加大投入力度，着力攻克一批关键核心技术，加快推动区块链技术和产业创新发展。

我们正处于互联网发展的新旧动能转换时期，在消费互联网需要深化、工业互联网刚起步的时候，5G 来得正好，使区块链技术如虎添翼。那么区块链技术是什么呢？ 5G 对区块链的发展有什么影响？

区块链技术

维基百科对区块链（blockchain）的定义是："是借由密码学串接并保护内容的串连文字记录（又称区块）。每一个区块包含了前一个区块的加密杂凑、相应时间戳记以及交易资料（通常用默克尔树演算法计算的杂凑值表示），这样的设计使得区块内容具有难以篡改的特性。用区块链技术串接的分散式账本能让两方有效记录交易，且可永久查验此交易。"

由此可见，区块链中的数据由一个又一个区块前后链接而成，每一个区块包含了前一个区块的加密杂凑、相应时间戳记以及交易资料，这样的设计使得区块内容难以篡改，可以达到防止抵赖的目的。区块链技术还使用了密码学、分布式计算与存储技术，可以让多方同时有效记录交易，并且可永久查验，从而推动了"信息互联网"向"价值互联网"变迁。

区块链起源于比特币。比特币是第一次原生于数字世界、既不可复制又不是中心化的真正的数字货币。

区块链系统与数字货币紧密结合，得到了迅速发展，发展出了以太币等产品。而数字货币中使用的智能合约为区块链的发展带来了极大的技术变革，它帮助应用开发者缩短了开发时间，同时也帮助区块链技术获得了更多的想象力。

现在，比特币已成长为一个在全球有着数百万用户，数万商家接受付款，市值最高达百亿美元的数字货币系统，各个国家对包括比特币在内的各种数字货币体系，从无视到敌视，再到现在的关注和参与，说明数字技术在不断地发展！

如图4-4所示，从技术构成来说，区块链依靠P2P（点到点）网络技术在各个节点之间传输数据，依靠私钥签名确保数据唯一，依靠公私钥体系构建账户体系，依靠分布式共识算法添加数据并提供网络维护者的激励，依靠默克尔树构建储存数据库，依靠时间戳确保历史区块产生时间和顺序。以下简单介绍一些重要技术：

（1）挖矿：区块链中可以被验证并添加进分布式数据库的数据块称为区块，创造区块的过程称为挖矿。在所有区块链系统中，挖矿都是一个最核心的概念，试图参与挖矿过程的节点被称为矿工。理论上，每个可接入区块链的节点都有成为矿工的权利，但是它们不一定有机会成为矿工。

（2）共识算法：挖矿是一种周期性的竞争行为，根据共识算法不同，对于每个挖矿周期，从矿工中选择"优胜者"的方式也有所不同，通常我们称这些"优胜者"为当前周期"出块者"。这种共识算法通常被理解成为"多数人共识"，而如何在网络中定义"人"这一过程，在不同共识算法中有所不同。目前的共识算法有很多，包括工作量证明和股权证明。而其中的一些算法如果存在网络问题，导致时间和传输不同步，就会产生"分叉问题"，即每轮竞赛之后，可能因为时延或其他原因出现多个优胜者，而这些优胜者存在被其他节点拒绝的情况，如果状况一直进行下去，区块链系统就会被分割为多个链，这就是"分叉"。

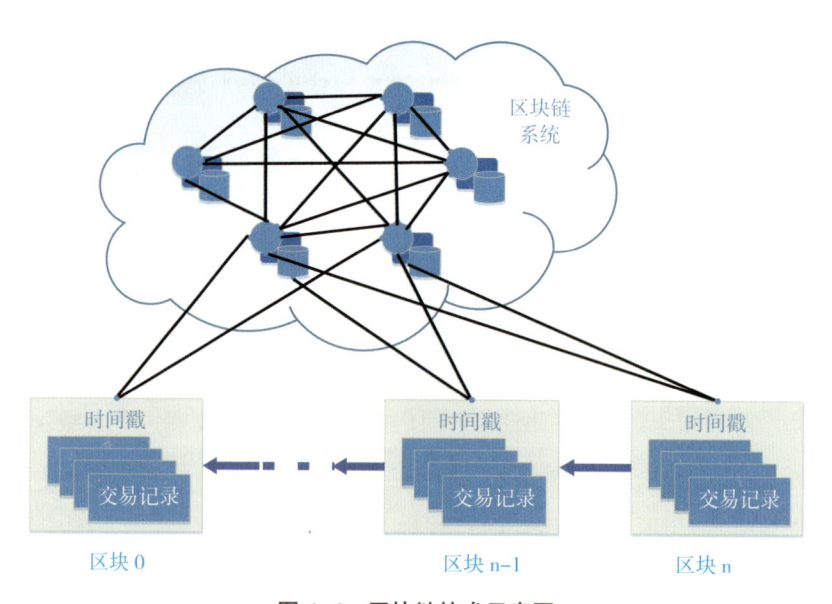

图4-4 区块链技术示意图

（3）加密/签名：依靠密码学的加密和签名技术是区块链中身份唯一性的保证。这里所说的"身份唯一性"，并不是在指代一个人只有一个账户，而是区块链中账户本身是唯一的，只能被自己的"钥匙"打开。这就是非对称加密。在非对称加密中，有一堆密钥，这两者都可以用来加密数据，而必须用另一方才能解密。顾名思义，公钥是公开的一个密钥，私钥是不公开的一个密钥。那么可以很容易理解，当用公钥加密的时候，只有私钥持有者才可以解密数据，这是在做保密传输，称为"公钥加密"。当用私钥加密的时候，所有知道此私钥对应公钥的人都可以解密数据，这是在通过公钥认证身份，称为"私钥签名"。通常只有公钥可以从私钥中计算出来，而私钥却不能从公钥中推出。区块链中的个人账户地址是与公钥一一对应的，这就是区块链系统能够保证账户和交易唯一的秘密。

（4）P2P分布式网络：P2P是一种点对点数据传输技术，依靠用户群交换信息，与有中心服务器的中央网络系统不同，对等网络的每个用户端既是一个节点，也有服务器的功能，任何一个节点无法直接找到其他节点，必须依靠广播进行信息交流。当然P2P网络也有很多种，不同区块链中可能采用不同实现方式。其实P2P网络技术很早就被应用到网络文件下载软件中，如迅雷和电驴等软件。

5G与区块链相互赋能

区块链中最重要的技术创新是共识算法，而公有链中的共识算法面临的关键问题是分叉问题。很多人认为5G是信息高速公路，是IT基础设施。它能够给区块链中的共识算法带来两个优势：更多的节点和更低的时延。海量多节点可以保证更多用户参与挖矿竞赛，而更低的时延可以改善区块链系统面临的一致性问题，提高区块链网络本身的可靠性。区块链所需要的大量数据传输业务也给了5G网络中大带宽的实用场景，从而相互促进，互利共生。

目前的区块链系统中的一些问题也可能因为5G的到来而得到缓解，比如算力/票集中化导致的安全性下降。我们可以很理想地认为在互联网上一个"单位算力"就是一个人，但是存在经济利益之后，就会有各种手段来取得算力领先优势，比如"矿机""矿池"等以大算力为目标所建立的设施。PoS也是如此，有多少票是一种经济行为，而在各种经济领域，"二八准则"始终是存在的，也就是说，以票计人总是会陷入寡头垄断的窘境。而在5G时代，计算力的集中化可能会因为更多节点加入而得到缓解。

区块链也可能成为5G时代的一种创新的应用，它可以打破当前依赖中心机构作为"代理人"的交易模式，建立起一套所有网络节点见证的"见证人"体系，并通过链上确权和分发，使互不信任环境中的点对点价值交换成为可能，它大大提升了终端交易的效率并降低了交易成本，对当前的全球金融结算体系是一种巨大的冲击，有利于跨国、超低费率的小额交易和银行清算体系成立。从政治上来说，这种担保体系也有利于打破当前美元作为国际结算货币而形成的全球垄断地位。这种线上金融的发展有利于整个IT产业的继续繁荣和进步。

5G 加速云网融合

云计算是什么？在不同企业眼里有完全不同的定义。美国国家标准和技术研究院的云计算定义中就明确了三种服务模式：

- 软件即服务（SaaS）：用户可以直接"租用"应用程序，不必考虑应用程序背后的逻辑和硬件结构，比较典型的是 office 365（跨平台办公软件）。
- 平台即服务（PaaS）：用户可以使用和掌握应用程序的运行环境，但是不能修改它所在平台和操作系统，比较典型的例子是 Google App Engine（谷歌应用软件引擎）。
- 基础设施即服务（IaaS）：用户可以直接使用和修改一些硬件基础资源，比如处理能力、储存空间或者防火墙等，比较经典的例子是 Amazon AWS（亚马逊云计算平台）服务。

这三种服务模式也代表着云计算的纵向发展潮流，从 IaaS 到 PaaS 再到 SaaS，用户所需要关心的技术细节越来越少，服务对用户也越来越友好。现在，个人用户和中小企业想要制作一个网站的难度越来越低，不得不说云计算起了至关重要的作用。一些从业者认为真正的云计算要具备三个基础条件：

- 完全虚拟化的基本资源，比如计算、内存、硬盘、网络等计算结构中的基本单元，可以放开让真正有需求的用户随意定制。

- 真正实时响应的弹性扩容，可以让用户所想即所得，不用的时候就可以直接舍弃，从而省下维护费用。
- 服务质量在各方面都可控，用户可以自由选择调整自己所需的服务指标，比如网速、计算速度、时间时延等。

目前的云计算正在朝这些方向发展，也因此诞生了多种不同类型的云计算产品，比如用于储存的云对象数据库，主要用于内容缓存的内容分发网络，用于大规模机器学习计算的推理业务和大规模分布式计算等。可以看到在这其中涉及计算机硬件、涉及数据传输，也涉及软件设计，这也对应目前云计算产业的三大阵营，即互联网阵营、IT阵营和电信运营商阵营。

目前，IT阵营主要向大客户提供私有云产品和解决方案，电信运营商和互联网阵营则同时提供公有云和私有云服务，争夺也十分激烈。

5G 天生于云

不过，不得不认识到的现状是，网络依然是运营商的主要阵地，虽然一些外部厂商有能力基于运营商的机房托管业务提供内容缓存，但是限于虚拟化程度，网络部分依然无法纳入云计算的范畴。目前运营商对5G的期望是通过全面引入软件定义网络（SDN）和网络功能虚拟化（NFV）来重构数据传输网络架构，并借助边缘计算（MEC）这个机遇在云计算领域占据一席之地。可以说，运营商和IT厂商普遍认为5G和云计算天生就是相互促进、相互融合的。

正如中国电信董事长柯瑞文所说："5G时代是云的时代，也是云和网相互融合的时代，5G加速云网融合，云网融合为5G赋予更多内涵，两者共生共长、互补互促。"同时，中国移动也表示未来将依托5G技术，持续加大云端前沿应用的研发投入。联通则系统通过边缘云作为依托，形成"网、云、业三位一体发展"模式。

一方面，5G网络是一种"云源生"的数据传输网络，网络单元虚拟化可以帮助运营商节约电力成本，同时帮助运营商更有效地布网和运维，把计算节点下沉这种边缘架构也是5G网络能够保持低时延的关键，是5G网络的大势所趋；另一方面，只有虚拟化和网络深度融合，才能让运营商有能力拓展出更多业务，比如为企业提供自定义专用网络和专用数据通路。可以说5G的发展也在拓展云计算边界，把原有的计算、内容、带宽等云计算三维元素拓展为计算、内容、带宽和时延四维。因此，5G和云计算必然相辅相成、协同发展。

云边协同

近10年，IT基础设施云化的趋势越来越明显，全球的IT支出也有所减少，但是云计算的收入却在不断增加，这说明IT产业基础设施支出正在向更高效的渠道发展，也就是云计算。运营商作为 IT 基础设施的一种，也正在面临这种市场瓜分危机。目前国内云计算已经形成以阿里、电信、联通为主导的格局，5G 将会是又一次重新划分市场的机遇。

从运营商的角度来看，在全国连接终端有望超过 1000 亿的 5G 时代，一个云化的核心网络毫无疑问是必需的，但是怎么部署以及怎么划分是一个重要的问题。运营商普遍认为，在 SDN/NFV 的基础上，未来网络需要被划分为"三朵云"，如图 4–5 所示。

这里的"三朵云"是指接入云、控制云和转发云，分别对应接入网覆盖和容量的虚拟化、网络控制功能虚拟化和控制与数据流量的彻底分离。接入云可以通过针对不同业务场景的划分和识别，通过灵活的集中控制实现大型宏基站和微型室分系统的覆盖与接入流量分离，如果用户需要强信号就接入宏基站，如果用户需要大流量传输就接入微基站；控制云负责一定区域内的移动性管理、策略管理、路径管理和干扰管理等问题，可以实现用户在移动时多个基站之间的无缝切换和交接，提高用户体验；而转发云负责用户的控制面和数据面解耦分离，从而实现移动网络边缘节点的内容缓存和计算缓存，从而减少时延、减少接口流量并改善用户体验。

从目前网络部署和技术成熟度来说，移动和联通的思路是部署控制云、加快接入云、暂缓转发云。而这三种云服务都有一个共同的特点，就是需要部署在网络边缘，即边缘云。边缘云是 5G 网络本身的要求，同时它也可以用来给其他行业提供数字化服务，

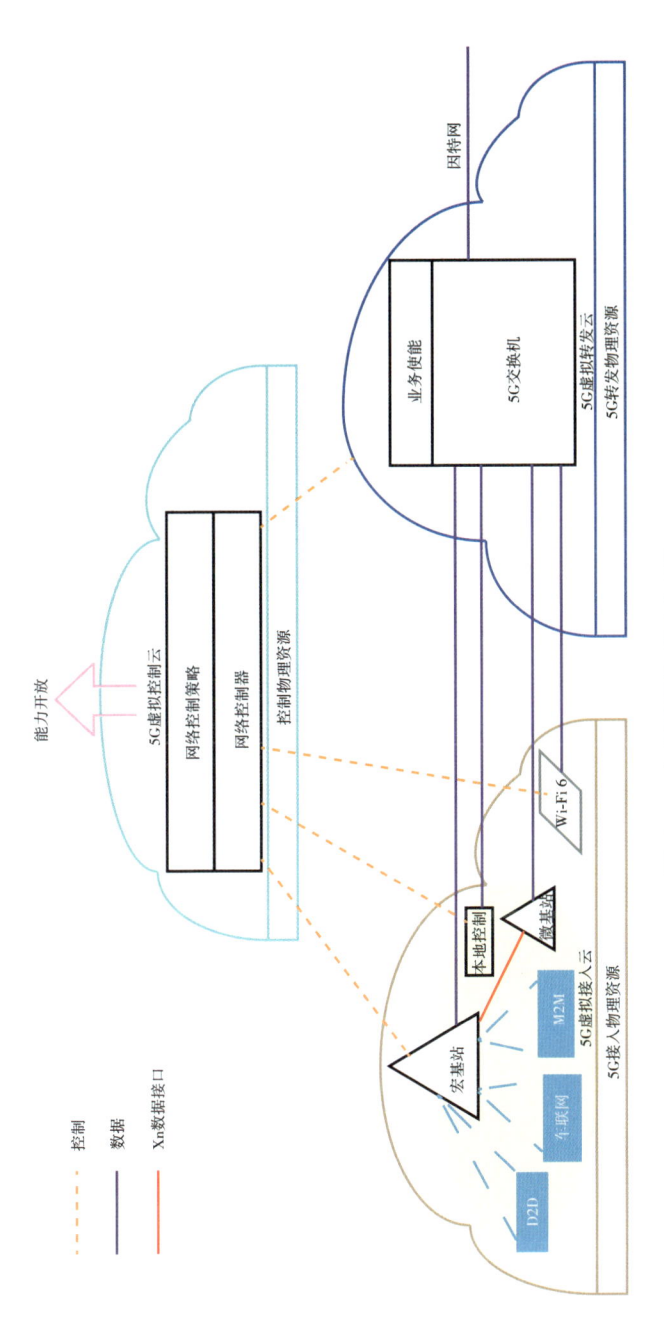

图 4-5 未来网络的"三朵云"

赋能传统行业，比如视频监控、智能制造、车联网、零售、能源等常见细分应用场景。

边缘云的优点是可以提供超低时延的大带宽服务，降低对核心网和传输网络的依赖，并减少网络带宽压力，同时可以快速响应用户请求，提高服务质量，这是任何行业都需要考虑的内容。我们也可以认为内容分发网络是在近似边缘的省市级运营商机房部署内容缓存服务器，从而加速用户访问固定资源的速度；而边缘云是在更加下沉的县、区级机房部署计算加内容缓存服务器，从而加速用户的计算速度和访问资源速度，更好地提高用户体验，这也正是产业互联网所追求的目标。

5G+云计算始终被认为是5G中最具潜力的应用之一，超高速、大带宽的5G网络下载速度可能达到数百兆，甚至超过了机械硬盘的读写速度，这意味着一些常规、高计算量的应用部署在"边缘云"节点甚至可能比安装在"本地"更快，云计算作为重要的核心技术，在5G时代将会全面赋能企业、用户的创新。

5G 让人工智能无处不在

在诸多的 5G 宣传资料中，大量的人工智能元素和场景被加入进去，这让我们对 5G 所能创造的美好未来充满憧憬。但这里有一个简单的逻辑问题需要了解。

有些功能和场景不是 5G 所独有的，如之前提到的 AR/VR。如果在 4G 中没有找到合适的目标人群、健康的商业模式，那么 5G 能给这些功能和场景赋予新生吗？

早在 1950 年，还是大四学生的马文·明斯基（Marvin Minsky）与他的同学邓恩·埃德蒙（Dunne Edmund）共同建造了第一台神经网络计算机。同年，"计算机之父"阿兰·图灵提出了通过图灵测试判别机器是否具备智能的设想。自 1956 年达特茅斯会议首次提出人工智能概念后，人工智能技术正式成为一门学科。

如图 4-6 所示，数十年来，人工智能的发展历程可谓是高潮迭起和低谷沉迷的交织。数次高潮时期包括 20 世纪 60 年代、80 年代前中期、90 年代至今，其间依托计算机性能的高速发展，完成了数学证明、逻辑推理、数据领域等世所瞩目的突破。而低谷往往是由于运算力和领域应用难以满足人们过高的期望所致，经过一段时间的反思和沉淀，就会又形成一轮技术的爆发。

如今，人们对人工智能赋予了极大的关注与极高的期待。人工智能曾有过辉煌的成绩，如帮助诸多产业提高业务流程效率的专家系统、战胜国际象棋大师卡斯帕罗夫的深蓝、战胜李世石和柯洁的 AlphaGo 等。随着互联网的普及和大数据的兴起，人工智能技术仍有很大的发展空间。

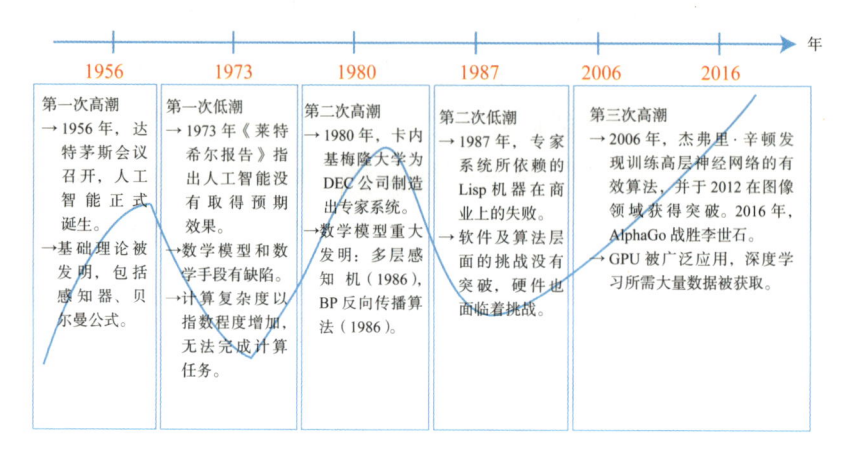

```
                1956      1973      1980      1987      2006      2016        年

第一次高潮        第一次低潮    第二次高潮    第二次低潮    第三次高潮
→1956 年，达    →1973 年《莱   →1980 年，卡内  →1987 年，专家   →2006 年，杰弗里·辛顿发
特茅斯会议      特希尔报告》指  基梅隆大学为    系统所依赖的    现训练高层神经网络的有
召开，人工      出人工智能没   DEC 公司制造   Lisp 机器在商    效算法，并于 2012 在图像
智能正式       有取得预期     出专家系统。    业上的失败。    领域获得突破。2016 年，
诞生。        效果。        →数学模型重大   →软件及算法层    AlphaGo 战胜李世石。
→基础理论被    →数学模型和数   发明：多层感   面的挑战没有    →GPU 被广泛应用，深度学
发明，包括     学手段有缺陷。  知机（1986），  突破，硬件也    习所需大量数据被获取。
感知器、贝     →计算复杂度以   BP 反向传播算  面临着挑战。
尔曼公式。     指数程度增加，  法（1986）。
            无法完成计算
            任务。
```

图 4-6　人工智能的发展

我国在促进人工智能技术发展方面，也有诸多举措。近年来，我国已在北京、上海、杭州、南京、苏州等多个地区成立人工智能技术园区，积极鼓励人工智能商业创新企业，开放多种应用试点，研究和出台相关政策，召开峰会会议，发布研究报告、白皮书等，逐渐打造生态体系。

从人工智能的基础学科角度看，数十年来的进展比较有限，其取得的成绩很大程度上归功于计算能力的日益强大。2016 年以来，AlphaGo 带动的新一轮人工智能浪潮其实是由算法与算力带动的。2016 年 3 月，第一代 AlphaGo 以 4∶1 的比分在比赛中战胜了李世石；2016 年末，AlphaGo 以"大师"（Master）的账号在网络上以 60∶0 横扫中日韩数十位世界围棋顶尖高手，举世震惊。

2017年5月，排名世界第一的围棋冠军柯洁为人类荣誉而战，不出意外地以0∶3负于AlphaGo。2017年10月18日，谷歌公司研发出AlphaGo的DeepMind（谷歌的人工智能实验室）团队公布了最强版AlphaGo Zero，仅经过3天的训练便以100∶0击败了AlphaGo Lee（击败李世石的AlphaGo版本），经过40天的训练后击败了AlphaGo Master。在AlphaGo击败李世石的时候，因为它是用深度学习算法学习了数百万人类围棋专家的棋谱，用强化学习的监督学习进行了自我训练，所以，当时有专家指出，如果用水平极低的棋谱去训练，或许有不同的结果。但AlphaGo Zero是从空白状态学起，在无任何人类数据输入的条件下，只需理解围棋规则，便能够迅速自学围棋。这使我们相信，一个围棋新物种诞生了！

可计算的智能依赖于强大的计算能力并完美落地，展示出来的结果使得人们相信硅基智能将超越碳基智能。硅基智能可以采用很难用严谨理论解释的算法，将意想不到的结果展示在人们面前，使得人们赞叹并沉迷，而忽略了对过程，也就是对思考和智能本身的重视。那么，智能的本质又是什么呢？

在《韦氏大字典》中，智能被定义为"学习和解决问题的能力"（The capacity to learn and solve problems）。这种能力可以被碳基生物所具备，也可以被硅基机器所具备。它的本质是洞察事物本质（感知），透彻理解问题（认知），得到完美方案（行动）。感知、认知、行动这三种行为都是主动的，而且所面对的事物往往是新事物，问题也是新问题。而这些都不是今天被普遍谈论的人工智能。今天普遍谈论的人工智能是一种生产工具，可以帮助我们提高劳动效率，但无法帮助我们深入理解事物本质。

马克思认为，劳动和土地，是财富的两个原始形成要素。恩格斯认为，其实，劳动和自然界在一起才是一切财富的源泉，自然界为劳动提供材料，劳动把材料转变为财富。人工智能如果被看作一种劳动工具，让人们的劳动更加高效，那实在是暴殄天物了。将自然材料转变为财富的劳动不仅仅依靠工具本身，还依靠人的思想。

智能也是这样，其创造出来的算法、系统可以让我们更加高效地完成一些工作，但背后的规律与机理才是智能的本质所在。

我每遇到一个翻译软件，总要尝试的一句话就是中文的"胸有成竹"，看这个翻译软件能否将其准确地翻译成英文。很遗憾，到今天为止，还没有一款翻译软件成功，更不要说翻译最新的俚语和网络语言了。对语义的理解一直是翻译软件所面对的难题，因为这才是真正的智能。

万物皆计算是计算机时代的基本规则，而人工智能正是对此规则的典型诠释。当前人工智能的蓬勃发展一方面得益于计算能力的日渐强大，另一方面得益于现实事物与规则在计算中的抽象化。而强大的计算能力，使之前很多理性基础上的感性思考判断变成了完全的遍历计算或基于特定算法的优化计算，其效果远远优于人类计算。这使得我们沉迷于当下基于强大计算能力所实现的人工智能，而忽略了更重要的对智能本源的探索。毕竟，计算本身不会产生智能，通过大量遍历运算虽然也能得到最优结果，但其实质上并非智能。新一代信息革命作为工业革命、电气革命之后最重要的产业革命，人工智能必将成为其最重要的科学依托。

作为未来信息时代主要的发展方向，人工智能的感知、认知、行动三方面缺一不可，但在 5G 时代，最重要的则是认知。5G 时代到来了，但人工智能中最核心的认知能力，却是 5G 无法凭借自身实现的，也是其最需要的。

近年来，我国智能手机及应用已逐渐普及，人们已习惯了电信网络及其终端带来的日渐丰富的业务体验，因而在电信系统中积极引入人工智能产业应用将推动产业链革新。目前，人工智能与安防、金融、交通、教育、医疗等领域融合逐渐加深，应用场景逐渐趋于广泛。深度学习、语音识别、人脸识别等技术往往基于云端服务器进行数据训练与推理。随着 5G 网络的建设，云端与手机终端的时延逐渐缩短，数据速率增大，将使得用户体验随之极大提升。同时，手机性能的提升，可使一部分运算需求较小的应用通过手机终端完成，进一步灵活化应用场景，还可以保护数据隐私。此外，智能手机自身也可采用人工智能技术，即系统结构人工智能化，业务应用人工智能化，来实现一定程度上的突破，虽暂未达成相应的规范和界定，但通用芯片已能够奠定必要的算力基础，未来有望通过软硬件协同达成技术突破。

今天，所有可以范式化的问题大部分被归于赋值计算或者穷举问题，万物皆计算使得我们可以掩盖对规律认知的缺失，所以落地的智能都是可计算的智能。我们如今还在苦苦探索什么是智能，智能是否可计算，硅基机器是否会有碳基智能等等，这些本原问题的探索，才是人工智能的本质，而我们今天见到的更多的是其应用。

  作为基础信息设施的 5G，将会带来海量的大数据和高速的信息传输，这些数据和信息为智能处理带来了更多的素材，也提供了更多的机会。其实，5G 系统本身也需要智能化，而 CT 的 IT 化使得这成为可能。如果 5G 本身智能化能够成功，我们就可以期待未来的 6G 将是一个更加伟大的时代。

5G 为大数据而生

数据是数字经济的关键要素，大数据是当前最受瞩目的技术之一，深受科学、技术、产业、资本等各界的青睐和追捧。国际电信联盟在 2013 年 11 月发布了题为《大数据：今日的大问题，明日的平常事》(Big data: Big today, normal tomorrow) 的技术观察报告，分析了大数据相关的应用实例，指出了大数据的基本特征、应用领域和面临的挑战与机遇。2014 年 12 月 2 日，全国信息技术标准化技术委员会大数据标准工作组正式成立，下设 7 个专题组：总体专题组、国际专题组、技术专题组、产品和平台专题组、安全专题组、工业大数据专题组、电子商务大数据专题组，负责大数据领域不同方向的标准化工作。国务院在 2015 年 8 月 31 日印发了《促进大数据发展行动纲要》，明确指出了大数据的重要意义和主要任务，同时指出大数据已成为推动经济转型发展的新动力、重塑国家竞争优势的新机遇、提升政府治理能力的新途径。2015年 12 月，中国电子技术标准化研究院在工业和信息化部信息化和软件服务业司、国家标准化管理委员会工业二部共同指导下编纂发布了《大数据标准化白皮书 V2.0》，在援引了多家权威机构、知名企业的定义后，给出了国内对大数据概念的普遍理解：具有数量巨大、来源多样、生成极快、多变等特征，并且难以用传统数据体系结构有效处理包含大量数据集的数据。而 5G 时代将是一个大数据爆发的时代。

大数据的数据特征

对于大数据的数据特征,通常引用国际数据公司(International Data Corporation,IDC)定义的4V来描述:

(1)数据种类多(Variety)。除了一般意义上的结构化数据外,大数据还包括各类非结构化数据,例如文本、音频、视频等,以及半结构化数据,例如电子邮件、文档等。数据结构的多样性、复杂性大大提升了数据处理的难度,对系统软硬件提出了更高的要求。如何根据数据结构特性选配合适的硬件设备,制定合理的数据结构预处理方案,是对当前现实情况有针对性的研究重点之一。

(2)处理速度快(Velocity)。针对大数据的数据处理系统,若不具有工业级实时处理能力,在实际应用中也就不具有时效性。当今,电子技术的发展极大地提升了硬件的处理能力,然而,相比之下,数据的复杂性和庞大的体量仍然使得高效实时的数据处理在很多场景下显得困难重重。

(3)数据容量大(Volume)。相对于传统系统而言,大数据系统的容量必定是海量的,这就需要大数据处理系统具备强大的数据存储和处理能力。除此之外,在特定情况下,数据量往往会出现波动和急剧增长的情况,进一步对系统形成了考验。

(4)数据价值高(Value)。虽然大数据包含的数据量庞大,但是具有复杂多样结构的海量数据中真正有价值的数据占比很可能是极少的。也就是说,整体而言,大数据的数据价值密度低,如何判断并筛选价值高的数据是相应处理系统的关键技术之一。

随后，一些组织、机构与个人根据各自理解与对数据的要求，对 IDC 所定义的 4V 特征进行了改进和拓展。IBM 在 2013 年 3 月给出的《分析：大数据在现实世界中的应用》白皮书中对 4V 进行了重新定义，在保留了涵盖大数据本身的关键属性的 Variety（种类）、Velocity（速度）和 Volume（容量）的同时，还考虑了一个重要的第四维度：Veracity（精确性），来凸显与管理某些类型数据中固有的不确定性的重要性。《大数据标准化白皮书 V2.0》中转引了阿姆斯特丹大学尤里·杰姆琴科（Yuri Demchenko）等人基于原有 4V 基础上拓展为 5V 的理论，即增加了 Veracity（真实性），对大数据的可信性与真伪提出了要求。

各国际标准化组织对大数据开展了较多的研究工作。ISO/ IEC JTC1 SC32（数据管理和交换分技术委员会）下设电子商务、元数据、数据库语言、SQL 多媒体和应用包四个工作组，致力于研制信息系统环境内及其之间的数据管理和交换标准，为跨行业领域协调数据管理能力提供技术性支持。2013 年 11 月成立的 ISO/IEC JTC1 SG2 负责调研国际标准化组织（ISO，International Organization for Standardization）、国际电工委员会（IEC，International Electrotechnical Commission）、第 1 联合技术委员会（ISO/IEC Joint Technical Committee 1，ISO/IEC JTCI）等在大数据领域的关键技术、参考模型以及用例等标准基础，确定大数据领域应用需要的术语与定义，评估分析当前大数据标准的具体需求，提出 ISO/IEC JTC1 大数据标准优先顺序。2014 年 11 月成立的 ISO/IEC JTC1

WG9（Work Group 9，大数据工作组）负责大数据国际标准化，具体工作包括开发大数据基础性标准，包括参考架构和术语；识别大数据标准化需求；同大数据相关的 JTC1 其他工作组保持联络关系；同 JTC1 外其他大数据相关标准组织保持联络关系。国际电信联盟 ITU–T SG13（ITU–T 标准化部门第 13 研究组）负责大数据的标准化工作，下设 Q2、Q17 和 Q18（分别指不同的课组），并由 Q17 牵头开展 ITU–T 大数据标准化路标的制定工作。

从技术角度上看，大数据离不开海量数据采集、云计算、数据挖掘等技术；从学科角度上看，大数据属于数据科学。作为新兴的交叉学科，数据科学本身的基础体系尚未发展成熟，具有较多的开放问题有待深入讨论，但这不影响大数据技术在各个领域的成功结合与应用，尤其是人工智能领域。

5G 时代的大数据

大数据自 2005 年随 Hadoop（分布式计算）技术诞生而萌芽，到逐渐受到技术认可，进而被各国政府重视，我国已将其列入十二五、十三五规划中，大数据已逐渐成为产业中不可忽视的一部分。5G 时代为以大数据为中心的多领域技术全面进步提供了很多机遇，并能够通过高带宽支持粒度更高的数据传输与处理，通过低时延推动更多样算法模型的实现，通过高可靠性扩展更高难度的应用场景，使大数据在多种应用平台上得以实现价值化操作。

首先，5G 的高速率网络传输将为大数据提供源源不断的海量的数据规模。5G 支持 x 速率的高密度用户传输,单位面积的联网设备可达到 4G 的 100 倍。

5G 使大数据内容更加充实和丰富。5G 对万物互联的支持,能够增加数据的来源多样性,并进一步丰富数据维度。如物联网、智能家居、可穿戴设备、车联网、智慧城市、智慧工厂、农业物联网、远程医疗、无人机等。来自各种设备终端、各行各业的结构化或非结构化的数据的收集将更加可行和容易,进而促进大数据的算法落地和新技术的研究开发。数据都是来自已知世界,没有超出数据采集终端的范围,所以必然造成对未知世界的无知。通常,机器学习是基于已知观测数据建立模型,并依据模型来求解问题。获取更加丰富的大数据内容将有助于以机器学习、深度学习为代表的大数据智能处理技术发展,从而突破"黑天鹅"认知瓶颈。

5G 促进了大数据分析处理能力的提升。5G 的数据传输速率和网络架构能力都有显著的提升,这对大数据分析处理平台是非常有利的。大数据的海量数据运算量难以通过单一平台支持,通过 5G 网络较高的数据速率和超低时延级联多台运算和存储设备并行处理,高效协作,将促进更多受以往设备和网络连接所限的数据处理算法的实现和应用,并进一步推动大数据运算能力的提升。

5G 对大数据应用垂直化起到了积极作用。大数据应用的垂直化一定程度上被自身所牵制,不利于人工智能的快速发展,而 5G 将为垂直业务带来发展机遇。大数据应用对垂直行业的专业性要求很高,只有深入理解垂直行业的需求、现状,才有可能有效发挥大数据的优势。而人工智能从专家系统开始就已经意识到业务的专业性是该领域发展最大的瓶颈。5G能够加速垂直行业的数字化转型，带来更广阔的覆盖和更稳定的网络连接。同时，5G得益于其技术的融合特性，具有广泛的应用范围和良好的适应性，能够多行业、多领域运作，最终促成传统垂直行业的大数据采集与处理，并推动人工智能技术在垂直行业的进一步发展。

虽然当前大数据技术和应用在很多方面还不够成熟，行业生态还不够完善，各方面尚面临诸多挑战，但在5G新技术的助推下，在各项制度的逐步完善下，5G必将助推大数据来为世人呈现出一个美好崭新的未来。

第五部分

5G 成为经济增长新引擎

5G所提供的基础能力将会使各行各业从中收益；5G所提供的差异化服务将会使我们真正迎来产业互联网的浪潮。5G与物联网、工业互联网、车联网等行业的深度融合，5G与大视频应用等，都将创造数字经济的新价值体系，满足更多产业需求，催生出更多新业务，孕育出更多新服务，创建产业新业态和新模式。根据中国信息通信研究院测算，预计5G在2020—2025年将拉动中国数字经济增长15.2万亿元。5G的商用将成为中国经济增长的新引擎。

5G+ 大视频

在 5G 的三大应用场景中，增强移动宽带是第一个正式商用的场景，其特点是速率高。基于此，在 4G 时代大放异彩的视频业务将得到进一步深化，迎来更大的发展。下面就 AR/VR、云游戏和超高清视频三个产业做下介绍。

AR/VR

当下，人们都在热议 5G 的什么业务会成为撒手锏业务。目前最被看好的是 AR/VR。钱学森院士称 VR 为"灵境技术"，而在早期研究中，AR 是 VR 技术的一个分支。随着技术的发展，两者虽然在技术上趋同，但在应用领域的差异越来越大。

虚拟现实 VR 这个概念最早出现于 1949 年美国科幻小说家斯坦利·温鲍姆（Stanley G. Weinbaum）的作品《皮格马利翁的眼镜》（*Pygmalion's Spectacles*），书中描述了一个基于头显的虚拟现实系统，并且融合了嗅觉和视觉的体验。而最早的虚拟现实设备是计算机科学家伊凡·苏泽兰（Ivan Sutherland）在 1968 年开发的虚拟现实头戴显示器设备："达摩克利斯之剑"。作为技术概念，虚拟现实是在 20 世纪 80 年代由美国 VPL 公司创建人杰伦·拉尼尔（Jaron Lanier）提出的一种综合利用计算机图形系统和各种现实及控制等接口设备并可以在计算机上生成的、可交互的三维环境中提供沉浸感觉的技术，并将其命名为 VR（Virtual Reality，即虚拟现实）。2012 年 8 月，一款名为 Oculus Rift（头戴式显示器）的产品登陆 Kickstarter（众筹网站）进行众筹，首轮融资就达到了惊人的 1600 万元；一年后，Oculus Rift 的首个开发者版本在其官网推出；2014 年 4 月，脸书花费约 20 亿美元收购 Oculus 的天价收购案，也成为引爆虚拟现实的导火索。2015 年 1 月，微软对 Microsoft HoloLens 混合现实设备的能力进行了发布和展示，它可以无缝地把全息对象集成到用户世界，有时难以区分自己是在现实世界还是虚拟世界，而且微软开放了开发接口，让基于 HoloLens 平台的新应用不停地由独立开发者开发出来；2016 年，三星和脸书联合推出了一款全新的 Gear VR 虚拟现实头盔，用户通过 Micro USB 接口将智能手机连接到头盔上，观看视频时就可以体验穿越时空、身临其境的感觉。

中国信息通信研究院在《虚拟（增强）现实白皮书（2017）》中，指出了 AR/VR 五大关键技术领域：近眼显示、感知交互、网络传输、渲染处理与内容制作。目前，AR 应用侧重于工业环境仿真培训、军事训练等领域，VR 应用则侧重于电子游戏、视频展示、直播等领域。

虚拟现实产业链条比较长，包括内容应用、终端器件、网络/通信平台和内容生产四大部分，每部分都有涉及领域广、参与主体多的特点。其中，就网络/通信平台而言，5G 中的 eMBB 技术对 AR/VR 的支持非常好，可以完成之前在 4G 网络中无法实现的多用户体验。目前，VR 显示设备集成 5G 通信模块有三种方式：一是 VR 终端直接使用 5G 通信芯片的套片进行一体化设计，该方式对 VR 终端的设计要求较高；二是以 5G 通信模组方式集成，5G 通信模组可提供插拔式接口 minPCI-e，并连接到 VR 终端上；三是将 5G 设计作为简易 VR 终端进行显示。

我国在网络/通信平台方面实力较强，在近眼显示上与国际领先水平接近，但在其他三个关键技术领域（感知交互、渲染处理和内容制作），与国外先进水平还有一定差距。在示范应用上做得较好，但在产业应用上缺乏号召力和影响力。

AR/VR 是一个由来已久的技术，而且无论技术专家，还是普通用户，都坚信这是未来不可或缺的重要技术。

几经沉浮，AR/VR 锁定的始终是军事训练、员工训练、电子游戏等领域，而没有被社会普及的原因是其终端设备昂贵、素材少等。然而，5G eMBB 场景所提供的大带宽能力能让 AR/VR 得到长足发展吗？由于 4G 存在网络时延，AR/VR 的用户体验并不完美，用户常会感到头晕甚至引发晕动症，那么 5G 的高速率能否让用户体验更好？

2019 年 4 月，韩国推进了 5G 商用，运营商纷纷推出 VR 业务。其中 LG U+ 提供的 U+AR 主打 360 度观看明星偶像，并可以通过 AR 的方式与明星偶像合影，提供的 U+VR 主打独家视频、游戏、电影和表演；SKT 提供 5GX VR，主打明星偶像、教育（VR 英语等）、活动课程（VR 健身课程等）、电影、文化（VR

旅游、VR 名画等)、直播(棒球赛 VR 直播)、游戏等。在 2019 年 6 月的统计数据中,25% 的 5G 流量来自 AR/VR;而在 4G 流量中,这个比例仅为 2%。这让大家对 5G 时代的 AR/VR 充满了幻想——撒手锏业务就在眼前!很多业界人士都非常乐观地相信,5G 就是为 AR/VR 打造的,AR/VR 就是 5G 的第一个撒手锏业务。

真的会这样吗?历史往往会重演。每一个新技术出现时,都会锁定自己的目标人群和市场,展示自己所期望的撒手锏业务,这也正是诸多新技术宣传的重点。但往往事与愿违。

3G 时代,中国宣传的撒手锏业务是视频通话,结果一败涂地。在 3G 网络下,不要说视频通话,就是看视频都有些勉强。实际上,3G 时代在中国的撒手锏业务是微博。由微博引爆的移动互联网产业,开始了产业萌芽,完成了市场培育。现在人们已经习惯用手机终端上网获取和发布一些信息,也开始习惯利用自己的移动终端实现诸如定位、生物特征识别等基础功能。

到了 4G 时代,百花齐放的移动互联网产业在初期,并没有哪个业务是典型的胜出者,但他们几乎都依赖于移动支付,运营商们也开始大力宣传网速快了,同时非常谨慎地提醒用户对于大流量带来的高资费一定要慎重。其实早在 2000 年前后,中国移动就曾经试图开拓移动支付这个业务。虽然当时的通信行业如日中天,在全国经济结构中增速极快,但在尝试与银行的谈判开通移动支付权限的过程中还是举步维艰。行业之间的壁垒,一定要在合适的时间用合适的方式打开。今天,我们可以用体制、市场、技术等各种因素去思考和分析谈判的艰难。最终，体制外的支付宝用移动互联网技术将体制内的通信产业和银行产业没有完成的伟业实现了。

时至今日，我们发现，4G 时代完成了移动互联网的基础业务构建，而且让用户已经非常习惯于这种业务体系。

随后，短视频业务的爆发成了 4G 时代独特的撒手锏业务。以抖音为代表的短视频之所以能成为 4G 标志性撒手锏业务，不仅在于大量的用户迅速而深度的参与，更在于它深深地抓住了人性的特点，主动推送用户感兴趣的题材，让人上瘾，并让开发者从中发现商机。

从展示媒体的形式来看，从短信、微博、图片到视频，以此推下来，5G 时代似乎应当是 AR/VR 的天下，而且韩国 5G 商用的数据似乎也佐证了这一点。但真的会是这样吗？

还有一个重要的因素需要考虑，即不同区域人们的使用习惯。短信作为移动网络信令的一部分，最初并没有被设计在业务范围内，但在中国却被大规模使用，甚至出现了专业的短信段子手，而且每年除夕夜电信运营商们都要担心短信服务器会崩溃。但在欧美，短信业务却不温不火。这说明在不同的区域，因为文化不同，即使在相同的技术面前，大家的选择也不同。

所以，AR/VR 在韩国 5G 应用中的爆发未必能预言其在中国也能爆发。

云游戏

5G 时代，云游戏会成为一个有潜力的应用。在一些游戏领域，比如即时战略游戏（RTS）、角色扮演游戏（RPG）会有很大的商业价值。

云游戏在 4G 和 5G 时代都是为移动通信而设计

讨论 5G 和游戏的结合，终端设备应该是特指移动设备。而固定设备上的云游戏能不能受益于 5G，要看 5G 作为家庭宽带是不是能够被用户广泛接受。换句话说，虽然在技术上，5G 是有潜力把网络时延降低到 Wi-Fi+ 有线网络以下的，但是在商业上，移动通信系统是否能替代固定光纤 +Wi-Fi 套餐，还需要看运营商本身的资金的投入、市场的策略和用户的选择。

移动通信网络能不能替代 Wi-Fi，本质上不是技术问题，而是商业问题。以下讨论主要针对移动设备，需要注意的是，移动设备普遍使用电池，也就是说其功耗是受限的。

云游戏的主要目的是减轻本地计算力和对设备的要求

这在移动设备上意味着能降低功耗，降低 CPU（中央处理器）和 GPU（图形处理器）需求。如果云游戏能够商用，它能带来两个改变：

- 能够在移动设备上玩到计算力需求较高的游戏。
- 能够降低手机功耗，比如即使玩 3A 级游戏依然能够"充电 4 分钟，使用 10 小时"。

这是两个非常明显的优势。现在《王者荣耀》之类的游戏，仍旧需要手机本身进行运算，传输游戏内的数据包到服务器。云游戏的愿景是手机端只需要处理视频，其他计算都交给云端，这会显著降低游戏功耗并提高续航时间。在这种情况下，不论是在手机上玩 3A 大作（顶级水平的游戏）还是简单的小游戏，都会有更好的续航能力，也可以得到更多原本受制于"怕手机没电"的用户时间。

游戏时延会逐渐改善

在玩游戏的过程中，好的游戏体验往往非常重要。对于在线手游而言，网络时延是影响游戏体验和手感的最大因素。4G 里的游戏时延简单来说由两部分组成：4G 的网络时延，以及服务器距离导致的电磁波 / 信号传输时延。

为解决游戏时延问题，一方面需加快进行 5G 网络建设，另一方面则需通过增设云计算中心，缩短服务器与终端间的信号传输距离，正如现阶段 Steam（游戏平台）上增加不同地区的下载 / 游戏服务器的做法。随着 5G 网络时延的降低和速率的提升，未来的趋势是游戏存储在云端，用户完全通过网络连接获取游戏数据。

在较短时期内，5G 的网络建设将领先于云端服务器的建设。因此在这期间，服务器距离所导致的信号传输时延依旧会制约云游戏的发展。这种制约可能会在未来持续数年时间，这个时候时延敏感的云游戏虽然可玩，但是体验可能较差，或许令人想摔手机。但是一些时延不敏感的云游戏，是可以使用户在手机终端上得到较好体验的。

经过一段时间的建设，5G 网络将逐渐成熟。在其支持下，云化的应用会越来越多，运营商会逐渐在越来越多的区域建设计算中心，如增加县级、城镇级计算中心，以针对当前区域提供时延较低的云服务。

综上所述，5G 会对云游戏产生很大影响，前期能支持用户在手机上玩时延不敏感游戏，后期将能够使用户在手机上体验到更多的动作类 3A 大作。

超高清视频

随着 5G 商用牌照的发放，三大场景中的增强移动宽带 eMBB 首先落地。从技术角度来说，这样的大带宽高速率，目前最适合的业务应用就是超高清视频。

超高清视频标准

超高清视频是继视频数字化、高清化之后的新一轮重大技术革新，国际电信联盟发布的"超高清 UHD Ultra HD"（Ultra High-Definition）标准建议，将屏幕的物理分辨率达到 3840×2160 及以上的显示称为超高清，目前主要有两种："4K 分辨率"（3840×2160 像素）和"8K 分辨率"（7680×4320 像素）。一帧 8K 分辨率图像大约有 3300 万个像素点，是 4K 图像的 4 倍。在 65 英寸的电视上，肉眼几乎感觉不到颗粒感。

目前已有很多厂商推出了 UHD 超高清电视，拥有 7680×4320（8K）的物理分辨率，显示设备的总像素数量达到 800 万以上，是全高清 Full HD 的 8 倍（1920×1080）、高清 HD（High Definition）的 16 倍。

超高清源视频容量是巨大的，18 分钟的未压缩视频达 3.5TB，不得不依靠强大的视频编码技术确保可以实时传输和存储。目前，全球主流的视频压缩技术有 H.265/HEVC、AVS3 和 AV1 三大类：

1. H.265/HEVC

MPEG 组织和 ITU-T 组织成立了视频编码联合组 [Joint Collaborative Team on Video Coding（JCT-VC）]，共同制定最先进的视频编码标准。历史上，曾经成功制定了 H.262/MPEG2、H.264/AVC 和 H.265/HEVC 标准，目前正在制定 H.266/VVC 标准，预计 2020 年正式推出。

超高清视频是在 H.265/HEVC 标准中提出并进行大规模产业化的。

2010 年 1 月，ITU-T 视频编码专家组（VCEG）和 MPEG 开始发起视频压缩技术正式提案。相关技术由视频编码联合组（JCT-VC）审议和评估，其合作小组第一次会议于 2010 年 4 月召开大会，一共有 27 个完整的提案。评价结果表明，一些提案在许多测试用例可以达到只用一半的比特率并维持 H.264/AVC 相同的视觉质量。在这次会议上，联合项目名改称为高效率的视频编码（High Efficiency Video Coding，HEVC）。

2012 年 2 月 10 日，在美国圣何塞召开了第 99 届 MPEG 会议。MPEG 组织和 ITU–T 组织对 JCT–VC 的工作均表示认可，确定后续标准化进程。

2012年8月,爱立信公司推出了全球首款H.265编解码器。

2013年1月,国际电联ITU就正式批准通过了H.265/HEVC标准。

H.265可以在有限带宽下传输更高质量的网络视频,仅需H.264/AVS一半的带宽即可播放相同质量的视频;同时支持4K（4096×2160）和8K（8192×4320）超高清视频,完成了"视频超高清"的第一步。

2. AVS3

AVS（Audio Video coding Standard）是《信息技术先进音视频编码》系列标准的简称,是我国具备自主知识产权的音视频信源编码标准。AVS1是第一代AVS标准,制定起始于2002年,于2006年2月颁布,性能与同期国际标准MPEG-2相当;AVS+于2012年7月获批成为广电行标,性能与同期的MPEG-4 AVC/H.264相当。第二代AVS标准简称AVS2,于2016年5月被颁布为广电行标,2016年的12月30日被颁布为国家标准,压缩效率与国际标准H.265/HEVC相当,在某些性能指标上优于HEVC。目前,AVS2视频标准已完成了产业化的准备,可以全面应用于IPTV,并已经在广东省有4K超高清的试点应用。其解码芯片由华为海思、晨星公司等研发并推向市场,广播级AVS2超高清实时编码器由深圳优微视觉等公司推向市场。在2019年3月9日的AVS联盟青岛会议上,AVS3的基准档次起草完成;之后进行的标准制定工作是AVS3 High Profile,即AVS3第二阶段标准,预计在2020年6月制定完成,目标编码性能比AVS2提升一倍,也就是在现有

AVS3 Baseline Profile 的基础上提升 20%~30% 的性能。

3. AV1

因为 H.26X 和 AVSx 系列标准都有专利费诉求（虽然 AVSx 的费用很低，但对专利还是进行了保护），所以，很多公司对免费的视频编码标准有迫切需求。

2013 年 6 月，Google 正式推出自己的编码标准 VP9，并在其 Chrome 浏览器中加以使用，同时旗下的 Youtube 网站也全面支持 VP9 的 4K 视频编码技术，拥有众多 VP9 规格 4K 超高清流媒体节目。随后推出了其优化版本 VP10。

VP9/VP10 具有很好的编码性能，实际效率与 HEVC/H.265 接近，Google 也致力于让 VP9 成为超高清视频编码主流标准，对其免费开源，但业界公司担心一个企业标准形成行业垄断，所以对其的使用非常谨慎。

2015 年 9 月，非营利中立标准组织开放媒体联盟 AOM（Alliance for Open Media）成立，目前的董事会成员包括 Adobe（奥多比）、亚马逊、AMD、Broadcom、思科、脸书、谷歌、苹果、Hulu、IBM、英特尔、微软、Mozilla、nVIDIA、Netflix 等科技巨头，主要包括提供视频服务的 IT 公司和做芯片的电子公司。开放媒体联盟采用会员制度，避免了像 VP9 那样被一家公司控制。AOM 于 2017 年 3 月发布全新的视频编码标准——AV1（AOMedia Video Codec），迅速被软硬件开发商接纳，在浏览器、移动设备、OTT 和智能电视中得到大量部署。AV1 的目标是替代谷歌 VP9 以及与 HEVC/H.265，其代码主要来自谷歌的 VP10，专注于超高清视频的编码压缩，包括支持更高比特率、更宽的色彩空间、更高的帧率，以实现直接在浏览器中播放 4K/60 帧的视频。

根据 Streaming Media East 的测试，AV1 比 H.265 和 VP9 能将视频文件的体积再缩小 25% 到 35%。

在上述 H.26X、AVSX 和 AV1 编码方案中，除了超高清编码外，还有针对全景视频的讨论。

与视频相关的 MBMS 和边缘计算技术

在无线网络环境中进行视频传输，不得不平衡无线资源紧张与视频大带宽之间的矛盾。因此，3GPP 提出了广播多播协议，以开展新视频业务，节省码流。同时，诸多标准化组织也引入了边缘计算，以缓解无线环境中资源受限的问题。

在 3GPP R9 中，正式将改进的 MBMS（Multimedia Broadcast Multicast Servieces）技术 eMBMS 作为 LTE 的增强部分；在 R14 中，eMBMS 被演进为 EnTV，业界也称之为 FeMBMS（Forward Enhaced Multimedia Broadcast Multicast Servieces）；正在修订的 R16 版本中也将进一步对多播广播协议进行完善与改进。但对其的产业化进程一直比较缓慢。

超高清视频产业的进展

超高清视频产业链可以分为设备厂家、服务商以及行业应用三部分。

设备厂家是产业链上游，主要是超高清视频生产、传输、应用的设备，包括视频采集设备、编码设备、卫星传输设备、地面广播设备、手机、机顶盒等，涉及的零部件包括芯片、显示面板、传感器、集成系统等。

服务商提供面向超高清视频的平台服务，包括内容服务、安全服务、集成服务、分发服务等。将带动视频采集、制作、传输、应用等产业链各环节发生深刻变革。

行业应用则提供娱乐、赛事、交通、教育、安防、医疗等多个领域的超高清视频业务。

在传输环节，视频编解码和传输带宽是问题的关键所在。虽然5G主要面对的是产业链中下游服务商和行业应用，但在设备厂家中，也有很多公司的参与。如华为公司，在H.265/HEVC和AVSx系列标准中非常活跃，拥有标准中的很多专利。

2010年以来，国家广播电视总局通过多项政策、在多个场合积极表明了对电视高清/超高清发展的政策和技术支持。2018年10月1日，首次上线了4K超高清频道，中国电视高清化发展迎来了新阶段。

2018年底，中央广播电视总台与三大运营商及华为公司签署战略协议合作建设国家级5G新媒体平台，联合建设"5G媒体应用实验室"。该实验室旨在开展5G环境下的视频应用和产品创新，形成电视、广播、网媒三位一体的全媒介多终端传播渠道，并发布4K超高清技术规划和超高清频道。

2019年3月1日，工业和信息化部、国家广播电视总局、中央广播电视总台联合印发《超高清视频产业发展行动计划（2019—2022年）》，将按照"4K先行、兼顾8K"的总体技术路线，大力推进超高清视频产业发展。同时提出，2021年具备每天100小时超高清节目制作能力；到 2022 年 4K 全面普及、超高清用户 2 亿、产业规模达 4 万亿元的目标。

该行动计划对广播电视、文教娱乐、安防监控、医疗健康、智能交通、工业制造等 6 个领域的超高清应用提出了指导意见，并明确指出要在重大活动、重点场馆等应用超高清视频。

相关应用案例

下面从超高清视频的直录回传、超高清视频的制播、基于边缘计算的回传应用三个角度给出应用案例。

1. 应用案例一："5G+4K/8K"超高清视频的实时直录回传

a. 应用场景

在大型体育赛事、晚会等活动中，观众对超高清画质和临场感都有强烈的需求，且需要第一时间看到现场状况。4K/8K 超高清视频在录制后可直接设定播出色彩标准，不经过调色、剪辑、包装等环节就传输画面，可以跳过一些瓶颈环节，实现直录回传。

b. 技术解析

该场景要求在超高清摄像设备前端完成视频参数配置，达到播出指标要求。对网络有很高的低时延要求，往往配备专网。

4K/8K 摄像机可通过编码推流设备，将原始视频流转换成 IP 数据流，通过 5G CPE 将视频数据转发给 5G 基站，再通过核心网进行内容分发，实现基于 5G 网络的超高清视频直录回传。

c. 实际案例

2018 年 2 月韩国平昌冬奥会对大部分比赛场景进行了 4K 超高清直录回传，日本 NHK 电视台更是完成了现场的 8K 摄制，第一次实现了大型赛事的 5G 超高清全方位直播。

2019 年 2 月中国春晚对深圳分会场进行了直录回传，通过 5G 网络将视频直接送入核心网，进而回传到中央电视总台北京机房，再转播给全国，第一次实现了大型活动的 5G 超高清回传。

d. 未来应用

2020 年东京奥运会和 2022 年的北京冬奥会，也将采用 8K 直播。

在技术上，基于 5G 模组的编码推流设备和摄像机背包设备可以为各种视频设备提供稳定的实时传输，同时相比目前的线缆传输更加灵活，不受空间的限制，能满足更灵活的超高清视频回传需求。

另外，在安防监控领域，4K/8K 直播不仅可以使图像/视频更加清晰，细节更加丰富，而且可以节约成本。尤其是 8K 超高清的宽视角，可以在同一个场景下，不必为了看清不同区域而架设多台监控摄像机。配合人脸识别、行为识别等人工智能算法，可以有效提高识别效率和准确率。

在工业互联网领域，可利用工业超高清相机对生产过程进行监测，超高分辨率、高灵敏度的工业相机以及低时延的 5G 传输，都将在缺陷检测、预测性维护等行业场景下发挥不可取代的作用。

2. 应用案例二："5G+4K/8K"超高清视频的制播

a. 应用场景

超高清视频制播分为超高清视频采集回传、视频素材制作编辑、超高清视频节目播出三个环节。在现场录制的基础上进行制作编辑，不但可以通过专业后期编辑设备提高视频质量，而且可以通过合成、渲染等多项技术，提升用户体验。在影视剧制作、大型活动的高质量现场处理中有较多需求。

b. 技术解析

视频素材制作编辑是提升播出质量的重要环节，但也是对存储、通信、时间等资源消耗最大的环节。以往一般是将录制的超高清视频回传到云端，进行后期编辑制作。但这会加大网络时延，同时也会加大通信传输的负担，所以现场编辑制作是一个很好的解决方案。

c. 实际案例

2019年8月18日，全球首台"5G＋8K"超高清视频全业务转播车在北京落成，并于8月20日进行了篮球世界杯"5G+8K"超高清制播。转播车是电视制作转播技术的集大成者，集聚了电视台拍摄、制作、传输、存储等各项功能，该转播车在此基础上，实现了8K超高清视频的制作、传输。该车长14米，能快速完成包括现场制作等多项任务，借助5G实现了超高清视频的传输，播出的节目质量更高，更有现场感。

d. 未来应用

相对于报刊、户外、广播、电视四大传统意义上的媒体，新媒体被形象地称为"第五媒体"。互联网时代的到来为网络媒体，特别是自媒体的发展提供了契机，而5G的到来也必将让新媒体获得了革命性的发展前景。短视频是4G时代的撒手锏业务，只能进行简单的编辑制造，但随着5G大带宽低时延技术的实现，视频不再被网速制约，各种针对网络媒体的新型业务将更加丰富多彩。

3. 应用案例三：基于边缘计算的"5G+4K/8K"回传应用

a. 应用场景

因为5G大带宽低时延的技术特点，使得视频采集不再是瓶颈，可以在比赛、演出等现场放置大量超高清摄像机，而且不再受线缆约束。多路超高清视频信号可以实现同时无线回传，这为进行全场沉浸360度直播、全景VR、用户互动等多种业务的开展提供了可能，可以给用户带来更好的现场感，极大地提升业务体验。

在不同的场地、不同的位置安装360度全景摄像机；同时，在运动器材、运动员身上安装传感器、高清摄像头；配合固定机位的超高清摄像机，通过5G网络将高清视频信号实时回传，就可以实现现场观众、场地现场、运动员、裁判员、鸟瞰等多个视角的观看，同时也可以实现全景和VR的沉浸式体验。

b. 技术解析

5G提供的大带宽可以解决通信问题，但大数据量的实时存储转发需要边缘计算来辅助解决。另外，全景的视角切换和VR的渲染都需要巨大的计算量，如果放在终端，将造成终端成本较高；如果放在云端，将造成时延较大，最好的解决方案是采用边缘计算。

可以在录制现场部署移动边缘计算服务器，通过本地分流、本地运营完成现场内容平台的整合，以更高的速率和更低的时延进行内容分发，不仅能极大地提升用户的体验，还能节省移动网络的传输带宽。

边缘计算服务器确保在物理距离上更接近超高清摄像机，每个边缘节点配置了应用服务器和缓存服务器，以实现高性能计算、大容量存储，满足低时延的高质量视频渲染和回放需求。

c. 实际案例

2018年2月韩国平昌冬奥会在部分比赛场馆部署了边缘计算服务器，进行了4K超高清VR沉浸式体验和任意回看。用户在通过观看视频时，不仅可以选择不同的角度，还可以随意回看精彩瞬间。在用VR观看时，摄像机采集的海量视频数据不用传送到首尔研发中心的中心核心网，只需传送靠近赛场的边缘服务器，再传送到现场VR区的头显上，传输的物理距离更近，保证了实时的观赛体验。

d. 未来应用

多视角回放、全景观看、VR沉浸体验必将是未来超高清视频的发展方向。无论是视频编码技术，还是5G无线技术都为此做好了准备，而边缘计算技术的出现更是如虎添翼，使得我们对未来的新型业务充满了想象。目前工业互联网领域已经将边缘计算纳入标准体系，同时开始关注VR/AR在其中的应用。2019年9月25日，工业互联网产业联盟VR/AR特设组在北京中国信息通信研究院成立。我们有理由相信，借助边缘计算，包括5G融媒体平台、5G裸眼8K 3D、5G沉浸式MR等新型应用在内的各种业务将更加丰富完善。

5G+ 物联网

"物联网"这个词于 1998 年由麻省理工学院提出。虽然现在和当时是一模一样的拼写：Internet of Things，但含义却完全不同了。当时也提出了 M2M 协议，但只是考虑传感器之间的通信，与今天的 M2M 和物联网也不一样（见图 5–1）。

2005 年 11 月，国际电信联盟在其发布的《ITU 互联网报告 2005：物联网》（ITU Internet Reports 2005: The Internet of Things）中定义了物联网：

A new dimension has been added to the world of information and communication technologies（ICTs）: From anytime, any place connectivity for anyone, we will now have connectivity for anything.

国际电信联盟认为，物联网是从一个新的维度对信息和通信技术进行重新认识，也就是从之前在任何时间、任何地点与任何人的连接延拓到与任何物的连接（见图 5–2）。

物联网的"物"

万物智联是 5G 提出的美好愿景，也是物联网要实现的目标。但千万不要认为这个"物"是世间万物。在初期，这个"物"就是机器，是各种通信终端、计算终端。物联网这个概念从不同的角度，对不同的群体而言，有着不同的含义。我们首先明确一下"物"是什么。

5G时代：经济增长新引擎

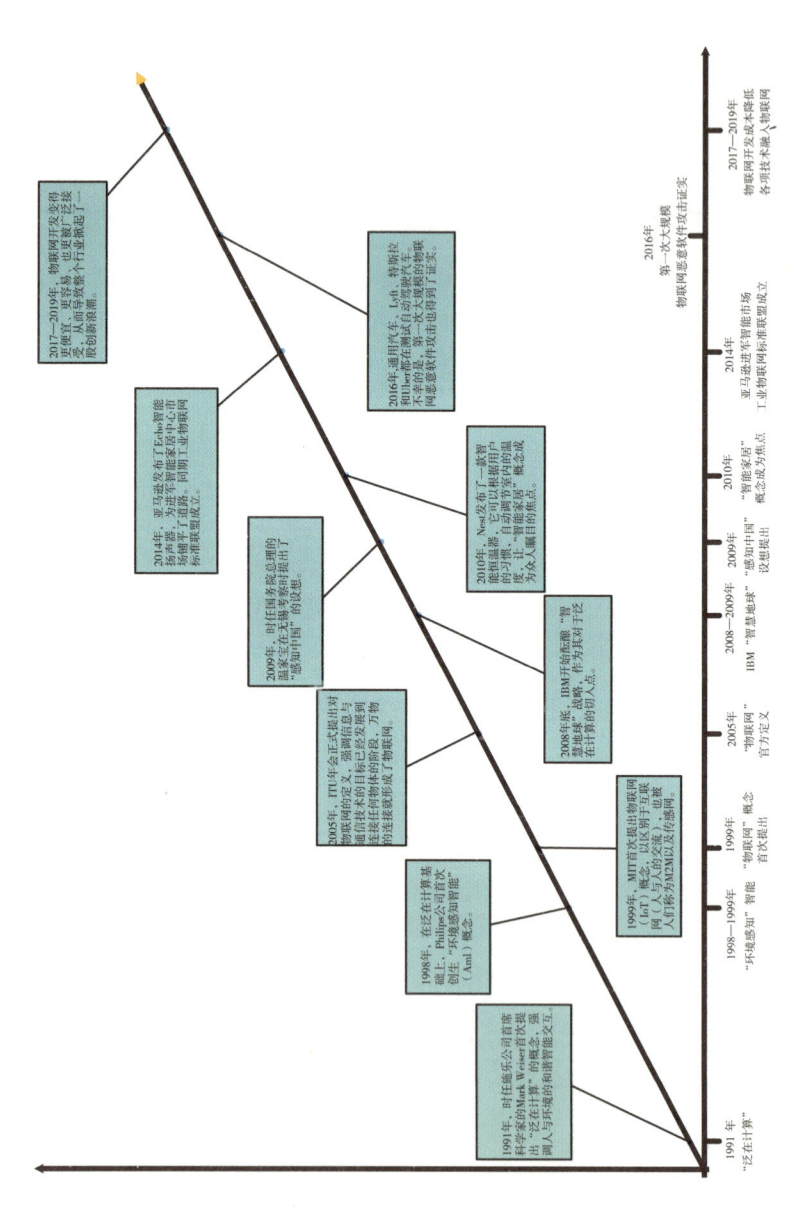

图 5-1 物联网发展示意图

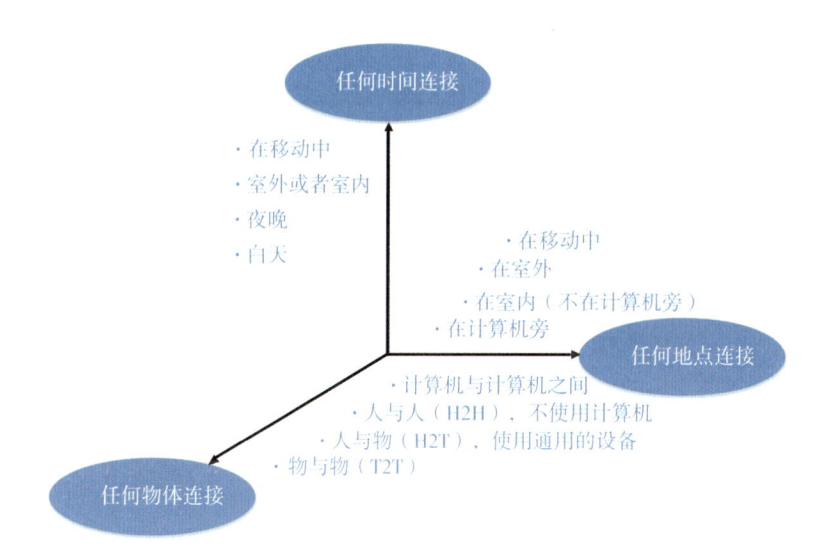

图 5-2　国际电信联盟对物联网的描述

国际电信联盟对物联网中"物"的定义是"Thing"，重点是如何能准确标识，最早是依靠射频识别（RFID）来实现的；而欧洲电信标准化协会对"物"的定义是"Object"（物体），重点是赋予功能的物体，特别是 Smart Object（智能物件）。在物联网重要的 M2M 协议中则更加强调"机器"（Machine）；产业界和公众则认为应当是世间万物。近几年飞速发展的移动互联网和软件技术，则对物有了更加确切的认知，那就是机器中的应用程序，也即虚拟的"物"。

显然，对于物的理解不同、技术视角不同，必然造成技术路线的巨大差异。

国际电信联盟的认知是延续了对传统移动通信的认知，传统移动通信的连接对象是人，用 SIM 卡来确定每个人；物联网中的连接对象是物，因此考虑用新的标识方法，如 RFID 或者新号段。欧洲电信标准化协会则更多地受到了飞利浦公司提出的"环境感知智能"的影响，希望给每个物体赋予智能，至少在感知的基础上具有智能判断、主动反馈的能力，从而提出了"智能物件"的概念。

物联网架构

最初，物联网传统架构分为三层：感知层、传输层和服务层（见图 5–3）。

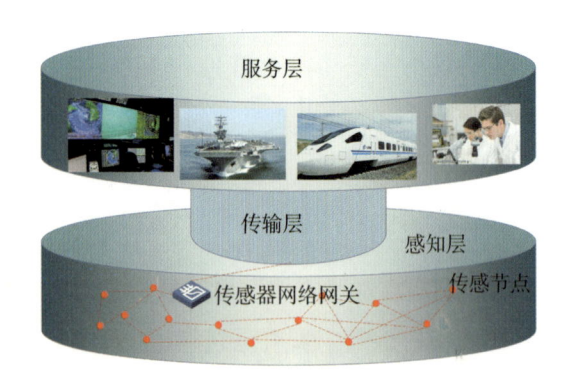

图 5–3　物联网传统架构

这种架构与云计算的三层架构非常类似，我们可以对比一下。

最底层：物联网是感知层，完成生产资料——数据的采集；

而云计算是 IaaS（将基础设施作为服务），负责各种资源的整合和虚拟化。

中间层：物联网的传输层，负责数据和指令的搬运；而云计算是 PaaS（将平台作为服务），负责平台的搭建。

最高层：物联网是服务层，负责数据的整理和服务处理；而云计算是 SaaS（将软件作为服务），负责服务的提供。

由此可见，物联网的对象是数据，而云计算的对象是包括存储、计算和通信在内的各种资源。处理流程是一样的：采集—整合—服务。"数据流"和"资源流"在这种流动中不断地升值，达到应有的价值。

而现在则是细分为五层（见图 5-4）：感知层没有变，传输层分为基础网络和连接平台两部分，服务层分为使能平台和行业应用两部分。今天人们非常热衷的中台技术如果在物联网中应用的话，就是使能平台。

感知层

感知层是由大量多种类传感节点组成的自治网络，实现对物理世界的动态智能协同感知（见图 5-5）。传感器种类不断地扩大，从最基础的温湿度、压力感知等环境感知，到后面的图像视频等感知，数据量在不断扩大的同时，传感器之间的数据交互也在增强。

传感网的组建可以采用自组织网络形式，不但成本低，而且符合协同准则，这样对后面的终端升级、数据融合有很大益处。在自组织网中，根据功能、地理、网络等形成不同的簇，由簇头完成本簇内的数据收集和预处理，再与上级通信节点通信。这样形成了通信平台，初步具备了信息传输的能力。

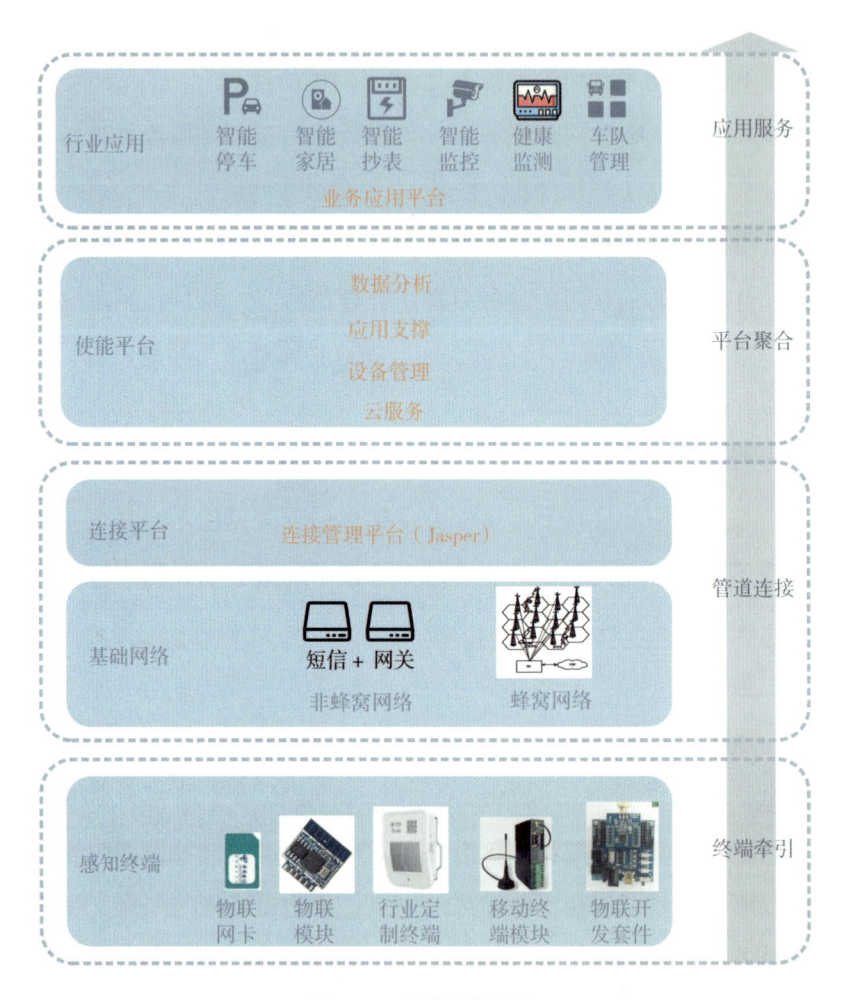

图 5-4　物联网新架构

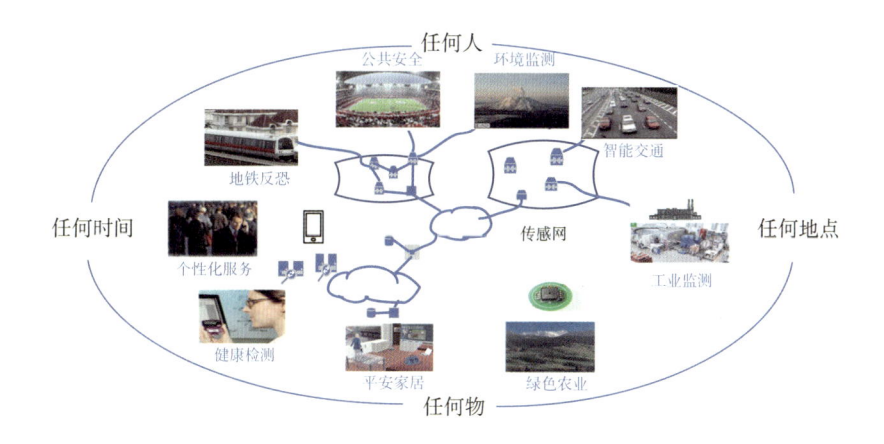

图 5-5　传感器网络示意图

传输层

传输层是数据管道，其任务是让从传感器采集到的数据准确而高效地回传到指定服务器。目前来看，集中在传感器上的工业传输总线标准非常多，包括 I2C、CAN、RS232、R242 等，也有 WLAN、蓝牙等无线方式，但从组网角度来说，目前最受关注的是 NB–IoT（基于蜂窝的窄带物联网）和 LoRa（低功耗局域网无线标准）协议。

如果从物联网类业务角度来说，抄表类等低功耗、广覆盖类业务可以选择 NB–IoT/eMTC（物联网的应用场景）或者 LoRa 承载；而工业物联网、远程医疗等有特殊需求的业务可能无法复用 5G 宏网设备，可以作为典型的 uRLLC 类业务，选择 5G 新空口承载；而车联网业务则需要单独考虑。

服务层

目前的物联网架构，一般是结合云计算平台，将所有数据集中到云服务器上，形成数据中心；如果加上一些功能，将下面的通信接口完备，同时将上面的服务接口开发，也就形成目前热议的数据中台。一般来说，数据集中到一起后，如果对其不进行必要分析，是没有价值的。而近几年智能算法的崛起让大家看到了希望，因此数据中台被大量加入了各种数据分析、机器学习、深度学习的算法，形成了继存储大户之后计算资源的消耗大户。

物联网面对的行业非常庞杂，即使相同行业，客户也会有一些定制化需求，所以业务的分解去耦就是一个极其棘手的问题，不但要对行业、客户的需求有深刻理解，还要对数据特性有深入认识。很多物联网系统在后期维护中感到筋疲力尽，就是因为业务分解出了问题。

2018年，以IaaS、PaaS和SaaS为代表的全球公有云市场规模达到1363亿美元，增速为23.01%。未来几年市场平均增长率在20%左右，预计到2022年市场规模将超过2700亿美元。

就国内云计算市场而言，据中国信息通信研究院调查统计，阿里云、天翼云、腾讯云占据公有云IaaS市场份额前三位，阿里云、腾讯云、百度云位于公有云PaaS市场份额前三位；用友、金蝶、畅捷通位居公有云综合SaaS能力前三位。

从数据角度来说，传感器采集到的大量数据价值未必高，如果不加处理直接回传到云中心，则会消耗大量的通信资源。而且因为物联网数据的猝发特性，很可能会在数据集中传输期间造成网络拥塞。

在传感器及传感器网络中加入智能处理单元,将数据进行预处理,并完成一些简单的即时反馈,同时增强与环境的交互能力,是 AIoT(人工智能物联网)下一步的发展方向。

随着物联网的大规模发展,云计算也将迎来新一轮的进化。据互联网数据资讯中心(IDC)预测,2020 年全球将有超过 50% 的物联网数据在边缘处理,而不是核心云平台。

物联网产生的海量数据对网络传输的压力也越来越大,由此带来的大流量和高时延慢慢成为应用瓶颈。因此,将边缘计算引入以协同云计算,将是未来物联网的解决方案。

欧洲电信标准化协会所提出的边缘计算将计算能力下沉到网络边缘,靠近用户,以减轻网络压力和服务时延,提高用户体验。高德纳咨询公司认为边缘计算描述了一种计算拓扑,在这种拓扑结构中,数据采集、信息处理和分发均被置于距离数据源头最近的节点。

移动边缘计算(MEC)是利用无线接入网络就近提供用户所需服务和云端计算能力,实现计算和存储资源的弹性利用。而其演进版多接入边缘计算(MAEC)则是将边缘计算从蜂窝移动网络扩展到其他网络,形成异构网络接入。

云计算只有与边缘计算紧密协同才能将计算、存储资源更好地利用起来,但这离不开强大的网络通信能力。5G 大带宽、高速率的特性,为这种协同工作提供了可能。

同时,将智能技术加入物联网中的尝试一直没有停止过。

从 2017 年开始，业界开始提出了 AIoT 的概念，指出 IoT+AI 是发展趋势，对于 AIoT，小米的口号是：All in IoT，而旷视科技则是 AI involve 的 IoT 产业。诸多厂家的全力跟进，表明行业内对于人工智能在 IoT 产业中的作用抱有非常大的期望。

智能技术进入 IoT 系统已经有了一些成功案例，如美国美联社采购了 WordSmith（语料库检索）软件，可以根据采集到的财经和体育数据，迅速生成财经新闻和体育新闻。这些不需要有太多经验判断，也不需要太多主观评判的新闻，完全可以根据数据自动快速生成。

还有基于财经数据的各种预测应用，也可以认为是基于采集到的数据完成的智能应用。

这些都是在服务层将智能技术加入物联网系统中的。但这种方式与云计算中加入智能算法的区别不大，不仅没有解决物联网大数据量造成的通信瓶颈问题，还加大了传输时延。

2015 年前后，曾经风靡一时的智能硬件则是另外一个极端，将智能技术应用到终端上。当时的智能硬件是从智能家居入手，主攻人机交互，并加入各类传感器，能够根据环境初步完成一些交互。然而现在的智能硬件产品，对智能算法和网络连接的要求没有那么高，行业覆盖也没有那么广泛。

5G 与物联网产业

人们讨论物联网往往喜欢讨论真实世界与虚拟世界的融合，

利用传感器将物理世界采集到虚拟世界中，但这个采集一定要是有意义的。

未来必然是数据的世界，数据的来源既可以是虚拟世界产生出来的，也可以是物理世界产生出来的，但无论如何，都必须是有价值的。数据采集后，经过处理分析提炼出来价值，将这些价值转换成知识，进而推动人类社会的发展。这其中，数据采集依靠物联网，处理分析依靠智能技术，转换为知识依靠知识工程。

5G的标准中有针对物联网产业广覆盖、低功耗的mMTC（海量机器类通信）场景。物联网产业也在苦苦挣扎中，期待着mMTC这根救命稻草。但5G真的能使物联网产业爆发吗？

虽然5G标准具有支撑物联网发展的技术能力，但在产业形态构建、行业标准统一、技术使用的安全性上，5G都无法提供良好的支撑，因此5G可以完成物联网的基础部署，但很难引爆这个产业。

物联网产业的启动是从2009年开始的。2008年全球经历了金融危机，寻找新的实体经济增长点是摆在各国面前的大难题。此时，美国政府将IBM公司的"智慧地球"作为了国家战略。随后，2009年6月，欧盟提出了物联网行动计划；2009年8月中国提出了"感知中国"战略；日本提出了i-Japan国家战略。诸多国家和地区纷纷推出了自己的物联网战略，一时间，全球刮起了物联网热潮。

中国将无锡作为物联网发展中心，三大运营商、主要设备商、各大高校研究院在无锡设立了联合研究结构,希望形成产学研用的良好产业形态。

10年过去了,大量的人力、物力、财力投入到物联网产业。

这10年间,物联网每年都会作为发展重点和预期爆点不断地在政府工作报告、财经报道、投资报告中被提及,产业总量预期也不断地被提高。很多高校也设立了物联网工程及其相关专业,以期培养出产业人才。

但目前,物联网产业遇到了非常尴尬的局面:叫好不叫座!从GSM时代开始,移动通信就从来没有停止过对物体连接的努力。在GSM时代,一个通信模组通过AT指令(应用于终端设备与PC应用之间的连接与通信的指令),利用短信就可以实现控制命令的接收和采集数据的发送,后来出现的GPRS(通用分组无线服务技术)则让这种操作更加友好。到了3G时代,更高的数据传输速率并没有给物联网带来福音,毕竟面向人的移动互联网和面向物的物联网在流量特性上有着巨大差异,以至大家开始讨论是否需要建立一张物联网专网,而且出现了针对物联网的专有号段。物联网变成了一个重要并且沉重的话题。从4G时代开始,由于消费互联网的飞速发展,大家重新燃起了对物联网的希望,NB-IoT非常应景地出现了!2015年9月,3GPP R13制定了NB-IoT标准,提出利用蜂窝移动网络为物联网用户提供定制化服务。NB-IoT载波带宽为180kHz,与4G LTE网络中的一个资源块带宽一致,可以完美融入蜂窝网络中。NB-IoT标准在2016年6月冻结,同时,eMTC被提出,分别在900MHz与1.9GHz应用于LTE FDD

和 LTE TDD。

2017 年 6 月，工信部发布《关于全面推进移动物联网（NB-IoT）建设发展的通知》文件。中国电信借助其 800MHz 的优质频谱资源，于 2017 年 5 月率先建成全球最大的 NB-IoT 网络，开通了 31 万 NB-IoT 基站。到 2018 年，中国电信 NB IoT 基站数已扩展到 40 万，中国联通实现 30 万 NB-IoT 基站商用，中国移动已实现 348 个城市 NB-IoT 连续覆盖和全面商用。三家运营商完成超百万 NB-IoT 基站商用，中国已建成全球最大的 NB-IoT 网络，网络优化和深度覆盖将是下一步布局重点。

与此同时，从 2015 年开始国内大量企业涉足 LoRa 领域。2018 年，阿里巴巴、腾讯以最高级别成员身份加入 LoRa 联盟，在 LoRaWAN 标准、认证和全球市场中地位举足轻重，在杭州、深圳等地开始部署城域级 LoRa 试点网络。另外，多个广电厂商将 LoRa 作为其物联网业务主要选择。

推广物联网的重任，最早是由运营商来承担的，它们理解的政企行业分为三大领域：面向政府的公共服务、面向企业的行业服务、面向个人的个人家庭服务。

面向政府的公共服务，在国际电信联盟中有一个专门的名词：智慧城市。

2009 年，IBM 提出"智慧地球"的概念时，提出建设"智慧城市"，并概括出了"3I"特征：

• Instrumented（感知化）：通过监控摄像机、传感器、RFID

等设备打造"更透彻的感知"。

- Interconnected（互联化）：通过宽带、无线和移动通信网络连接形成"更全面的互联"。
- Intelligent（智能化）：通过高速分析工具和集成IT平台实现"更深入的智能"。

国际电信联盟在 ITU-T Y-Sup 27 中提出了多层可持续发展智慧城市的信息和通信技术架构（Multi-tier SSC ICT meta-architecture）[①]，从信息和通信技术角度对智慧城市的建设进行了分层认知。

2016 年国际电信联盟电信标准化部门（ITU-T）颁布了一个电信标准 ITU-T Y-Sup. 27，全称是 Series Y Supplement 27（Y 系列第 27 号增补），针对智慧城市的一些 ICT 框架和协议给出了相应的定义，其中包括这里提到的 Multi-tier SSC ICT meta-architecture。

国际电信联盟还给出了新加坡市、莫斯科、迪拜等很多城市所提出的关于智慧城市的愿景与案例，这也促使世界各国争相提出了基于物联网的智慧城市解决方案。物联网的体系结构，也在随着产业的不断发展而演进。

---

① ITU-T Y-Sup 27 指的是国际电信联盟电信标准化部门（ITU-T）颁布的一个电信标准，其标准号全称为 Series Y Supplement 27（Y 系列第 27 号增补），于 2016 年发布，针对智慧城市的一些 ICT 框架和协议给出了相应的定义，其中包括这里提到的 Multi-tier SSC ICT meta-architecture。

智慧城市的建设绝非短期就可以完成，也不是简单依赖资金或技术的堆砌就可以实现。

从根本上说，智慧城市是一种战略和框架。它不仅意味着城市有着明确的发展方向和目标，同时还意味着城市整体的运行方式、组织方式、互动方式都需要进行革新。

5G+ 车联网

作为一个非强制性的通信标准，5G 带给汽车行业的影响可能还不如前段时间公布的《轻型汽车污染物排放限值及测量方法（中国第六阶段）》更加直接。对汽车和通信的行业交集车联网（V2X）而言，5G 仅仅是未来可能会被汽车行业采用的通信标准之一，然而从当前情况来看，5G 很可能是目前影响力最大的一种解决方案。

截至目前，中国已出台了若干车联网的政策，积极促进该产业的发展，重点有以下几项：

- 2017 年 2 月，国务院发布《"十三五"现代综合交通运输体系发展规划》，提出加快推进智慧交通建设。
- 2017 年 4 月，工业和信息化部、国家发展和改革委员会、科学技术部联合发布《汽车产业中长期发展规划》，提出智能网联汽车推进工程。
- 2017 年 12 月，工信部联合国家标准化管理委员会编制《国家车联网产业标准体系建设指南（智能网联汽车）》。
- 2018 年 1 月，国家发改委对外发布《智能汽车创新发展战略（征求意见稿）》，作为我国智能汽车产业的顶层设计规划，提出了大力发展 C–V2X 的战略愿景。
- 2018 年 2 月，交通运输部发布《关于加快推进新一代国家交通控制网和智慧公路试点的通知》。

- 2018 年 4 月，工业和信息化部、公安部、交通运输部联合发布了《智能网联汽车道路测试管理规范（试行）》（以下简称《管理规范》），对测试主体、测试驾驶人及测试车辆，测试申请及审核、测试管理，交通违法和事故处理等方面做出规定。

目前，车联网业务包括三大类应用：以用户体验为核心的信息服务类应用、以车辆驾驶为核心的汽车智能化类应用，以及以协同为核心的智慧交通类应用。这三类应用的发展各有侧重，信息服务类应用以汽车厂商为主，汽车智能化类和智慧交通类应用则以互联网公司为主。

车联网与标准

车联网所指的"网"并不是简单地把车辆连接到互联网上，其正确含义为，车辆间或车辆与其他设备的通信。早在 20 世纪 60 年代，日本就已开展了车间通信的相关研究。车联网（vehicle-to-everything，V2X）这个概念里一般包含车–车（vehicle-to-vehicle，V2V），车–行人（vehicle-to-pedestrian，V2P），车–道路（vehicle-to-infrastructure，V2I）和车–互联网（vehicle-to-network，V2N），如图 5–6 所示。

从现有影响力来说，V2X 被认为是自动驾驶和智慧交通系统的未来。

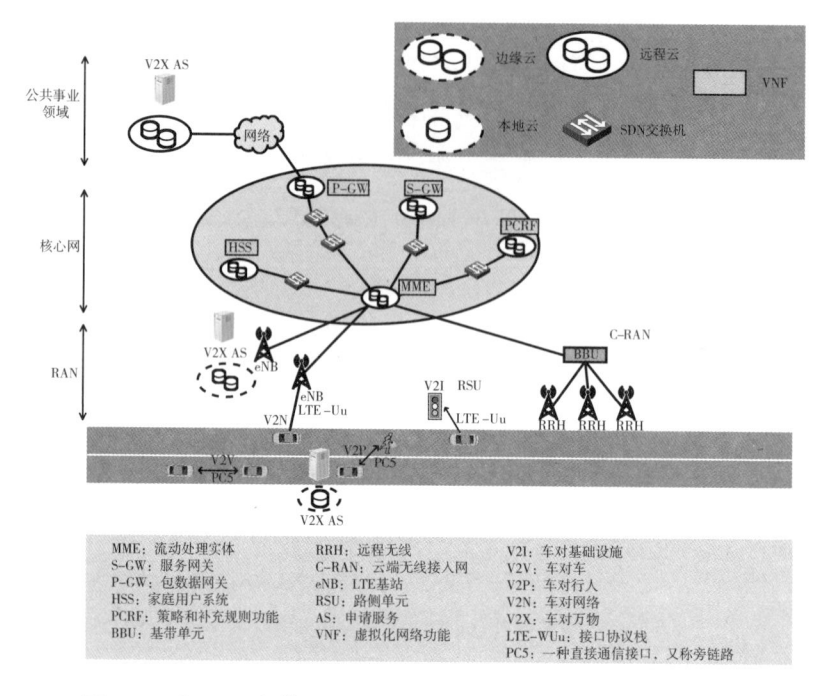

图 5-6　C-V2X 中关于 V2V、V2I、V2P、V2N 等一系列的图解

- 从车辆本身角度，可以获得更多关于车辆、道路、行人、环境的感知信息，以协助自动驾驶进行决策。
- 从交通管理角度，它可以提高交通效率，减少道路拥堵。

目前车联网的无线通信标准和民用通信一样，也存在两种技术路线，以 IEEE 802 系列标准为基础的 802.11p 标准和以 4G LTE、5G NR 为基础的 Cellular-based V2X（C-V2X）。其中，C-V2X 从 LTE 时代就开始推动（见图 5-7）。支持 LTE-V2X 的 3GPP

R14 版本标准已于 2017 年正式发布；支持 LTE-V2X 增强（LTE-eV2X）的 3GPP R15 版本标准于 2018 年 6 月正式完成；支持 5G-V2X 的 3GPP R16+ 版本标准于 2018 年 6 月启动研究，将与 LTE-V2X/LTE-eV2X 形成互补关系。

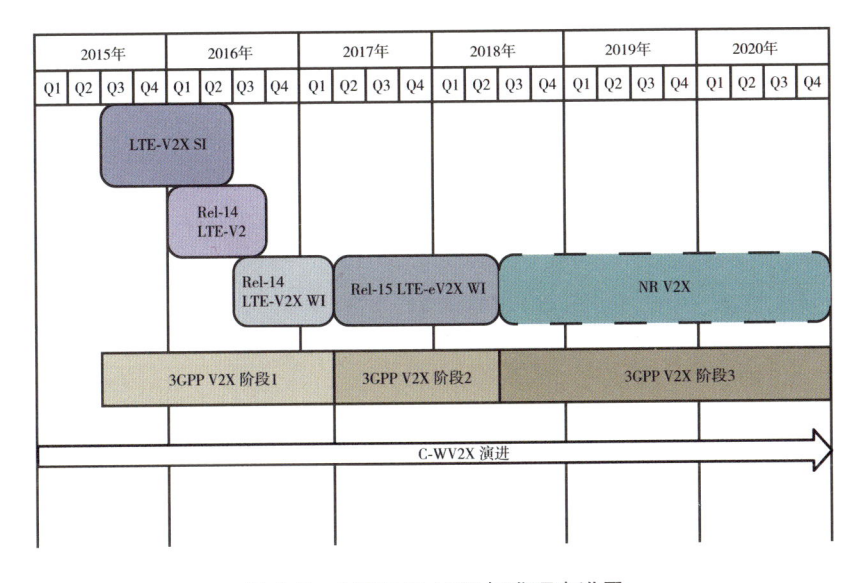

图 5-7 3GPP C-V2X 标准研究进展

3GPP 针对性研究了 eV2X（增强 V2X）应用场景，主要分为车辆编队行驶（vchicles platooning）、高级驾驶（advanced driving）、传感器信息交互（extended sensors）、远程遥控驾驶（remote driving）。这四类增强的 V2X 业务对 C-V2X 演进的通信技术提出了更高的要求，即不仅仅是时延，还包括可靠性、吞吐量、车联网用户密度、安全等方面。

我国在 2016 年将 5905MHz~5925MHz 作为 LTE-V2X 的研究

试验工作频段，并在 2018 年 11 月正式商用。目前美国和日本倾向于采用 802.11p 技术，中国、欧洲的车企和美国的一些运营商倾向于采用 C–V2X。从性能对比上来说，C–V2X 误码率更低，但是时延会更高一些（如表 5–1 所示）。

表 5–1　协作认知消息时延和特定接受率下的时延

（引自 LTE–V2X 和 802.11p 的测试结果）

车流量（车/km/路）	IEEE 802.11p				3GPP C-V2X Mode-4				3GPP C-V2X Mode-3			
	均值	5%	50%	95%	均值	5%	50%	95%	均值	5%	50%	95%
0	0.23	0.06	0.17	0.31	7.87	1.94	6.79	16.44	6.79	6.72	6.79	6.85
5	0.26	0.06	0.18	0.62	7.97	1.94	6.77	16.71	6.80	6.73	6.83	6.95
10	0.30	0.06	0.19	0.74	7.81	1.93	6.52	16.67	6.85	6.73	6.87	7.21
20	0.40	0.06	0.22	1.09	7.53	1.92	6.09	16.57	7.12	6.73	6.90	8.46

实际上，欧美主流车企、全球运营商和通信厂商发起成立的 5G 汽车联盟（5GAA）目前成员已经达到 100 多家，包含车联网相关 5G 产业链的上下游所有行业公司。

目前我国也已经建成了上海、无锡、重庆、北京、长春、乌镇、武汉等 7 个 V2X 示范验证区和测试中心，商业化在即。2019 年 9 月 11 日，全国首个车联网先导区——江苏（无锡）车联网先导区正式揭牌，这也是全球第一个城市级应用示范项目。

车联网相关技术体系划分为无线和应用两大部分。通信行业主要负责无线技术，汽车行业主要负责应用开发，目前通信行业为主导，以后可能会带来更多应用上的探索。对于汽车行业本身来说，因为 LTE-V2X 目前看来性能不足以支持 L4 以上的自动驾驶功能，所以 5G 能够给 V2X 带来更好的产品和性能体验。

5G 中可为 V2X 应用的新技术

5G 在 V2X 行业的应用会带来怎样的变革？有关的新技术主要有四种：移动边缘计算、网络切片、高精度基站定位和雷达 / 通信一体化。

很显然，车辆安全类应用在时延方面要求最高，现在的车辆防撞第一决策信息来自车载雷达，但是如果涉及局部场景（比如一条公路）上的多车联合决策，这时候一个低时延的边缘计算节点（比如某个基站）就非常有必要。

同时，如果涉及 V2I 决策优化（比如车辆 – 信号等控制联合优化、车辆拥堵场景分析、区域内高精度地图加载、调度、突发局域事件预警、卡车透视场景优化），这时候一个边缘计算节点也比单车决策或者是中心的决策节点更加有效，时延更低。

现在的车辆感知都是单车决策，但是如果想要多车协作感知，甚至与城市道路电子系统之间相互通信，那么车辆的实时数据上传下载占用带宽会很高，比如一个 64 通道，5Hz~15Hz 旋转速率的激光雷达，实时上传速率需要 25Mbps；而如果是图像数据，采用 H.265 作为压缩算法的视频流，那么至少需要 10Mbps 上传速率。下面重点谈下移动边缘计算与 C-V2X 的融合应用。

MEC 与 C-V2X 融合应用

MEC 与 C-V2X 融合的理念是将 C-V2X 业务部署在 MEC 平台上，从而降低端到端数据传输时延，缓解终端或路侧智能设施的计算与存储压力，减少海量数据回传造成的网络负荷，提供具备本地特色的高质量服务。

根据有无车辆协同，有无路侧协同，可以将上述融合场景分为四类。这四类场景对网络、车载通信设备的要求不同，对 MEC 的需求也不同。下面以多车与 MEC 协同交互场景为例，简要说明下该场景的功能和要求。

在多车与 MEC 协同交互场景中，V2V 信息转发、车辆感知共享等功能可通过多车与 MEC 协同交互实现。应用场景如图 5-8 所示。

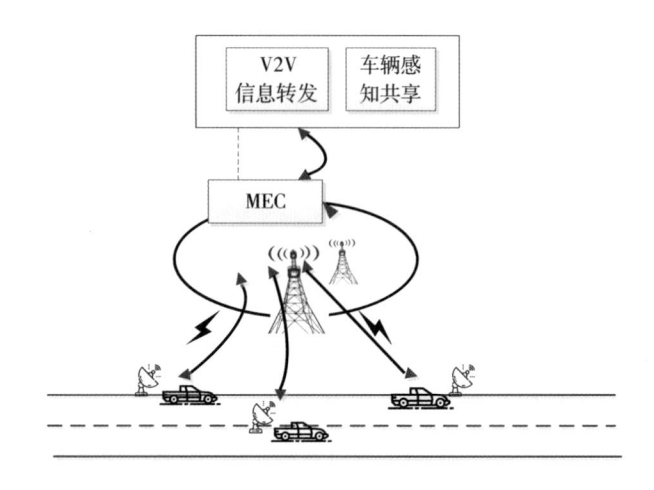

图 5-8　多车与 MEC 协同交互场景示意图

在该场景下，可以实现车与车之间的通信，实时交流车辆位置、速度、方向及刹车、开启双闪等车辆状态信息，提升道路安全。同时，MEC 部署的车辆感知共享功能，可将具备环境感知车辆的感知结果转发至周围其他车辆，用于扩展其他车辆的感知范围，也可以用于透视（See Through）场景。同时，当前车遮挡后车视野时，前车对前方路况进行视频监控并将视频实时传输至 MEC，MEC 的车辆感知共享功能对收到的视频进行实时转发至后方车辆，便于后方车辆利用视频扩展视野，有效解决汽车行驶中的盲区问题，提高车辆的驾驶安全。

在该场景下，需要 MEC 具备超低时延的信息传输功能，具备传感信息、视频流等信息的转发功能；需要网络保证低时延、大带宽的通信能力。

这些功能和能力是 5G 环境下车联网的典型需求。

5G 车联网演进方向

从产业结构看，相比 ICT 产业，传统汽车制造业生态更加封闭，构成了以整车厂、一级供应商、次级供应商为主的垂直产业链。但随着 ICT 的加入，产业链有了显著的变化。

目前，车联网的产业链主要有整车厂商、车载设备制造商、网络运营商、汽车远程服务提供商（Telematics Service Provider, TSP）、内容提供商、运营平台等多个主体。随着近几年汽车产业的变革，车联网的价值链也在不断变化中。

基于此价值链，车联网的三大类应用的商用模式各有侧重。信息服务类应用看重基础性车载信息类应用的盈利点，整车厂商、互联网公司、软/硬件厂商等都会参与其中；汽车智能化类应用则由于有大量新兴汽车企业和互联网公司的参与，其安全和效率类应用正处于快速成长期，渗透率将逐步提升，整体市场规模有望进一步拓展；智慧交通类应用则侧重自动驾驶车辆的协同化应用，传统汽车厂商、互联网公司、运营平台都会参与（见图5-9）。

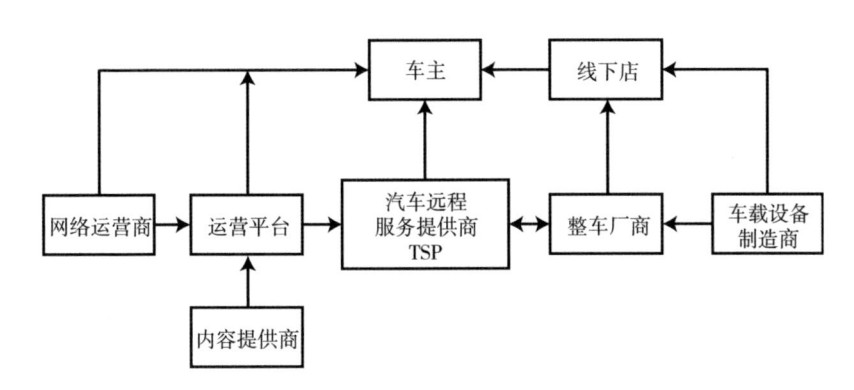

图 5-9　车联网的基本价值链

如果只是聚焦到 C-V2X 产业链上，从狭义上来说主要包括通信芯片、通信模组、终端与设备、整车制造、解决方案、测试验证以及运营与服务等环节，这其中包括了芯片厂商、设备厂商、主机厂、方案商、电信运营商等众多参与方。

虽然车联网为产业链各方都带来了不少机遇，但由于多方合作与博弈暂未达到一个较为稳定成熟的状态，因此目前车联网行业尚未出现具有明显优势的主导者，也暂未形成统一的行业标准。

目前，车联网技术主要以车企研发为主，有些车企会选择与互联网公司合作，结合 App 的开发，实现数据的传输与交互。由于车联网涉及技术领域较多，而单个企业力量有限，并且多方博弈中，往往会构筑壁垒，导致互相沟通较少，难以实现技术的核心突破。加之目前企业尚未找到成熟的商业模式，社会认知尚受限，制度和基础设施建设还有较长的路要走，这都是当前所面临的切实问题和瓶颈。

我国汽车保有量在 2017 年中已突破 2 亿辆，预计 2023 年将超过 4 亿，这为我国车联网提供了千亿级的市场。目前，高新兴、四维图新、德赛西威、金溢科技等业内企业激烈竞争，积极布局，车联网近年的发展相当值得期待。

5G 网络提供的高可靠、高带宽、低时延的通信特性，在环境感知、数据学习、判决决策、快速反应、路线优化等方面，为车联网应用的落地提供更有力的技术支撑。而且，5G 专为物联网、车联网设定的 uRLLC 场景，也将有助于促进车辆与街边智能终端乃至接入智慧城市形成多点覆盖的生态系统，使得车辆的信息来源更多样，系统运算能力更强，即时通信更顺畅。5G 网络的建设，将在车联网相关技术引导、产业构建、未来发展等方面起到积极作用。

5G 应用场景对车联网中的用户体验、车辆驾驶和协同通信都有极大的支撑作用，但 5G 的商用部署对车联网产业链影响最大的部分是运营平台、整车厂商和车载设备制造商。

运营平台既包括面向用户的大带宽信息服务，如实时交通和预测等，也包括面向车辆的超高可靠低时延服务，如自动驾驶、编队行驶、车路协同等。这些需要基于5G网络实现现有车联网运营平台的升级改造，因为随着技术的引入，性能的大幅提升，新平台也许会有新的业务出现，产业链在运营平台这个环节的分裂或者合并也许在所难免。

目前已经有不少整车厂商和车载设备制造商启动了工业互联网的进程，就目前已有的效果来看，内网智能化和外网标准化的改造、"数字车间"和"数字厂房"的建设可以大大提高生产效率，进而提升企业竞争力。

车联网的基础设施一旦完成，价值链也将随着产业链的重构而发生变化，价值高地将从整车厂商迁移到运营平台，未来的交通也将大为改观。

5G+ 工业互联网

18世纪末，蒸汽机时代创造的机器工厂，极大地解放了劳动力；20世纪初，电气时代将人类带入了分工明确、大批量生产的流水线模式；20世纪70年代初，随着电子信息技术的广泛应用，生产自动化程度进一步提高；到了21世纪前十年，互联网、人工智能等技术的深度融合，使得以应用信息物理系统（Cyber-Physical Systems，CPS）为代表的工业4.0时代应运而生，从而带动了工业互联网产业。

2011年4月，在汉诺威工业博览会上出现了"工业4.0"概念。以CPS为核心，实现全生命周期内的制造单元自动控制，推进制造业向智能化转型。德国电气电子和信息技术协会已经发布了工业4.0标准化路线图，意味着工业4.0从建议方案走向了实际阶段，西门子等传统工业巨头也已开始部署实验性项目的建设。

2012年11月，美国通用电气公司（GE）发表了《工业互联网：打破智慧与机器的边界》白皮书，随后联合AT&T、思科、IBM、英特尔在2014年3月成立了美国工业互联网联盟（Industrial Internet Consortium，IIC）。

2014年，世界经济论坛（WFF）与工业互联网联盟（IIC）和埃森哲公司合作了一个工业互联网研究项目。按照埃森哲的描述，工业互联网的发展通常要经历四个阶段（见图5–10）。

2016年2月中国信息通信研究院联合制造业、通信业、互联网等相关企业共同发起成立中国工业互联网产业联盟（Alliance of

Industrial Internet，AII）。工业互联网一时间成为中美两国共同的战略重点。

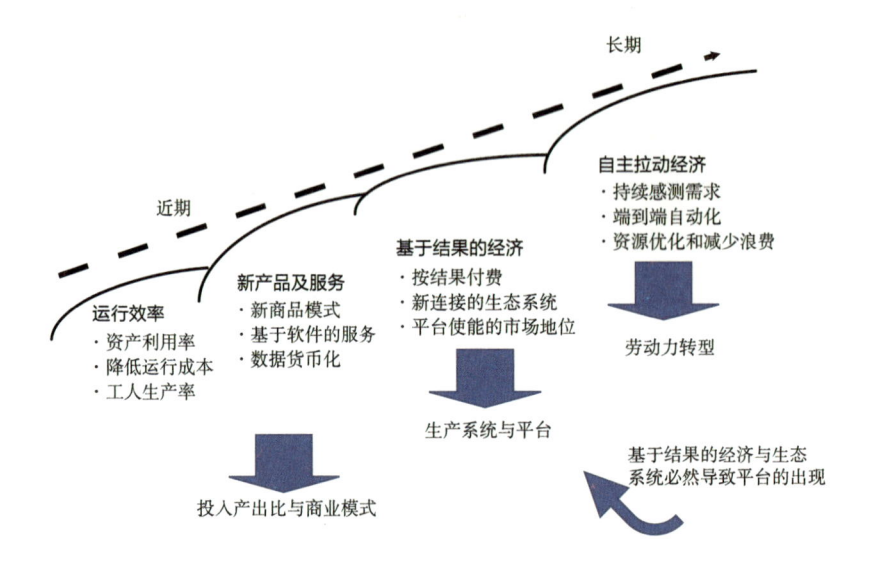

图 5-10　工业互联网发展的四个阶段

维基百科对工业互联网的解释是复杂物理机械与联网传感器和软件的集成，把机器学习、大数据、物联网、机器与机器通信、信息网络系统等领域综合在一起，从机器获取数据、分析数据（通常是实时），用以调整操作。

2019年10月31日，由中国工业互联网产业联盟出品的《工业互联网体系架构（版本2.0）》对工业互联网的描述是这样的：工业互联网通过实现人、机、物等的全面互联，构建起全要素、全产业链、全价值链全面连接的新型工业生产制造和服务体系。

在《工业互联网安全框架（讨论稿）》中的描述是这样的：工

业互联网是满足工业智能化发展需求，具有低时延、高可靠、广覆盖特点的关键网络基础设施，是新一代信息和通信技术与先进制造业深度融合所形成的新兴业态与应用模式。

而美国工业互联网联盟则认为：工业互联网将工业控制系统在线连接，构成多个巨大的、端到端的、与人连接的系统，并且完全地与企业系统、商业过程以及分析方案集成。这些端到端的系统称为工业互联网系统（IIS）。

综合来看，从产业角度上，工业互联网是互联网和新一代信息技术与全球工业系统全方位深度融合集成所形成的产业和应用生态，是工业智能化发展的关键综合信息基础设施。工业互联网以新模式新业态，实现智能化生产、网络化协同、个性化定制和服务化延伸。

工业互联网平台架构

工业互联网主要是由网络、平台和安全三部分组成。工业互联网是网络实现机器、物品、控制系统、信息系统、人与人之间的泛在连接。通过工业云和工业大数据实现海量工业数据的集成、处理、分析，是贯彻整个数据链条的保障。

在工业互联网中，以上三者，网络是基础，数据平台是核心，安全是保障。网络的本质是实现数据智能的网络基础，包括网络互连、标识解析、应用支撑三大体系。而数据平台的本质是数据智能在工业中的全生命周期应用，包括"采集交换—集成处理—建模分析—决策与控制"，形成优化闭环，驱动工业智能化。安全的本质是工业/产业互联网各个领域和环境的安全保障，包括设备安全、控制安全、网络安全和应用安全等。

工业互联网平台功能架构如图5-11所示。工业互联网平台从架构上来说有四大特征：一是泛在连接，包括对设备、软件、人员等各类生产要素数据的全面采集能力；二是云化服务，包括基于云计算架构的海量数据存储、管理和计算；三是知识积累，包括基于工业知识机理的数据分析能力，并实现知识的固化、积累和复用；四是应用创新，包括调用平台功能及资源，提供开放的工业App开发环境，实现工业App创新应用。

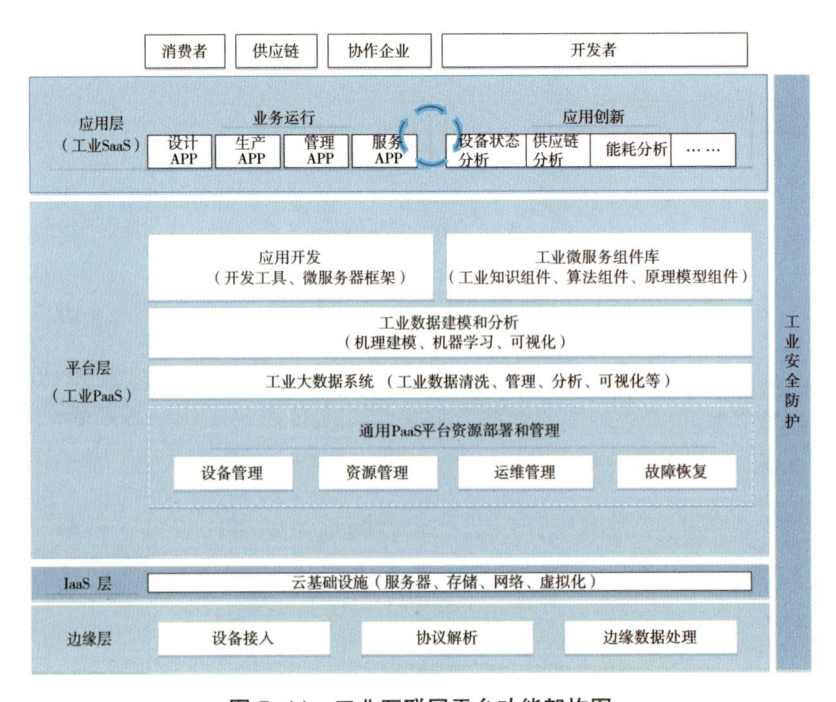

图5-11 工业互联网平台功能架构图

随着人工智能技术的深入发展，基于海量数据的实时感知，可以更好地完成工业系统的深度集成，以及数据驱动的智能化建模分析，从而提高系统决策能力，进一步提高生产力。

5G 与工业物联网融合发展

对工业制造来说，低时延、高可靠的关键网络基础设施至关重要。目前工业和产业互联网的应用一直停留在数据采集、展示和分析阶段，难以触及工业制造最核心的自动化控制和实时决策，其中核心制约因素就是无线通信基础设施的稳定性和时延得不到保障。

当前工业机器大多采用本机自由控制程序操作，在某些时间点需要人工协助的方式运行。这种工业系统的控制方案往往无法适应目前多变的市场需求，同时也因为时延问题，限制了大多数行业中工业自动控制的数字化实现。

在 4G 时代，为了保证数据传输的稳定性，各个机床之间往往只通过有线电缆连接，无线节点只用来周期性采集和发送数据，这样的连接方式不仅仅会造成大量的线缆连接结构复杂，也会造成不必要的安全隐患。这些都有望在 5G 中得到解决，从而拓宽工业自动化的边界，我们将这种时延敏感、可靠性要求高的机器通信称为工业物联网。

华为曾经在 MWC2019 上海大会上分享过工业物联网的案例，工作人员通过在上海的虚拟操作平台，操作工作在河北某矿洞里的挖掘机。其中大臂小臂操作、前后移动、挖斗的翻转等等均感觉不到明显时延。

爱立信曾经也分享过一案例，转动叶盘作为航空发动机的重要部件，其加工质量尤其重要，但是目前的加工过程中无法保证工业制造的实时监控，只能通过检查返工来保证部件性能。如果在加工过程中引入无线传感器和实时监控判决系统，那么可以在发现生产问题及时处理，大大提高生产效率。根据计算，良品率的降低可能会降低叶盘 20% 左右的制作成本，每个叶盘可以降低3000 多欧元，这对公司竞争力是大幅度的提升。

此外，在多组发电机同时发电时，需要保证发电机之间的相位同步，在单位发电机出现问题时及时与现网割离。这时候整个通信的同步时间和能够容忍的时延大约在 1 到 10ms 之间，从而保证其他机组发电机功率不受到大幅度影响。

5G 通信可以满足上述场景中的最严格要求，虽然说这部分数据通信的数据量并不大，但是对于产业的工作效率提升却相当明显，可以带来的产值相当可观，也可以进一步提高社会生产效率。在 4G 时代，受限于物理极限我们无法触及这部分产值提升，但是有了 5G 网络以后，信息产业才有能力通过通信产业触及更大的天地。

目前 5G 依然并未完成这部分的标准工作，但是相信在不远的将来，我们将会看到它带来的更大机遇。

技术名词简表

英文缩写	英文全称	中文含义
1G	The First Generation Mobile Communication Technology	第一代移动通信技术
2G	The Second Generation Wireless Telephone Technology	第二代移动通信技术
3G	The Third Generation Mobile Communication Technology	第三代移动通信技术
3GPP	The Third Generation Partnership Project	第三代合作伙伴计划
3GPP2	3rd Generation Partnership Project 2	第三代合作伙伴计划2
4G	The Fourth Generation Mobile Communication Technology	第四代移动通信技术
5G	The Fifth Generation Mobile Communication Technology	第五代移动通信技术
5G NR	The Fifth Generation New Radio	新空口第五代全球标准
6G	The Sixth Generation Mobile Networks	第六代移动通信系统
A-GNSS	Assisted GNSS	网络增强系统
AIoT	Artificial Intelligence & Internet of Things	人工智能物联网
AoA	Angle of Arrival	信号的到达角
AP	Access Point	接入点
AR	Augmented Reality	增强现实
ATM	Asynehronous Transfer Mode	异步传输模式
BBU	Base Band Unit	基带处理单元
BBS	Bulletin Board System	论坛
BP	Beeper	寻呼

（续　表）

英文缩写	英文全称	中文含义
CDMA2000	Code Division Multiple Access 2000	3G 移动通信标准之一
CDMA	Code Division Multiple Access	码分多址
CID	Cell Identity	小区识别码定位
CID-RTT	Cell Identity-Round Trip Time	小区识别码—往返时间定位
CID-TA	Cell Identity-Timing Advance	小区识别码＋时间提前量定位
CN	Core Network	核心网
CPS	Cyber-Physical Systems	信息物理系统
C-RAN	Cloud-Radio Access Network	基于云计算的无线接入网构架
CRC	Cyclic Redundancy Check	循环冗余校验
CSMA/CA	Carrier Sense Multiple Access/Collision Avoidance	带有冲突避免的载波侦听多路访问
CT	Communication Technology	通信技术
CU	Centralized Unit	集中处理单元
CU-C	Central Unit Control Plane	控制面集中处理单元
C-V2X	Cellular Vehicle-to-Everything	基于蜂窝网络的车联网技术
COTS	Commercial Off-The-Shelf	商用现成品或技术
CPE	Customer Premise Equipment	客户前置设备
DCI	Downlink Control Information	下行控制信息
DN	Distribute Unit	分布式处理单元
E-CID	Enhanced Cell Identity	增强型小区识别码定位
EC	Edge Cloud	边缘云
eMBMS	Evolved Multimedia Broadcast Multicast Service	增强多媒体广播多播业务

（续　表）

英文缩写	英文全称	中文含义
eMBB	Enhanced Mobile Broadband	增强移动宽带
eNodeB	Evolved Node B	演进型 Node B
E-OTD	Enhanced Observed Time Difference	增强观测时间差定位
EDGE	Enhanced Data Rate for GSM Evolution	增强型数据速率 GSM 演进技术
FBMC	Filter-Bank Based Multicarrier	基于滤波器组的多载波
FCC	Federal Communications Commission	联邦通信委员会
FWA	Fixed Wireless Access	固定无线接入
GNSS	Global Navigation Satellite System	全球导航卫星系统
GPS	Global Positioning System	全球定位系统
GSM	Global System for Mobile Communications	全球移动通信系统
LAN	Local Area Network	局域网
LDPC	Low Density Parity Check Code	低密度奇偶校验码
LIP	Lightweight Interlayer Protocol	简易夹层协议
LoS	Line of Sight	收发端之间没有遮挡
LTE	Long Term Evolution	长期演进
LTE-A	Long Term Evolution-Advanced	升级版长期演进
HSS	Home Subscriber Server	归属签约用户服务器
HTTP	HyperText Transfer Protocol	超文本传输协议
HTML	HyperText Markup Language	超级文本标记语言
ICT	Information and Communication Technology	信息和通信技术
ICNIRP	International commission on non-ionizing radiation protection	国际非电离辐射保护委员会

(续表)

英文缩写	英文全称	中文含义
IEEE	Institute of Electrical and Electronics Engineers	电气和电子工程师协会
IFFT	Inverse Fast Fourier Transform	快速傅立叶反变换
IETF	Internet Engineering Task Force	互联网工程任务组
IoT	Internet of Things	物联网
IP	Internet Protocol	互联网协议
IPv6	Internet Protocol Version 6	互联网协议第6版
IS-95	Interim Standard-95	暂时标准-95
IT	Information Technology	信息技术
ITU	International Telecommunication Union	国际电信联盟
LTE-V2X	Long Term Evolution- Vehicle-to-everything	基于LTE的车辆网
MEC	Mobile Edge Computing	移动边缘计算
MIMO	Multiple-Input Multiple-Output	多入多出技术
MME	Mobility Management Entity	移动控制节点
mMTC	massive Machine Type of Communication	海量机器类通信
M2M	Machine-To-Machine	机器对机器
NCP	Network Control Protocol	网络控制协议
NFC	Near Field Communication	近场通信
NFV	Network Function Virtualization	网络功能虚拟化
NOMA	Non-Orthogonal Multiple Access	非正交多址接入
NS	Name Server	域名服务记录
NSA	Non-Standalone	非独立组网
NB–IoT	Narrow Band Internet of Things	窄带物联网

（续　表）

英文缩写	英文全称	中文含义
OFDM	Orthogonal Frequency Division Multiple	正交频分复用
OFDMA	Orthogonal Frequency Division Multiple Access	正交频分多址接入
OLED	Organic Light Emitting Display	有机发光显示器
PDN	Public Data Network	公用数据网
PDSCH	Physical Downlink Shared Channel	物理下行信道
POE	Power Over Ethernet	有源以太网
PRACH	Physical Random Access Channel	物理随机接入信道
P-GW	PDN Gate Way	PDN 网关
S-GW	Serving Gate Way	服务网关
PUSCH	Physical Uplink Shared Channel	物理上行共享信道
P2P	peer-to-peer	互联网借贷平台
QoS	Quality of Service	服务质量
RAN	Radio Access Network	无线接入网
RF	Radio Frequency	无线射频
RFID	Radio Frequency Identification	射频识别技术
RRH	Remote Radio Head	射频拉远头
RRU	Remote Radio Unit	射频拉远单元
RSS	Received Signal Strength	接收信号强度
RSU	Road Side Unit	路测单元
SA	Standalone	独立组网
SAR	Specific Absorption Ratio	吸收率
SCMA	Sparse Code Division Multiple Access	稀疏码分多址接入
SDN	Software Defined Network	软件定义网络

（续　表）

英文缩写	英文全称	中文含义
SON	Self-Organizing Network	自组织网络
SQL	Structured Query Language	结构化查询语言
TCP	Transmission Control Protocol	传输控制协议
TD-LTE	Time Division Long Term Evolution	分时长期演进
TDoA	Time Difference of Arrival	到达时间差
TD-SCDMA	Time Division-Synchronous Code Division Multiple Access	时分—同步码分多址
TDMA	Time division multiple access	时分多址
ToA	Time of Arrival	到达时间
TTI	Transmission Time Interval	传输时间间隔
UFMC	Universal Filtered Multi-Carrier	广义多载波
UMTS	Universal Mobile Telecommunications System	通用移动通信系统
uRLLC	Ultra Reliable & Low Latency Communication	高可靠低时延连接
UTRA	Universal Terrestrial Radio Access	通用地面无线电接入
UUCP	Unix to Unix Copy Protocol	UNIX 间复制协议
V2I	Vehicle-to-Infrastructure	车辆道路
V2N	Vehicle-to-Network	车辆—互联网
V2P	Vehicle-to-Pedestrian	车辆—行人
V2V	Vehicle-to-Vehicle	车辆—车辆
V2X	Vehicle-to-Everything	车联网
VNF	Virtual Network Function	虚拟化网络功能
VR	Virtual Reality	虚拟现实
WCDMA	Wideband Code Division Multiple Access	宽带码分多址
WLAN	Wireless Local Area Network	无线局域网

（续　表）

英文缩写	英文全称	中文含义
WiMax	World Interoperability for Microwave Access	全球微波接入互操作性
XML	Extensible Markup Language	可扩展标记语言
Wi-Fi	Wireless Fidelity	无线保真

技术名词解释

1G（The First Generation Mobile Communication Technology，**第一代移动通信技术**）：指最初以模拟技术为基础的、仅限语音的蜂窝电话标准，制定于20世纪80年代。

2G（The Second Generation Mobile Communication Technology，**第二代无线通信技术**）：以数字语音传输技术为核心，一般定义为无法直接传送如电子邮件、软件等信息；只具有通话功能和一些如时间、日期等传送的手机通信技术规格。

3G（The Third Generation Mobile Communication Technology，**第三代移动通信技术**）：指支持高速数据传输的蜂窝移动通信技术。它能够同时传送声音及数据信息，是将无线通信与国际互联网等多媒体通信结合的一代移动通信系统。

3GPP（The Third Generation Partnership Project，**第三代合作伙伴计划**）：主要是制定以GSM核心网为基础，UTRA（FDD为W-CDMA技术，TDD为TD-SCDMA技术）为无线接口的第三代技术规范。

3GPP2（3rd Generation Partnership Project 2，**第三代合作伙伴计划2**）：3GPP2主要工作是制定以ANSI–41核心网为基础、

CDMA2000 为无线接口的移动通信技术规范。

4G（The Fourth Generation Mobile Communication Technology，第四代移动通信技术）：是集 3G 与 WLAN 于一体并能够传输高质量视频图像的技术，其图像传输的质量与高清晰度的电视不相上下。

5G（The Fifth Generation Mobile Communication Technology，第五代移动通信技术）：最新一代蜂窝移动通信技术，也是继 2G、3G 和 4G 系统之后的延伸。它的性能目标是高数据速率、减少时延、节省能源、降低成本、提高系统容量和大规模设备连接。

5G NR（The Fifth Generation New Radio，新空口全球性 5G 标准）：基于 OFDM 的全新空口设计的全球性 5G 标准，也是下一代通信系统非常重要的蜂窝移动技术基础。

6G（The Sixth Generation Mobile Networks，第六代移动通信系统）：是 5G 系统的延伸，仍在开发阶段。它的传输能力相比 5G 可提升 100 倍，网络时延也可能从毫秒降到微秒级。

A-GNSS（Assisted GNSS，网络增强系统）：实际上就是利用 GNSS 或者 GPS 系统以外的无线电（通信）系统来提供信息协助，加强或者加快卫星导航信号的搜索跟踪性能与速度，使用户获得更好的应用服务体验。

AIoT（Artificial Intelligence & Internet of Things，人工智能物联网）：融合 AI 技术和 IoT 技术，将通过物联网产生和收集海量的数据存储于云端、边缘端，再通过大数据分析，以及更高形式的人工智能，从而实现万物数据化、万物智联化。

AoA（Angle of Arrival，信号的到达角）：收节点和发射节点之间的相对方位或角度。

AP（Access Point，接入点）：指 WLAN 用户终端接入网络的设备。

API（Application Programming Interface，应用程序接口）：一些预先定义的函数，或指软件系统不同组成部分衔接的约定。目的是提供应用程序与开发人员基于某软件或硬件得以访问一组例程的能力，而又无须访问原码，或理解内部工作机制的细节。

APP（Application，应用程序）：狭义指智能手机的第三方应用程序，广义指所有客户端软件，现多指移动应用程序。

AR（Augmented Reality，增强现实）：促使真实世界信息和虚拟世界信息内容之间综合在一起的较新的技术内容。

ARM（Advanced RISC Machine，进阶精简指令集机器）：ARM 架构，曾称进阶精简指令集机器（Advanced RISC Machine），更早时称作 Acorn RISC Machine，是一个 32 位精简指令集（RISC）处理器架构。

ARPU（Average Revenue Per User，每用户平均收入）：有时也称为每单位平均收入，是主要由通信、数字媒体和网络公司使用的一种度量，定义为总收入除以订户数量。

ATM（Asynehronous Transfer Mode，异步传输模式）：实现 B-ISDN 业务的核心技术之一。ATM 是以信元为基础的一种分组交换和复用技术。它是一种为了多种业务而设计的面向连接的通用传输模式，适用于局域网和广域网。它具有高速数据传输率，支持许多种类型，如声音、数据、传真、实时视频、CD 质量音频和图像的通信。ATM 采用面向连接的传输方式，将数据分割成固定长度的信元，通过虚连接进行交换。ATM 集交换、复用、传输为一体，在复用上采用的是异步时分复用方式，通过信息的首部或标头来区分不同信道。

BBU（Base Band Unit，基带处理单元）：3G 网络大量使用的分布式基站架构，完成 Uu 接口的基带处理功能（编码、复用、调制和扩频等）、RNC 的 Iub 接口功能、信令处理、本地和远程操作维护功能，以及 NodeB 系统的工作状态监控和告警信息上报功能。

CAN（Controller Area Network，控制器局域网络）：由以研发和生产汽车电子产品著称的德国博世公司开发，并最终成为国际标准（ISO 11898），是国际上应用最广泛的现场总线之一。在北美和西欧，CAN 总线协议已经成为汽车计算机控制系统和嵌入式工业控制局域网的标准总线，并且拥有以 CAN 为底层协议专为大型货车和重工机械车辆设计的 J1939 协议。

CDMA（Code Division Multiple Access，码分多址）：是一种针对数字信号的无线通信技术。其通过一段码字对一路信号进行扰码扩频处理，不同信号以其对应的码字进行区分，即便多路信号重叠在同一段频带上也不会相互干扰。同时，信号能量平摊在较宽的一段频带上，频带能量变化不明显，不易被非授权方检出和解码。CDMA 技术方案具备信道利用率高，抗干扰能力和安全性强等优点，被广泛用于 CDMA2000、WCDMA 等标准及相应移动通信系统中。

CDMA2000（Code Division Multiple Access 2000）：是国际电信联盟批准的 3G 移动通信标准中的一个，也是 IS-95 标准的延伸，不需要新的频段分配。

CDMA-2000 1xRTT：基于 CDMA 平台的 3G 无线技术。1xRTT 中的 1x 代表 1.25MHz 通道数的 1x，RTT 代表无线电传输技术。

CDN（Content Delivery Network，内容分发网络）：指一种通过互联网互相连接的计算机网络系统，利用最靠近每位用户的服务器，更快、更可靠地将音乐、图片、影片、应用程序及其他文件发送给用户，以提供高性能、可扩展性及低成本的网络内容。

CID（Cell Identity，小区识别码定位）：无线网络上报终端所处的小区号（根据服务的基站来估计），位置业务平台把小区号翻译成经纬度坐标来确定用户位置。

CID-RTT（Cell Identity-Round Trip Time，小区识别码—往返时间定位）：联合小区识别码和信号帧的收发时间差来推断用户位置。

CID-TA（Cell Identity-Timing Advance，小区识别码—时间提前量定位）：联合小区识别码和时间提前量来推断用户位置。

CN（Core Network，核心网）：将业务提供者与接入网，或者接入网与其他接入网连接在一起的网络。

COTS（Commercial Off-The-Shelf，商用现成品或技术）：指可以采购到的具有开放式标准定义的接口的软件或硬件产品，可以节省成本和时间。

CPE（Customer Premise Equipment，客户前置设备）：实际是一种接收移动信号并以无线 Wi-Fi 信号转发出来的移动信号接入设备，它也是一种将高速 4G 或者 5G 信号转换成 Wi-Fi 信号的设备，可支持同时上网的移动终端数量也较多。CPE 可有效节省铺设有线网络的费用。

CPS（Cyber-Physical Systems，信息物理系统）：是一个综合计算、网络和物理环境的多维复杂系统，通过 3C（Computation、Communication、Control）技术的有机融合与深度协作，实现大型工程系统的实时感知、动态控制和信息服务。

CPU（Central Processing Unit，中央处理器）：作为计算机系统的运算和控制核心，是信息处理、程序运行的最终执行单元。CPU自产生以来，在逻辑结构、运行效率以及功能外延上取得了巨大发展。

C-RAN（Cloud-Radio Access Network，基于云计算的无线接入网构架）：根据现网条件和技术进步的趋势，提出的新型无线接入网构架。其本质是通过减少基站机房数量，减少能耗，采用协作化、虚拟化技术，实现资源共享和动态调度，提高频谱效率，以达到低成本、高带宽和高灵活度的运营。

CRC（Cyclic Redundancy Check，循环冗余校验）：是一种根据

网络数据包或计算机文件等数据产生简短固定位数校验码的一种散列函数，主要用来检测或校验数据传输或者保存后可能出现的错误。它是利用除法及余数的原理来做错误侦测的。

CSMS/CA（Carrier Sense Multiple Access/Collision Avoidance，带有冲突避免的载波侦听多路访问）：利用确认帧信号来避免冲突发生的技术，即只有当客户端收到网络上返回的确认帧信号后才确认送出的数据已经正确到达目的地。

CT（Communication Technology，通信技术）：是电子工程的重要分支，同时也是其中一个基础学科。该学科关注的是通信过程中的信息传输和信号处理的原理和应用。

CU（Centralized Unit，集中处理单元）：是BBU的其中一个功能实体，主要包括非实时的无线高层协议栈功能，同时也支持部分核心网功能下沉和边缘应用业务的部署。

C–V2X（Cellular Vehicle-to-Everything，基于蜂窝网络的车联网技术）：以LTE蜂窝网络作为V2X的基础，是5G未来的重点研究方向，也是车联网的专有协议，用于面向车联网的应用场景。可以使用蜂窝电话基站技术连接运输生态系统内的所有车辆和道路基础设施。

DCI（Downlink Control Information，下行控制信息）：由下行物理控制信道 PDCCH 承载，eNB 发给用户终端的下行控制信息，包括上下行资源分配、HARQ 信息、功率控制等。

DN（Distribute Unit，分布式处理单元）：BBU 中的一个功能实体，主要支持处理物理层功能和实时性需求的层 2 功能。

DOS（Disk Operating System，磁盘操作系统）：磁盘操作系统的缩写，是个人计算机上的一类操作系统。从 1981 年直到 1995 年的 15 年间，磁盘操作系统在 IBM PC 兼容机市场中占有举足轻重的地位。微软的所有后续版本中，磁盘操作系统仍然被保留着。

E-CID（Enhanced Cell Identity，增强型小区识别码定位）：根据移动台所在蜂窝网络的小区或扇区来断定移动台的位置坐标。小区搜索完成后，基站能够得到移动台的小区信息。由于移动台可能存在于小区的任何位置，所以该方法的定位精度取决于小区面积的大小。

EDGE（Enhanced Data Rate for GSM Evolution，增强型数据速率 GSM 演进技术）：是一种从 GSM 到 3G 的过渡技术，它主要是在 GSM 系统中采用了一种新的调制方法，即多时隙操作和 8PSK 调制技术。

Edge Cloud（边缘云）：边缘云是分布在网络边缘侧，提供实时数处理、分析决策的小规模云数据中心。

eMBB（Enhanced Mobile Broadband，增强移动宽带）：5G 的应用场景之一，具备更大的吞吐量、低时延以及更一致的体验。

eMBMS（Evolved Multimedia Broadcast Multicast Service，增强多媒体广播多播业务）：3GPP Rel-9 协议提出的应用在 LTE 网络上的增强型广播多播技术，支持更大的带宽，能提供更多的频道和更流畅的多媒体内容，用户体验也更好。

eNode B（Evolved Node B，演进型 Node B）：eNode B 相比现有 3G 中的 Node B，集成了部分 RNC（Radio Network Controller，无线网络控制器）的功能，减少了通信时协议的层次。

E-OTD（Enhanced Observed Time Difference，增强观测时间差定位）：E-OTD 定位是对 GSM 中 OTD 过程的一种增强，可以进行更高精度的定位测量。

FBMC（Filter-Bank Based Multicarrier，基于滤波器组的多载波）：起源于 20 世纪 70 年代，主要应用于多速率采样，减少计算复杂度以及减少传输数据率和存储单元的要求。

FCC（Federal Communications Commission，联邦通信委员会）: 于1934年建立，是美国政府的一个独立机构，直接对国会负责。FCC通过控制无线电广播、电视、电信、卫星和电缆来协调国内和国际的通信。

FDD–LTE (Frequency Division Duplexing-Long Term Evolution，频分双工长期演进技术）: 电信中用于手机及数据终端的高速无线通信标准，为高速下行分组接入（HSDPA）过渡到4G的版本，俗称3.9G。

FPGA（Field Programmable Gate Array，现场可编程逻辑门阵列）: 是在PAL、GAL等可编程器件的基础上进一步发展的产物。它是作为专用集成电路（ASIC）领域中的一种半定制电路而出现的，既解决了定制电路的不足，又克服了原有可编程器件门电路数有限的缺点。

FWA（Fixed Wireless Access，固定无线接入）: 主要是为固定位置的用户或仅在小范围区域内移动的用户提供无线通信接入服务。其用户终端包括电话机、传真机或计算机等。

GNSS（Global Navigation Satellite System，全球导航卫星系统）: 利用一组卫星的伪距、星历、卫星发射时间等观测量，同时还必须知道用户钟差。它是能在地球表面或近地空间的任何地点为用户提供全天候的三维坐标和速度以及时间信息的空基无线电导航定位系统。

GPS（Global Positioning System，全球定位系统）：是由美国国防部研制建立的一种具有全方位、全天候、全时段、高精度的卫星导航系统，能为全球用户提供低成本、高精度的三维位置、速度和精确定时等导航信息。

GPU（Graphics Processing Unit，图形处理器）：又称显示核心、视觉处理器、显示芯片，是一种专门在个人计算机、工作站、游戏机和一些移动设备（如平板电脑、智能手机等）上做图像和图形相关运算工作的微处理器。

GSM（Global System for Mobile Communications，全球移动通信系统）：由欧洲电信标准化协会制定的一个数字移动通信标准。它的空中接口采用时分多址技术。

GSM–900（Global System for Mobile Communications-900，全球移动通信系统）：GSM 频段（频率范围）是国际电信联盟为 GSM 移动电话工作而指定的蜂窝式无线通信系统的频率。GSM–900 使用 890MHz~915MHz 从装置向基站发送信息（上行），使用 935MHz~960MHz 接收信息（下行）。

HSS（Home Subscriber Server，归属签约用户服务器）：是 EPS（Evolved Packet System，演进的分组系统）中用于存储用户签约信息的服务器，是 2G/3G 网元 HLR（归属位置寄存器）的演进和升级，主要负责管理用户的签约数据及移动用户的位置信息。

ICT（Information and Communication Technology，信息和通信技术）：是电信服务、信息服务、IT 服务及应用的有机结合。

IEEE（Institute of Electrical and Electronics Engineers，电气和电子工程师协会）：是一个美国的电子技术与信息科学工程师的协会，也是世界上最大的非营利性专业技术学会。

IFFT（Inverse Fast Fourier Transform，快速傅立叶反变换）：一种 IDFT（离散傅立叶反变换）的高效算法，它把信号从频率域变换到时间域。

IMT–2020（International Mobile Telecommunications-2020，第五代移动通信技术）：2015 年，在瑞士日内瓦召开的 2015 无线电通信全会上，国际电联无线电通信部门（ITU–R）正式批准了三项有利于推进未来 5G 研究进程的决议，并正式确定了 5G 的法定名称是"IMT–2020"。

IoT（Internet of Things，物联网）：即"万物相连的互联网"，是

互联网基础上的延伸和扩展的网络，将各种信息传感设备与互联网结合起来而形成的一个巨大网络，实现在任何时间、任何地点，人、机、物的互联互通。

IP（Internet Protocol，**互联网协议**）：是网络层的主要协议，主要定义了寻址方法和数据封装结构。IP 地址是由 IP 协议制定的统一地址格式，为每一个网络中的设备分配一个逻辑地址以进行识别，现主要有 IPv4 和 IPv6 两类。

IT（Information Technology，**信息技术**）：主要用于管理和处理信息所采用的各种技术的总称。它主要是应用计算机科学和通信技术来设计、开发、安装和实施信息系统及应用软件。

ITU（International Telecommunication Union，**国际电信联盟**）：是主管信息和通信技术事务的联合国机构，负责分配和管理全球无线电频谱与卫星轨道资源，制定全球电信标准，向发展中国家提供电信援助，促进全球电信发展。

LAN（Local Area Network，**局域网**）：局域网是一种私有网络，一般在一座建筑物内或建筑物附近，比如家庭、办公室或工厂。局域网被广泛用来连接个人计算机和消费类电子设备，使它们能够共享资源和交换信息。

LDPC（Low Density Parity Check Code，低密度奇偶校验码）： LDPC 码是通过校验矩阵定义的一类线性码。为使译码可行，在码长较长时需要校验矩阵满足稀疏性，即校验矩阵中 1 的密度比较低，也就是要求校验矩阵中 1 的个数远小于 0 的个数，并且码长越长，密度就要越低。

LIP（Lightweight Interlayer Protocol，简易夹层协议）： 是一个高效、可扩展、防止 MANET 分组注入攻击的通用网络访问控制协议。

LoS（Line of Sight，视距通信）： 一种收发端之间没有遮挡的信道模型。因为衰减少，所以跟 NLoS（收发端之间有遮挡）信道相比，信号质量更好，吞吐量更大。

LTE（Long Term Evolution，长期演进）： 由 3GPP 组织制定的 UMTS 技术标准的长期演进，于 2004 年 12 月在 3GPP 多伦多会议上正式立项并启动。它引入了 OFDM 和 MIMO 等关键技术，显著增加了频谱效率和数据传输速率。

LTE-A（Long Term Evolution-Advanced，升级版长期演进）： LTE 的演进版本，其目的是为满足未来几年内无线通信市场的更高需求和更多应用，同时还保持对 LTE 较好的后向兼容性。

MEC（Mobile Edge Computing，移动边缘计算）：可利用无线接入网络就近提供电信用户所需服务和云端计算功能，而创造出一个具备高性能、低时延与高带宽的电信级服务环境，加速网络中各项内容、服务及应用的快速下载，让消费者享有不间断的高质量网络体验。

MIMO（Multiple-Input Multiple-Output，多入多出技术）：指在发射端和接收端分别使用多个发射天线和接收天线，使信号通过发射端与接收端的多个天线传送和接收，从而改善通信质量。

MME（Mobility Management Entity，移动控制节点）：是3GPP协议LTE接入网络的关键控制节点，它负责空闲模式的用户请求的定位与传呼过程，包括中继，简单地说，MME负责信令处理部分。

mMTC（massive Machine Type of Communication，海量机器类通信）：主要是人与物之间的信息交互，将在6GHz以下的频段发展，同时应用在大规模物联网上。

NCP（Network Control Protocol，网络控制协议）：管理对NetWare（Novell公司推出的网络操作系统）服务器资源的访问。

NFC（Near Field Communication，近场通信）：是一种新兴的技

术，使用了 NFC 技术的设备（例如移动电话），可以在彼此靠近的情况下进行数据交换，是由非接触式射频识别及互连互通技术整合演变而来的。通过在单一芯片上集成感应式读卡器、感应式卡片和点对点通信的功能，利用移动终端实现移动支付、电子票务、门禁、移动身份识别、防伪等应用。

NFV（Network Function Virtualization，网络功能虚拟化）：通过使用 x86 等通用性硬件以及虚拟化技术，来承载很多功能的软件处理，从而降低昂贵的网络设备成本。可以通过软硬件解耦及功能抽象，使网络设备功能不再依赖于专用硬件，资源可以充分灵活共享。

NOMA（Non-Orthogonal Multiple Access，非正交多址接入）：在正交多址技术中，只能为一个用户分配单一的无线资源，例如按频率分割或按时间分割，而 NOMA 方式可将一个资源分配给多个用户。

NS（Name Server，域名服务记录）：用来指定该域名由哪个 DNS（域名系统）服务器来进行解析。

NSA（Non-Standalone，非独立组网）：是将 5G 的控制信令锚定在 4G 基站上；SA 方案是 5G 基站直接接入 5G 核心网，控制信令完全不依赖 4G 网络。

OFDM（Orthogonal Frequency Division Multiple，正交频分复用）：通过频分复用实现高速串行数据的并行传输，它具有较好的抗多径衰弱的能力，能够支持多用户接入。

OFDMA（Orthogonal Frequency Division Multiple Access，正交频分多址接入）：通过正交子载波进行数据传输，通过时频来区分不同用户。该技术具备较高的频谱效率，能够较好地对抗多径效应，并具有较好的灵活性和可扩展性，较适合宽带无线网络，被广泛应用于LTE、WiMax等系统中。

OLED（Organic Light Emitting Display，有机发光显示器）：是一个发光二极管，其中发射的电致发光层是一薄膜有机化合物响应电流发光。

O–RAN (Open Radio Access Network，开放无线接入网)：O–RAN联盟提出的参考设计方案，具有开放和标准接口的虚拟化网元；在软硬件实现时的主要技术方向包括开源技术、开放白盒化硬件等。

PDN（Public Data Network，公用数据网）：一种由电信运营商组建的广域网，提供接入广域网的服务与技术，为用户提供高质量数据传输服务。

PDSCH（Physical Downlink Shared Channel，物理下行信道）： 是LTE承载主要用户数据的下行链路通道，所有的用户数据都可以使用。

POE（Power Over Ethernet，有源以太网）： 指的是在现有的以太网Cat.5布线基础架构不做任何改动的情况下，在为一些基于IP的终端传输数据信号的同时，还能为此类设备提供直流供电的技术。

PRACH（Physical Random Access Channel，物理随机接入信道）： 是UE（user equipment，用户终端）一开始发起呼叫时的接入信道，UE接收到FPACH（快速物理接入信道）响应消息后，会根据Node B指示的信息在PRACH信道发送RRC（Radio Resource Control，无线资源控制）连接请求消息，建立RRC的连接。

P-GW（PDN GateWay，PDN网关）： 主要功能包括基于用户的包过滤功能、合法侦听功能、UE的IP地址分配功能、在上/下行链路中进行数据包传输层标记、进行上/下行业务等级计费以及业务级门控、进行基于业务的上/下行速率的控制等。

PUSCH（Physical Uplink Shared Channel，物理上行共享信道）： 作为物理层主要的上行数据承载信道，用于上行数据的调度传输，可以承载控制信息、AD9059XRS用户业务信息和广播业务信息等。

QoS（Quality of Service，服务质量）：指一个网络能够利用各种基础技术，为指定的网络通信提供更好的服务能力，是网络的一种安全机制，是用来解决网络时延和阻塞等问题的一种技术。

RAN（Radio Access Network，无线接入网）：是由业务节点（为交换机）接口和相关用户网络接口之间的系列传送实体所组成，为传送电信业务提供所需传送承载能力的无线实施系统。

RF（Radio Frequency，无线射频）：表示可以辐射到空间的电磁频率，频率范围为300kHz~300GHz。射频就是射频电流，它是一种高频交流变化电磁波的简称。

RFID（Radio Frequency Identification，射频识别技术）：是自动识别技术的一种，通过无线射频方式进行非接触双向数据通信，利用无线射频方式对记录媒体（电子标签或射频卡）进行读写，从而达到识别目标和数据交换的目的。

RRH（Remote Radio Head，射频拉远头）：是用于移动宽带网络基站中的新技术设备，主要效益在于提升既有信号传输效率，并且在更容易建置的网络架构下，扩大其网络覆盖率。

RRU（Remote Radio Unit，射频拉远单元）：射频拉远单元分成近端机即无线基带控制（Radio Server）和远端机即射频拉远（RRU）。

RSS（Received Signal Strength，接收信号强度）：接收到的真实信号强度，以 dB 为单位。

RSU（Road Side Unit，路测单元）：是 ETC 系统中，安装在路侧，与车载单元（On Board Unit，OBU）进行通信，实现车辆身份识别、电子扣分的装置。

SA（Standalone，独立组网）：独立组网指的是新建一个现有的网络，包括新基站、回程链路以及核心网。

SAR（Specific Absorption Ratio，吸收率）：单位质量的人体组织所吸收或消耗的电磁功率，单位为 W/kg。

SCMA（Sparse Code Division Multiple Access，稀疏码分多址接入）：是由华为公司提出的第二个第五代移动通信网络全新空口核心技术，引入稀疏编码对照簿，通过实现多个用户在码域的多址接入来实现无线频谱资源利用效率的提升。

SDN（Software Defined Network，软件定义网络）：是由美国斯坦福大学克林·斯泰特（CLean State）课题研究组提出的一种新型网络创新架构，是网络虚拟化的一种实现方式。

S-GW（Serving GateWay，服务网关）：具有重排序功能；执行合法侦听功能；进行数据包的路由和前转；在上行和下行传输层进行分组标记；空闲状态下，下行分组缓冲和发起网络触发的服务请求功能；用于运营商间的计费；等等。

TCP（Transmission Control Protocol，传输控制协议）：是一种面向连接的、可靠的、基于字节流的传输层通信协议。

TD-LTE（Time Division Long Term Evolution，分时长期演进）：基于时分双工（TDD）的 LTE 技术，由 3GPP 组织涵盖的全球各大企业及运营商共同制定。

TDMA（Time Division Multiple Access，时分多址）：是一种为实现共享传输介质（一般是无线电领域）或者网络的通信技术。它允许多个用户在不同的时间片（时隙）使用相同的频率。

TDoA（Time Difference of Arrival，到达时间差）：是一种利用时间差进行定位的方法。通过测量信号到达监测站的时间，可以确定信号源的距离。利用信号源到各个监测站的距离（以监测站为中心，距离为半径作圆），就能确定信号的位置。

TD–SCDMA（Time Division-Synchronous Code Division Multiple Access，时分—同步码分多址）：是ITU批准的多个3G移动通信标准中的一个，结合SCDMA的智能天线、上行同步和软件无线电（Software Defined Radio，SDR）等技术，成功克服了TD–CDMA技术不能用于宏蜂窝组网的缺陷。

ToA（Time of Arrival，到达时间）：无线信号在两个节点间的传播时延。

TTI（Transmission Time Interval，传输时间间隔）：在无线链路中的一个独立解码传输的长度。TTI与从更高网络层到无线链路层的数据块的大小有关。

UFMC（Universal Filtered Multi-Carrier，广义多载波）：是FBMC（基于滤波器组的多载波）的一种替代调制系统，它区别于FBMC对每个子载波进行滤波操作，改进为对所有数据子载波进行分块，划分成长度一致的资源块，然后对这些资源块进行滤波操作。这样UFMC使得频谱的泄露得到了有效的控制，资源块的大小和数量可以灵活地组合，从而使系统对于零散频谱的利用更为适用，使系统的灵活性大大增加。

UMTS（Universal Mobile Telecommunications System，通用移动通信系统）：作为一个完整的3G移动通信技术标准，UMTS并

不仅限于定义空中接口。除 WCDMA 作为首选空中接口技术获得不断完善外，UMTS 还相继引入了 TD-SCDMA 和 HSDPA 技术。

uRLLC（Ultra Reliable & Low Latency Communication，高可靠低时延连接）：是 5G 的三大应用场景之一，具备高可靠、低时延、极高的可用性等全新特性。5G uRLLC 被业界广泛认为可以应用于工业控制、工厂自动化、智能电网设备、车联网通信、远程手术等场景。

UUCP（Unix to Unix Copy Protocol，UNIX 间复制协议）：它同时包括一个计算机程序以及一个协议，UUCP 允许在未连上因特网的 UNIX 主机间远程执行命令以及传送文件、邮件或网络新闻。

V2I（Vehicle-to-Infrastructure，车辆道路）：即车与基础设施、互联网之间的通信。V2I 系统主要是为了支持方便的应用，包括个人通信、移动办公、远程信息处理、基于位置的信息、与汽车相关的移动服务、视频直播和互联网接入。

V2N（Vehicle-to-Network，车辆—互联网）：能够让车辆通过移动网络与云端的服务器相连，进而能够实现导航、娱乐、防盗等应用功能。

V2P（Vehicle-to-Pedestrian，车辆—行人）：主要实现保障行人

以及非机动车安全的功能。

V2V（Vehicle-to-Vehicle，车辆—车辆）：指机动车辆间基于无线的数据传输。V2V通信是为了防止事故发生，通过专设的网络发送车辆位置和速度信息给另外的车辆。依靠技术的实现，驾驶员收到警告后就能降低事故的风险或车辆本身就会采取自治措施，就像制动减速。

V2X（Vehicle-to-Everything，车联网）：车对外界的信息交换。车联网通过整合全球定位系统导航技术、车对车交流技术、无线通信及远程感应技术奠定了新的汽车技术发展方向，实现了手动驾驶和自动驾驶的兼容。

VNF（Virtual Network Function，虚拟化网络功能）：可以部署在网络功能虚拟化基础架构上的网络功能的软件实现。

VR（Virtual Reality，虚拟现实）：20世纪开始发展起来的一项全新的实用技术。虚拟现实技术集计算机、电子信息、仿真技术于一体，其基本实现方式是计算机模拟虚拟环境，从而给人以环境沉浸感。

WCDMA（Wideband Code Division Multiple Access，宽带码分多址）：是一种3G蜂窝网络，使用的部分协议与2G GSM标准一致，是一种利用码分多址复用方法的宽带扩频3G移动通信空中接口。

WLAN（Wireless Local Area Network，无线局域网）：指应用无线通信技术将计算机设备互联起来，构成可以互相通信和实现资源共享的网络体系。

Wi-Fi（无线保真）：是 Wi-Fi 联盟制造商的商标作为产品的品牌认证，是一个创建于 IEEE 802.11 标准的无线局域网技术。在中文里又称作"无线保真"。

XML（Extensible Markup Language，可扩展标记语言）：是一种用于标记电子文件使其具有结构性的标记语言。

致 谢

本书定稿时，2019年世界无线电通信大会（WRC-19）正在埃及沙姆沙伊赫举行，大会所讨论的通信频谱和技术创新必将在未来的数字经济中发挥关键作用。

5G作为我国移动通信行业的一个重要里程碑，在社会生活中被大众寄予了厚望。笔者在最近一年的若干次讲座与研讨中，也深刻感受到业内外人士对5G技术及其衍生应用的兴趣与关注。本书汇总了笔者在技术跟踪、研讨、应用开发过程中对5G的理解、对行业的展望、对新技术发展的畅想。

非常感谢微软中国首席技术官韦青博士的鼓励与推荐，使得笔者长久以来的若干思想火花得以整理成书。本书在撰写过程中，得到了崔原豪博士的大力支持，作为知乎通信领域优秀回答者，崔博士不但提供了大量素材，而且对本书的结构和内容提出了诸多中肯建议。任翰淳、谭莉、霍梦瑶、苏稚凯等也参与了部分工作，他们的鼎力协助，是本书顺利完成的基础。

在本书出版过程中，得到了中信出版集团经管社副社长赵辉、主编张艳霞及其编辑团队杨博惠、李淑寒、黄雨薇的大力帮助和支持，他们严谨的工作态度、厚实的文字功底、扎实的工作作风，为本书的顺利出版提供了极大的帮助。在此表示诚挚的感谢！

成书期间，笔者还得到诸多同事、亲友及合作方的大力帮助，在此表示由衷的感谢！

最后，尤其要感谢我的家人。在本书的撰写和出版过程中，她们给予了我莫大的鼓励与支持，谢谢！